THE SILENT PAST

THE MYSTERIOUS AND FORGOTTEN CULTURES OF THE WORLD

世界文明启示录

[德] 伊瓦尔·里斯纳 著　　吴奕俊 鲍京秀 译

天津出版传媒集团
天津人民出版社

图书在版编目（CIP）数据

世界文明启示录 / (德) 伊瓦尔 · 里斯纳著 ; 吴奕俊, 鲍京秀译. -- 天津 : 天津人民出版社, 2020.7
ISBN 978-7-201-15984-3

Ⅰ ①世… Ⅱ. ①伊… ②吴… ③鲍… Ⅲ. ①文化史—世界—通俗读物 Ⅳ. ①K103-49

中国版本图书馆CIP数据核字（2020）第090438号

世界文明启示录
SHIJIE WENMING QISHILU
〔德〕伊瓦尔 · 里斯纳 著　吴奕俊　鲍京秀 译

出　　版　天津人民出版社
出 版 人　刘　庆
地　　址　天津市和平区西康路35号康岳大厦
邮政编码　300051
邮购电话　（022）23332469
网　　址　http://www.tjrmcbs.com
电子信箱　tjrmcbs@126.com

责任编辑　郭晓雪
特约编辑　丁　兴
装帧设计　艺琳设计
责任校对　余艳艳

制版印刷　天津光之彩印刷有限公司
经　　销　新华书店
开　　本　710毫米 × 1000毫米　1/16
印　　张　20.5
字　　数　250千字
版次印次　2020年7月第1版　2020年7月第1次印刷
定　　价　78.00元

导　言
Introduction

历史的过客

历史是一条奔流不息的长河。虽然我们看不见，也无法感知过去的一切，但它却一直在潜移默化地影响着我们。古代文明或许在那深不可测的海底沉睡了数千年，或许仍埋藏在地底，被厚厚的土石覆盖，虽然许多上古遗迹仍未重见天日，但这些文明却与我们息息相关。因为，我们的生活就深深根植于那遥远、古老而又神秘的文明中。某种文明一旦出现，它产生的影响就将是永恒的。一段记忆，一个新的考古发现，或者是一场文物展览，其中的任何一种形式都可能让我们惊觉，原来这些上古文明仍然悄无声息地存在着。

文明有着广泛的内涵，它是对人类技术、建筑、交通、居住环境、手工艺、器物、文字、科学等各方面成就的概括，是世间的道德和宗教准则，是每个个体的行为。它包含了人类在精神领域所做出的努力，如艺术、道德观、价值观和宗教信仰。

人类的所有期望和思想都指向了永恒和超越，因为它们本质上就是人们意识的产物，而非肉体的产物。当人类从仅仅思考看得见摸得着的事物，转变为去思考抽象的事物时，真正的人文主义时代就到来了。从那时起，也就是不早于六十万或一百万年前，思想成为人类区别于其他生物的显著特征，也成为人类所要背负的枷锁。而在后来的岁月里，在一种文化逐渐走向没落的过程中，人们否认、压制、嘲弄，甚至是千方百计地摧毁这种精神负担。我们这个时代真正的祸根，并不是爆炸式增长的人口，而是我们对无生命事物有增无减地过度占有。我们占有的事物越多，我们就越难赋予它们生命力。在今天的世界上，有许多大批量生产的东西是远远超过人类需求的。这些毫无生气的事物，渐渐地钝化了人类的思维。

只有当精神生活被完全扼杀之时，西方才会走向末路。因此，我们必须认识到，人类的精神需求终究是大于物质需求的。我们还要明白，只有意识到精神需求的重要性，我们才能保护我们赖以生存的物质世界。身处这个时代，我们渴望更好地了解人类沉寂的过去。人们渐渐能够感受到，即使是那些最奇异、最神秘的古文明，也是构成今天我们今天生活的一部分。我们去探索历史之谜背后的真相，去揭示那些深埋地底遗迹中的秘密，去探究古人是如何行动、如何思考，去了解古人的智慧以及如何将其应用到我们的生活之中。总而言之，在我们寄居于这个星球的短暂一生中，我们只不过是历史的过客。

我相信，无论是身处哪个时代的人类，都会竭尽全力地丰富自己的精神生活，试图达到一种超脱的境界。奇怪的是，人们往往固执地认为，只有依靠科技成就、社会法制、政府干预这些物质层面的东西才能改善人类的生活，尽管这种根深蒂固的观念曾给人类带来了诸多苦难。然而，却从来没有人否认过，在远古时期，正是因为人类在精神领域的不懈追求，才造就了那些灿烂的文明。

弗里德里希·席勒说："由于每个人的性情和毅力不一样，所以每个人心中的完美人格也不一样。"我相信，在这个世上，存在着大众集体自欺，而某些个体追求自身精神超脱的情况。我们应避免给那些所谓的"野蛮"却拥有高度发达精神文化的民族贴上"未开化"的标签。因为，他们在精神文化上所达到的高度其实是我们至今仍无法企及的。

我相信，推动所有文明前进的关键力量，源于人的思维自由，而非人的自然进化。我从未见过世上的任何一种文明可以像孤树一般独立存在。这些文明，要么在形成初期，就已深受一些远古人类和文明的影响，而那些远古人类或许已经消亡，早已不为人知，但他们都曾经真实地存在过；要么就是从根源上，已经隐隐与其他文明交融在一起。

我相信，文化既不来源于我们所拥有的东西，也不来源于我们所思所想，只来源于我们本身。我相信，时间原本是不可分割的，只是人类主观地对时间进行了划分。事实上，时间对于人类是一个完整的、无限的、神圣的艺术品。

一生中，我们也许漫步在耶利哥那厚重古城墙前，也许站在世上最古老的一座塔的顶部，这座塔比埃及第一座金字塔还要早四千年建成。我们也许仍记得推罗古城，那里曾是古代腓尼基人的海港城市，居住着两万五千居民，他们的人造供水系统曾使这座城市成为地中海地区一座坚不可摧的要塞。我们也许在沙漠边缘，穿着奴隶的衣服，为所罗门王的熔炉生火，在炎热中备受煎熬。位于撒丁岛的八千座神秘古塔，有着无尽的历史。虽然它们建于公元前八百年的青铜时代，但是，对于我们来说，它们并不陌生。我们也许仍能感受到那些先民的智慧。那遥远过去所留下来的万千灿烂文明的遗产，都与我们融为一体。我们探寻远古人类的洞穴、居所和寺庙，就是为了体会生命的永恒，因为，他们所获得的成就、艺术和信仰，仍然要由我们来继承，且必将永远传承下去。

目 录
Contents

约旦

耶利哥之墙

我们的发掘工作已经进行了五年。沟槽和基坑正在逐年加深。并且，在该地区的边缘地带，我们采取阶梯式发掘方法。在好几处地方，我们已经发掘到了基岩地带，那里是距离地表约十五米的区域。

——凯瑟琳·玛丽·凯尼恩，《发掘耶利哥》，第50页，伦敦，1957年

耶利哥是个历史极为悠久的古城。甚至希伯来人的始祖亚伯拉罕、以撒和雅各都不清楚它的起源。

如果你去寻找世界上最古老的城市，最终你总会来到近东地区。因为，大约从距今六十万年前开始，就一直有人类聚居在那里。人们游牧、采集、打猎。他们是最早一批造屋、建城的人类。当直立行走的人类学会耕种、收割、捕捉并驯养野生动物时，他们才有了稳定的居住地。

在黄河流域、印度河流域、尼罗河流域、幼发拉底河和底格里斯河河谷地带，已经发掘出了人类早期文明的遗迹。但是，根据考古学家们最近在约旦附近的考古发现，这里的堡垒、房屋和寺庙的历史大约可以追溯到上一个冰河期。

在这六十万年里，人类经历了四个冰河期和三个较温暖的间冰期。最后一个冰河期于公元前8000年结束。虽然位于北部的巨大冰川从未对近东地区造成影响，但是，耶利哥这座城市的存在仍然是一个奇迹。因为，那时候正处于石器时代，人们居无定所，工具和技术是最原始的。这六十万年，是人类历史上最漫长的一个时代。当时，所有的器具都是用石头、骨头和木头制成的。接着，人类开始学会用粘土铸模的技术，以及铜和青铜的冶炼技术。最终，人类进入了铁器时代。

当耶利哥城刚刚建成之时，人们并不了解陶器为何物。当时的耶利哥是个实力强大的城市，虽然只是处于中石器时代（公元前10000年—公元前7500年），但接下来便是新石器时代（公元前7500年—公元前4000年）。耶利哥城不仅是目前发现的最古老的城市，还是世界上海平面最低的城市，它位于海平面以下240多米的地方。那里的夏天非常炎热，因为，它的周边尽是海拔约1066米的群山。

泰勒苏丹的丘陵位于耶路撒冷东北24公里的地方，距离约旦河注入死海的入海口大约十三公里。在那里，一层又一层地叠着众多古城的遗迹，那是数千年历史变迁的结果。一座废墟往往能孕育出新的生机。1865年，英国的考古学家首次对该遗址进行发掘。接着，在1908至1911年间，德奥考古队也对此地进行考察发掘。最终，利物浦大学的约翰·嘉斯顿教授对该地一些很深的地层进行了考察，确信早在新石器时代，人类就开始在那里定居了。1956年，凯思琳·凯尼恩对该地做了进一步的发掘，考察结果令人震惊，原来早在陶器文化时代以前，或者说公元前5000年以前，耶利哥这座古城就已经存在了。

原来，人们误以为，当远古人类过上定居生活时，他们才开始用粘土制作陶碗、陶罐等陶器。一直以来，人们认为陶器易碎，不便于游牧民族在长途跋涉中携带。但是，耶利哥城的存在却颠覆了这一观点。在耶利哥人学会制陶数千年之前，耶利哥人就开始了定居生活。在游牧时代向陶器时代过渡的时期，许多繁荣的小镇出现了，小镇里的居民只会用石头、骨头和木头制作生活工具。耶利哥城的先陶器时代大约可追溯到九千或一万年以前，也就

耶利哥住宅遗迹

是从公元前7800年一直持续到公元前5000年左右。这座废墟的地层深约十五米，后世子孙都在埋葬着祖先遗骸的土地上，建造新的城市。可是，人们竟然在最深的一层，觅得陶器的遗存。

最早期的房子是圆形的，类似蜂房，更准确地说，像对半分开的鸡蛋。房屋的地面是用陶土铺成的，墙壁是用椭圆形的砖块砌成的，这些砖块是平底、曲边的，并且砖块上还有一些细槽，这些细槽是当时的制砖工人大拇指碰到砖块而形成的。因为古城的街道不易受历史进程的影响，总是会覆盖在埋藏着房屋遗迹的地层上面，所以，耶利哥的街道地层始终会位于房屋地层上方。人们今天仍然可以在废墟中找到部分阶梯，通往这些地下的房屋。这些房屋的屋顶大多是木质结构，因为，那些烧焦的木梁残迹随处可见。

早在公元前5000年前，耶利哥城就从最古老的时期过渡到了下一时期，在这一时期，人们开始建造相当巨大的矩形房屋。人们精心地将四个角设计成圆滑状，似乎是为了防止灰尘在此堆积，就如现代医院的设计一般。这些房屋还有一些小型的储物室和小房间。在室内的庭院里，有一座灶台。从此处发现的数层灰烬中可以看出，当时人们几十年，甚至数百年都在同一个地方做饭。房屋的墙壁由两层砖块砌成，砖块都是靠太阳晒干的。凯尼恩女士告诉我们，这些砖块砌得非常科学、精确，以至于在八九千年后的今天，我们都难以从中拆下一块。

当考古学家们像数千年前耶利哥城的妇女们那样清洗那些“被粉刷过的”地板时，他们惊奇地发现，这些地板曾被精心地打磨过。室内的墙壁也被涂抹上了硬灰泥，被打磨得光滑如镜。显然，耶利哥城的人们十分懂得享受生活，因为，在他们房间的地板上，都铺了蒲草作为地毯。虽然这些地毯在漫长的时光中早已残破不堪，但是，地板上仍留有它们的痕迹。如今，我们甚至还能辨识出一只蚂蚁穿过地毯时留下的痕迹。

有趣的是，在耶利哥这个有着先进文明的城市，房屋里所有器具，如碗、碟等容器，全都是用石头制成的。那时人们可能也会用木头和骨头来制作容器，但是，至今未发现用这些材料制作的容器。除了容器，耶利哥人还用燧石、黑曜石制作工具，如刀、钻头、刮削器、锯等。虽然当时的城市建造者一定用过很多大型工具来制造房屋的梁木，如鹤嘴锄、斧头等，但是此类较大的工具从未被发现。此外，人们从地下发掘出燧石箭镞，远古时期的耶利哥人也许将它们用于城市防卫和打猎。

另一个未解之谜是，人们一直没弄清楚那些小巧的绿色石头的用途。它们似乎并不像珠宝那样，起装饰作用。但是，耶利哥人可能会在祭祀仪式中用到它们。每家每户至少会有一个祭台或神龛，由一小根柱状火山岩、一个壁龛和一个石制底座组成。那根岩柱恰好能放在底座上，而岩柱和底座又恰好能安放到壁龛里。虽然，在房屋遗迹的碎石中找到它们时，它们都是相互分离的，但这一发现，却可以为耶利哥人崇拜神灵提供依据。

目前即将发掘的最大的一处房屋，也许是出于宗教用途而建造的。在这座外观像寺庙的建筑里，中间有一处凹地，在凹地的旁边，有两个小型雕塑，它们或许是象征着生育的女神。这种小型的女性雕塑，一般用于表达人们对生育的崇拜，或者有着其他的宗教含义。在研究奥瑞纳文化（欧洲旧石器时代晚期）时，我们就已经对这种雕塑十分熟悉了——从沃尔道夫、莱斯皮盖、布拉桑普伊到顿河边的加加林诺以及位于伊尔库茨克西北部的马耳他均发现过此类“维纳斯”雕塑。有些欧洲的维纳斯雕塑可以追溯到三万，甚至五万年前。

沃尔道夫的维纳斯

这座城市最初有一堵高约4.8米的围墙。当这座围墙倒塌时，人们重建了它，当它再次倒塌时，人们重新砌了另一堵墙来代替它，这堵新墙约有6米多高。耶利哥塔是一座弥漫着神秘气息的建筑。塔的直径约有9米，由粗糙的石头建造而成，十分坚固。经过发掘之后，它仍挺立在那里，就像是中世纪的巨型堡垒。它是世界上最古老的塔式建筑，甚至在耶利哥人筑起防御墙之前，它就已经存在了。在11000年前，人

耶利哥塔遗迹

们就建造了这座塔，它比最古老的金字塔还要早4000年。进入塔中，有一段用石板铺成的楼梯，引导人们登上高层的平台。塔的下方有一条石板通道，在这条通道里，考古学家们发现了十二具骨骼，它们靠在一起，就像是当时被匆匆埋葬一般。塔身由两圈石头构成，只有塔的外层与城墙接触，因此，城墙是在较晚的时期才建成的。

由于这座史前时代的建筑与耶利哥城墙没什么联系，此外也起不到防御作用，因此，建造它的意义尚不得而知。但是，在当时，它也许是一个用于举行宗教仪式的场所，或许是一个庙宇，人们在里面摆放祭品，用来表达他们对神灵的敬意，但今天我们对这些神灵仍然一无所知。

凯丝琳·凯尼恩认为，那些居住在最古老的、圆锥形的房屋里的居民，不得不与入侵的敌人战斗。但最终，敌人还是攻下了这座城市，并在随后建造了矩形的房屋，将灰泥地板细细打磨。很显然，这些取得胜利的入侵者，并不是游牧民族。因为，从他们建造房屋的方式来看，他们一定有着高度发展的文化以及长期以来积累的丰富建筑经验。据此，凯尼恩女士推断，这些建造者可能来自耶利哥城附近的小城，并将他们先进的建筑知识带到了耶利哥。如果真是如此，那么，在附近的某个地方，也许在约旦河谷里，一定还存在着其他石头城遗迹。

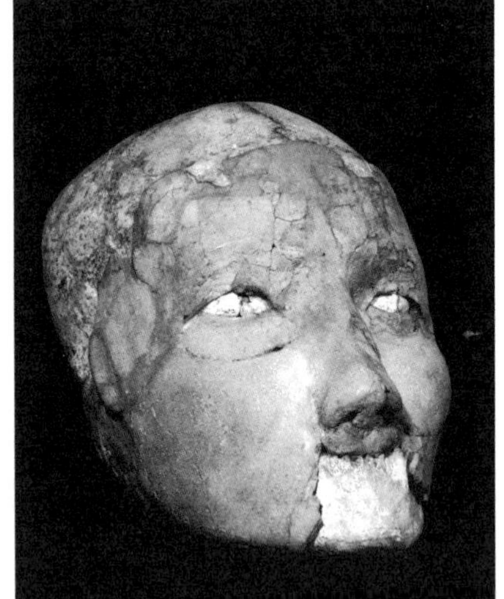

涂灰泥的耶利哥人头骨

在耶利哥古城最重要的发现，便是从废墟里连续发掘出的十个人类的头骨。这些头骨是伟大的发现，因为通过它们，我们突然意识到，当时的人类也会通过各种手段，来追求达到一种更高的精神境界。耶利哥人熟练地将头骨涂上灰泥，并将贝壳镶嵌在眼窝处，这么做显然是为了还原逝者生前的样貌。头骨上隐约还有一些颜料的痕迹，可见耶利哥人试图用精湛的技艺，再现逝者的面色和表情。人类永远试图用艺术来征服死亡。这又是一个例证。

我们如今面对的正是世界上最古老的真实人类画像。之所以这么说，是因为在石器时代，人类所做的许多肖像，都是不真实的，这其中就包括了人类刻在猛犸象牙或骨头上的画像，又或是画在法国南部或西班牙西北部的洞穴墙壁上的画像。在耶利哥，几乎在每座房屋残迹下面，都埋葬着缺少头骨的人体骨骼。在当时，耶利哥人死后，其头颅会立刻被埋葬到地下，这就表明，耶利哥人会举行祭祀祖先的祭礼。

毫无疑问，耶利哥人相信神灵的力量，也相信他们的祖先在死后，仍然会有精神活动。他们相信有来世，他们相信，逝者与那未知的灵界，是可以介入生者的世界的，并可以与之进行交流。

这些头骨展现了耶利哥人的艺术素养、精神追求，以及对永生的渴望，所有这些遗存，都让人们看到了耶利哥人的技艺，其精湛程度令人困惑不已。在这样一个人们一直认为城市尚未出现的时代，这里却存在如此成熟的技艺，这就使其显得更加不可思议。

耶利哥城的废墟向人们诉说着一个历经数千年的故事，无数的外来入侵者占领过此地，最终，它却被一群精通制陶技艺的人征服。他们并未留下任何特殊样式的建筑，所以，极有可能是，在他们到来时，耶利哥城已经成为一片废墟，他们在这片废墟上重建立了城市。但是，他们却带来了先进的制陶技艺。人们在此处发掘出大量破碎的陶器，但陶器上却没有体现这一神秘时期群居生活的印记。加斯唐教授的一个发现十分有趣：三具大约与真人等大的石灰岩雕像，分别是一个男人、一个女人和一个孩子，其中，只有男性雕像是完整的，另外两具都没有头颅。凯丝琳·凯尼恩认为这象征着一个“圣家庭”[1]的最早期的雕像。书写工具问世以前，也就是在《旧约》完成几千年前，就有了这些雕刻，它们似乎给出了第一个弥赛亚式的预言，同时，它们还让我们得知，即使是在史前时期那段迷雾般的岁月里，那里的人们也信仰宗教，与今天的我们别无二致。

---

[1] 圣家庭是指婴儿耶稣、圣玛丽和圣约瑟夫。

接下来的一批入侵者拥有更先进的制陶技术，他们将陶器烧制得更好，雕刻样式也更为美观。于是，从此开始，我们就可以将耶利哥民族的文化与其他民族的文化区分开。在耶尔穆克河的戈兰高地附近、比布鲁斯等地，人们已发掘出其他民族的文化遗迹。很显然，在这个时期（大约在公元前4750年），耶利哥以外地区的伟大发明被带到了这里。

再后来，耶利哥的文明进入了沉寂的状态，没有任何人类活动的迹象，这是一个文明中断期，考古学家们一无所获。这个中断期一直持续到公元前3200年，直到那时，耶利哥文明才通过墓穴，向现世的人们传递出这里曾有人类活动的信息。在这个前陶器新石器时代，耶利哥城的建造者们将过世的人埋葬在房屋下面，制陶的人们除了陶器，其他什么也没留下。但是到了公元前32世纪后期，耶利哥人在小城附近的小山上，留下了排列整齐的墓穴。凯尼恩教授独自将这个时期的文化遗迹发掘出来，她将这个时期称为“拥有城市原型的时期”。这些墓穴通常是圆形的地下通道，这些通道穿过岩石，就可以到达墓室，墓室被一块大石头或是几块较小的石头封死。

在最大的那间墓室，整整齐齐地摆放着不少于113个头骨，它们凹陷的眼窝对着墓穴的中心。从这座被代号为A94的墓穴中出土了陶碗、陶罐、陶酒壶等各式陶器。借助今天的考古技术，人们可以检测出，这些头骨是何时被放入墓穴的。在当时，死者一定被储存在某个地方，等到尸体腐化完全，头骨从躯体分离时，它们才被移入地下室。移入地下室后，这些躯体被放在室内中心焚烧，头骨则依次环绕躯体摆放整齐，这样，它们就能“看着”自己的躯体被焚烧。这些头骨见证了当时焚烧的过程，而那些葬礼上用的器具，没有经烧灼的痕迹，可以推断是后来才放置在那里的。从A94墓穴里，人们又复原了251个器具。这种放射性测定年代法在近些年被广泛应用，并且通过这种方法，考古学家发现，这些墓穴大约建于公元前3260年，他们认为，这些墓穴的主人应该来自游牧民族。

最终，早期青铜时代到来了。在耶利哥城的青铜时代从公元前2900年一直持续到公元前2300年。于是，耶利哥人又开始筑起厚厚的城墙，哨兵们又站在墙上巡逻守卫，这座城市又开始繁荣起来，这时，耶利哥人又像远古时代的定居者那样，终日担心游牧民族的入侵。

纵观有文字记载的人类历史，那些文化先进，居住在土壤肥沃、水量丰沛的山谷地带的民族总是被长期饥寒交迫的游牧民族所威胁。这些游牧民族为《圣经》故事提供了一些最早期的人物原型。让我们回到公元前1700年，正如《旧约》中记载的一样，那是以色列人祖先们生活的时代。考古学家C.H·戈登、E.A·斯派泽和W.F·阿尔布莱特提出，亚伯拉罕来自美索不达米亚西北部的哈兰附近。他离开了他的故土，带着他的牧群和帐篷，向南跋涉，穿过了巴勒斯坦和迦南地。在亚伯拉罕死后，以撒的两个儿子，以扫和雅各互相仇恨。在下一代人中，雅各和他的十二个儿子就像他的父亲和祖父一样，也过着游牧生活。据推测，雅各的儿子约瑟夫，一定在埃及的宫廷里享有崇高的地位。于是，他的父亲、兄弟以及他本人被获准在歌珊地定居。然而，好景不长，在继任的法老的统治下，闪米特人的希克索斯王朝也逐渐走向衰落，以色列人最终沦为奴隶，直到摩西的出现，雅各的族人才从苦难中被拯救出来。这一地区后来逐渐被以色列人占据，这在一定程度上得归功于摩西的继承者——约书亚。

当时的以色列人仍然过着半游牧的生活，但是，他们渐渐开始尝试定居的生活。他们穿过肥沃的平原，经过仍由迦南原始居民占据的城镇，最终，约书亚带领以色列人，来到了耶利哥的城墙前。在号角声中，以色列人抬着约柜[1]连续六天每天绕城一次。到了第七

《圣经》插图“耶利哥之战”

[1] 约柜：又称“法柜”，是古代以色列民族的圣物，“约”是指上帝跟以色列人所订立的契约，而约柜就是放置了上帝与以色列人所立的契约的柜。

天，七位祭司绕城七次，随后，在号角声中，城墙轰然倒塌，围城者们大声欢呼。据美国考古学家W.F·阿尔布莱特的研究，《约书亚记》中描述的这些事件发生在公元前1375年至公元前1300年间，却直到公元前620年，才被载入书中。

在约旦河谷地带，耶利哥是防御最完备的城市，有着极其重要的战略意义。因为，它决定了敌人能否进入中部高原。任何想夺取这座城市的人，都必须详细地了解它的城墙、它的军事力量分布以及攻城存在的危险和困难。鉴于此，约书亚派了两名探子进入城内，潜伏在妓女喇合的家中。当耶利哥的国王得知这一消息后，就派人去搜捕他们，喇合为这二人遮掩，发誓说虽然有两个人来过她家，但她并不清楚他们是谁，而且在夜晚城门关闭之前，他们就已经离开了。事实上，她将这两个探子藏了起来，为的是确保在以色列人攻占这座城市时，她和她的家人可以存活下来。此时的喇合坚信耶利哥难逃覆灭的命运。那些躲在坚墙之后醉生梦死的迦南同胞令她感到厌憎。于是，她做好了叛国的准备。

耶利哥城墙遗迹

《约书亚记》中记载了另一个有趣的细节，喇合的家与耶利哥城墙相邻。耶利哥城的发掘工作让这些建于城墙内侧的屋舍重见天日。

我们并不知道，耶利哥的城墙究竟为何会突然倒塌。据考古发现，在不同时期，耶利哥的房屋和城墙都被地震破坏过。也许，就在第七天，发生了一次地震，摧毁了城墙！

当这一切发生时，耶利哥已经度过了无比漫长的岁月。在它六七千年的历史中，不知多少次见证了城墙内的城市走向灭亡，以及新城从废墟里诞生。

假如在公元前1300年左右，以色列的孩子们偶然听说，曾经生活在这里人们会往头骨涂上一层颇具艺术感的灰泥以求永久保存时，他们可能会认为，这只不过是从蛮荒时代流传下来一个传说罢了，而那时候的人还不能称之为人。

如今，在我们这个时代，这座有着灿烂文明的古城和埋葬在其下方的头骨已重现于世。它们如此真切，令人无可置疑。它们证实了无论身处哪个时代，人类都有着不可思议的精神世界。我们距约书亚和那些征服耶利哥的以色列人有三千年，而约书亚距首次尝试绘制人类肖像的人们却有五千年。

叙利亚

乌加里特人的幸福生活

从现在起，我们可以说，在公元前3000年至公元前2000年间，乌加里特的王宫是近东地区规模最大、最华丽的王室居所。

——克劳德·舍费尔，《乌加里特王宫》，巴黎，1955年

三十年前，我们发掘了一座山丘，为的是探秘一种未知的文明。直到今天，这种文明仍然隐隐约约地影响着我们对死亡、上帝和来生态度。在宗教信仰诞生之前，就有一支民族居住在《圣经》中描述的那片土地上，他们是比以色列人早得多的定居者。

三十年前，这个民族的文明遗迹才出土，他们属于迦南人。他们生活的时代，远早于《圣经》的历史中第一批人类。希腊人将他们称为腓尼基人，他们掌控着推罗和西顿地区的强大沿海城市。作为古代世界中最为强大的航海民族，在公元前814年，他们主持建立了迦太基城。他们的卓越的子孙，汉尼拔曾在布匿战争中几乎征服了罗马。

这些腓尼基人，在公元前1250年左右，就开始在海上流浪，渐渐地，他们成了闻名于世的水手、紫色染料生产者、商人、城市建造者，随后，他们成为无可匹敌的海上霸主。

这个古老民族的迷人的文化直到近些年才引起人们关注。从公元前3000年左右开始，这些迦南人就居住在叙利亚和巴勒斯坦地区，他们在从前的城市废墟中，建立了新的城市，并且改进了生活方式和社会秩序。对于那些追随着他们的以色列牧人来说，这种改进简直高雅得不可思议。他们一边享受着高度发展的文明，一边站在他们坚固的城墙上，以鄙夷的目光看着那些刚从沙漠迁移过来的人。

这是一块象牙饰板的残片。这块象牙饰板原来镶嵌在乌加里特国王床榻上，是迦南艺术最好的体现。画面表现的是乌加里特的国王正用他的剑，恐吓一个外邦君主。

那些安居于繁华城市中的民族总是不断地被入侵的游牧民族征服、毁灭，这是人类的悲剧，也是几乎所有高度发展的文明都难逃的厄运。然而，军事上的征服并不总是意味着文化上的胜利。例如，在12世纪时，女真人，一个强大的渔猎民族，征服了北京以及长江以北的整个中国。此后他们的后代又建立起了清朝，然而，他们最终还是为中华文化所征服。又如，虽然罗马人征服了希腊，但是，无论从文化生活的哪个方面来说，希腊人都是胜利的一方。因为，获得军事胜利的罗马人，最终将希腊文化传播到了整个欧洲和几乎整个近东地区。毫无疑问，无论是物质方面还是精神文化方面，迦南人是会强于后迁移来的民族以及取得胜利的以色列人。

在公元前3000年至公元前1200年间，迦南人的防御工事、房屋建筑、街道布局和城市规划在当时的世界均令人惊叹。此外，他们设计了极为实用的下水道系统，拥有技艺高超的制陶和制铜工匠。他们对思想文化史发展的贡

这是一个出土于乌加里特的迦南女神象牙浮雕。从雕像的脸的造型、艺术发型、头饰带和项链都表明，它要么来自希腊，要么是受早期希腊风格的影响。

献是不可估量的。希腊人、罗马人以及整个欧洲的人，甚至是全世界一半的人都感激迦南人，不仅仅因为他们发明了人类历史上第一批字母文字，还因为他们创造了其宗教仪式、神话传说和城市建设的基本原则。

迦南人建造了许多坚固的要塞，例如米吉多、伯珊、他纳、基色、伯示麦和夏琐等。在伯珊，四座迦南寺庙被发掘出来，它们的历史可以追溯到公元前1300年至公元前1000年间。在他纳，发掘者们掘出了一座迦南王宫的地基。在基色，外围城墙的厚度超过了3.9米。为了解决被围困时城内水源短缺的问题，迦南人发掘了一条距今天地表39米地下泉的通道。1937年，戈登.劳德发掘了米吉多的王宫，并在其基墙下方，发现了两百块精雕细琢的象牙饰板。其中一块饰板上描绘了这样一幅画面：米吉多的一位王子驾着战车驱赶一群俘虏。这块饰板上还描绘了：他坐在王座上，一边端着一只碗喝酒，一边欣赏琴师演奏竖琴，就像《圣经》中记载的扫罗听大卫演奏竖琴那样。

同样是在米吉多，P.L.O・盖伊发掘出了一些马厩足可容纳三百匹马，还可以放置一些战车。这些建筑的历史可以追溯到所罗门王的时代。从《旧约・列王记上：9：19》中可以得知，所罗门国王建造了一些城来放置他的战车，也建造了一些城来屯扎他的骑兵。同时，他还在米吉多筑起了要塞。

1929年，克劳德・舍费尔有一个极为有趣的发现。在塞浦路斯岛的对面，也就是叙利亚的北部海岸，有一个叫拉斯珊拉的地方。在那里，他发掘

米吉多的王宫遗迹出土的象牙饰板

出了乌加里特古城，这座古城就坐落在拉塔基亚这座现代城市的附近。从旧石器时代开始，人类在这座古城居住了数千年。发掘到的最底层距离地平面约18米。在那里，考古学家发现了燧石工具。那里并没有出土任何的罐子之类的容器。据此可以推测当时的容器也许是用木、皮或是其他材料制成的，经过千年时光，这些物品早已朽烂无存。在距离地表大约15.6米至16.5米的地下区域，舍费尔发现了一些石制的碗。我们并不知道到底是什么样的人居住在这里，但是，他们可能和我们相差不大。准确地讲，今天全世界的人类，都属于智人，至少已存在了3万年甚至更久。无论是从生理上，还是从心理上，全世界现代人之间的联系，比我们想象中要紧密得多。位于东非维多利亚湖东北部的坎杰拉，曾出土了一些头骨。这些头骨与现代人类非常相似，且距今不少于三十万年。这就表明，北京人或尼安德特人都不是现代人类的原型。

在公元前6000年和公元前5000年之间，均处于石器时代的拉斯珊拉和耶利哥两座城市的居民开始有所接触。在两地出土的最早期的石制器具也显示出相似性。用石英岩、黑曜石和石头制成的工具深埋在离地表大概12至15米的地方。和制作这些工具同一时期，人们就开始制作彩陶，其制作水平之高，令人惊叹。萨尔贡王一世，阿卡德帝国的统治者，世界上最伟大的闪族政治家之一。是他将苏美尔人和闪语族的阿卡德人统一起来，在公元前2300年左右，他可能曾经到过乌加里特一带，还参观了这座城市。

在拉斯珊拉的丘陵下面，埋藏着数千年的历史以及昔日的辉煌。哈里里丘位于幼发拉底河中游地带，在那里，法国的考古学家帕罗特发掘出了马里

乌加里特王宫入口遗迹

古城，并在那里的王家档案中，发现了一块泥板。这是那位著名的立法者，统治巴比伦、亚述、米索不达米亚的汉谟拉比王的一封信。信中，他提到，乌加里特的国王曾经和他说过，希望能去参观马里的末任国王的居住过的兹姆里·利姆的王宫。

现如今，那个时期的遗迹已埋藏在距地表约7.5米的位置。从那个时期的墓穴里，出土了一些手镯、带有针眼的缝衣针、项链以及其他青铜制装饰品。这些饰品都带有欧洲人的印记，要么这些欧洲人曾经从巴尔干半岛、多瑙河、莱茵河或是高加索地区来到了乌加里特，要么他们曾经将一些制作精良的饰品输出到了这些地方。

当时，强大的埃及与乌加里特建立了联系。在克里特岛，这也是迈锡尼文明发展的黄金时代。乌加里特与这个海上王国也有着商业上的往来，因为，这里曾出土过华丽的克里特花瓶碎片。例如，从一个墓穴里出土了一个小型赤陶碗，它就和一个鸡蛋外壳差不多大，毫无疑问，这就是在公元前

1900至公元前1750年间，从克里特岛输入的。

接下来发生的事情难以叙述了，因为，有一股不明势力摧毁了放在乌加里特的埃及人的雕像。乌加里特的闪族人是绝对不会做出如此荒唐的事情的，因为他们有着高尚的品质和开放包容的人生态度。接下来，这座城市恢复了生机，那个时期出土的陪葬品呈现出了丰富艺术风格。那时，塞浦路斯岛的居民、埃及的商人、美索不达米亚的学者，还有世界各地的工匠都聚集到了乌加里特城。

最终，乌加里特成了图特摩斯三世攻取的对象。图特摩斯三世是埃及最伟大、同时也是最尚武的法老，也许还是基督教未传入近东地区时，最杰出的政治天才。他的木乃伊留存了下来，我们有幸一睹这位一代雄主的真容：英挺的鼻、坚毅的嘴。卡纳克神庙的浮雕，让我们认识了一个更为真实、生动的图特摩斯三世的形象。为了做战争准备，他需要建造地基，同时他还要为他的军队建造补给仓库，对于他来说，在北部最好的港口便是乌加里特。公元前1500年，居住在乌加里特的塞浦路斯人、爱琴海人、克里特岛人、埃及人以及乌加里特本地人，都因为埃及对此地的征服而获益。在埃及人的统治下，这座城市进入了发展的黄金时代，建造了一系列震惊后世的建筑。

乌加里特出土的青铜塑像

广阔的住宅区被一些笔直的街道分割开来。街道纵横，均成直角相交。位于这些住宅区的房屋都配有浴室和精心设计的卫生设施。雨水通过

卡纳克神庙的米吉多战役浮雕，描绘图特摩斯三世正在杀戮迦南人。

石渠流入这座城市。此外城中还有良好的排污系统。院子里，墙上装有用漂亮的石头镶嵌的喷泉。起居室和卧室应该位于第二层，通过石梯来上下。

如果生者生活得安逸舒适，那么，死者必然不会受到忽视。在每座房屋的地下，都有着一个圆顶墓室，这些墓室通常都是用石板砌成，十分整齐。有一条通道，直接通往墓室的内部。在那里，逝者仍然可以一起过着家庭生活，生者为了让他们永远安息，准备了昂贵的陪葬品。的确，乌加里特的人都以王族的丧葬方式，来对待他们的逝者。因此，几乎所有的墓穴都惨遭盗墓贼的洗劫。但是，这些盗墓贼通常只偷一些金器和贵重的陪葬品，留下了许多出产于罗兹岛和塞浦路斯的手工制品，例如精美的彩陶器、象牙饰品、雪花石膏花瓶和上好的迈锡尼陶瓷等。许多克里特文明的花瓶是锥形的，瓶身上绘有精美独特的图案。这座神奇古城的发现者克劳德·舍费尔甚至还提出，逝者是被放入盛有酿造饮料的容器里下葬。在乌加里特，生者会为逝者举行极为铺张的葬礼，在后面的章节里，我们会深入探究，为何乌加里特人相信逝者会有来世。

在米内特贝达的海湾有一个港口，在那里，乌加里特的人也建造了设施完备的房屋；在那里，居民们也建造了有艺术感的墓穴，还建造了仓库和储藏室，其外观与现代仓库惊人相似。在其中的一个储藏室里，舍费尔发现了八十多个瓦罐，它们一定装过油或是酒。这些油或酒可能供应本国人，也可能用于出口。这里有一栋建筑，里面储存了一千多个瓦罐，这些瓦罐大多数是塞浦路斯人制作的，曾经被用来装香油，然后被出口到巴勒斯坦和埃及地区。所有的这些都表明，这个港口有着很大的交易额和丰富的商业活动。

乌加里特有着高度发展的化妆品行业。精巧的小香水瓶，象牙制的胭脂盒，这些物品大多用帆布包装，包装上面还印着新奇的字样，还有一些青铜制的小型鹰雕，里面还嵌有金色的羽毛，所有的这些物品，都证明了埃及的艺术在此地占据着重要的地位。开放包容的乌加里特人，从不歧视来自爱琴海文明和克里特文明的工艺。在3500年前，来自克里特和希腊雕塑家、金匠、青铜匠人等手工艺者的作坊里，一定有很多衣着华丽、涂了脂粉的妇人光顾。在米内特贝达的一个墓穴里，出土了一个上过釉的陶土杯，同时，伴随着这个杯子，还出土了一个经过精心雕琢的女性头像，也印证了乌加里特这个高度发展的古代社会。

舍费尔在发掘的过程中发现，大约在公元前14世纪中期，一场地震摧毁了这座城市。如今我们还能清楚地看到，房屋废墟、残垣断壁、大片的砖石已移位，还有随处可见曾经火灾的痕迹。推罗古城的国王阿毕米基向法老

乌加里特港出土的瓦罐

阿曼诺费斯四世详述了这场灾难：“乌加里特城被大火毁灭了，现在这座城的一半被烧毁，另一半则已经不复存在。”人们不明白，为何在公元前14世纪，乌加里特、克诺索斯的克里特城、特洛伊以及其他的一些大城市都几乎同时经历了大规模的灾难，这成了一个千年未解之谜。

乌加里特再一次复兴，那里的房屋和王宫也被重建，女人们再一次穿上了华丽的长袍，这些长袍大多是埃及和迈锡尼风格的，但以迈锡尼风格为主。因为，在当时，克里特居民是乌加里特最富有的居民，也是当地时尚的引领者和主导者。

然后，在公元前1200年左右，最后的悲剧还是降临了。来自北方、希腊和小亚细亚的入侵者们像龙卷风一样，攻占了叙利亚这片沃土。这些“海上民族”拥有当时还不常见的铁制武器，而乌加里特人无法抵挡他们的突击和猛攻。这座城市灭亡于青铜时代，永远地消失了。商人们不再忙忙碌碌地计算各项数据，抄写员们也放下了他们手中的笔，踏入这座神奇之城的入侵者们毁坏了他们的泥板，泥板碎末飘散在了风中，那些优雅的女士们再也无法绽放如花般的笑容。地层一层层地向上叠加，并慢慢地形成了山丘，供人们发掘和探索。

乌加里特女性头像雕塑

叙利亚

世界上第一套字母文字

任何考古学家都不会冒冒失失地挥起铲子，去发掘古城和文明的遗迹。在探究地下的秘密之前，自然要先钻研一番文献资料。

接下来讲述的内容就是一个很好的例子，印证了三个事实：远古的文献资料常常能为我们提供可靠的信息；我们不应该把那些乍看上去匪夷所思的事物仅仅当作幻想而将其抹杀；神话故事往往也会蕴藏着一些事实。我们必须明白，在几千年的时代变迁中，人类的精神力量和基本智慧并没有得到显著的增长。这个时代的一大不幸就是我们毫无保留地相信自然科学研究，却忽视了那些带给我们精神上真理的伟人们，如恰巧都生活在约2500年前的佛陀、孔子、欧里庇得斯、苏格拉底等的事。

公元前485年的一天，在哈利卡纳苏斯一个有名望的家庭里，一个婴儿呱呱坠地，这个婴儿长大后，成为人们口中的“史学之父”——希罗多德。希罗多德曾在当时的地中海世界游历。作为一个学者，他天生有着异常敏锐的观察力，此外，他还有着广泛的兴趣和无限的好奇心。他认真地对待自己传播的故事，不过他也乐于讽刺。他尊重传统，但总被新奇事物吸引。虽然，他并没有学过专业的军事知识，但是，他精彩地描绘了波斯与希腊争夺霸权的战争。他对任何民族、任何人种都一视同仁，并且坚信任何具备理性思考能力、历史知识的人，完全有能力塑造自己的过去和未来，即他绝不仅是自然力量或者未知命运的玩物。因此，不像后来那些预言西方文明会衰落的人一样，希罗多德从不试图去预测一个民族的未来。在他看来，没有人可以预测人类的未来。

希罗多德像（罗马帝国时代复制品）

希罗多德在其撰写的《历史》第五卷中告诉我们，希腊人的书写字母是从哪里习得的。他写道，腓尼基人和卡德摩斯王一同来到希腊，带来了各种各样的知识，还有书写这门技艺。“所以，我相信，古希腊人在腓尼基人到来之前，并不会书写。”

这位世界上第一个历史学家还认为，腓尼基创造了人类历史上第一批字母文字，希腊人在此基础上进行改造、重新排序，形成了自己的字母文字，后来又演化为欧洲所有语言字母文字。虽然，现代的历史学家们经常质疑他的叙述，但是，希罗多德的观点却已经得到了证实。通过1929年至今的发掘，克劳德·舍费尔已经获得了坚实的证据，证明了希罗多德两千五百多年前做的那些细致入微的调查研究的准确性。

在发掘埋藏在拉斯珊拉丘陵之下的乌加里特城时，舍费尔发现了五个独立的地层，它们分别代表了五种不同的人类文明，这些文明所属时期从距今数千年前的石器时代，一直到公元前1100年，也就是乌加里特城灭亡的时代。第五层是最早形成的，因此在最下方，第一层则是乌加里特城的遗址，这座小城曾在公元前1500至1100年间盛极一时。就在第一层，舍费尔发现了一座大型建筑的遗址，在这座建筑的中心有个庭院，庭院的四周是十分宽大房间，在建筑的北部，有扇大门可供进出。在建筑的第一层，有阶梯通向第二层。这座气势恢宏的建筑，曾经一定是一所教人写字的学校。因为，生活在这座繁荣城市的学者们，需要有场所来学习阿卡德文字、苏美尔文字、哈里蒂克文字，当然最重要的是学习腓尼基祖先们使用的原始腓尼基文字。这些原始文字，其实最早来源于迦南文字。书写文字或是在泥板上刻字，在当时是一种非常高深的技艺，必须用心去学习。

与尼尼微和巴比伦的档案馆一样，乌加里特的图书馆里，也藏有泥板。泥板的两面都刻有字母，这些字母一般被称为“楔形文字”。这种新发现的乌加里特文字，在未被破译前，就被人们发现了它的一个显著特点。美索不达米亚文字含有几百个符号，每一个符号都代表一个完整的音节，或者是一个单词，而乌加里特文字被缩减为仅有29或30个字母。显然，人们发现了世界上最古老的字母文字。

图中是来自乌加里特中央档案馆的泥板，上面的内容是用世界上最古老的字母文字书写的。这种字母文字在3400年前经迦南人改造而成。这块泥板记录的是王朝的印章。

1930年4月，也就是在乌加里特出土了第一批泥板的一年之后，法国学者维洛列伍德公布了一段用神秘的字母写成文字。来自德国哈勒大学的一位才华出众的教授汉斯·鲍尔猛然意识到，这段文字里可能包含一种与希伯来语或是腓尼基语相似的闪族语。于是，他将不同的字母并列放置，进行比较，以求从中辨别出一些闪族文字。最终，他成功地破译了一些闪族文字。这些文字意思等同于“三”“四”以及一些宗教中的名字，比如阿舍拉、阿施塔特、巴力、埃尔和以拉等。

这也许听起来并不复杂，但是我们要清楚，在所有的闪族语里，元音总是需要译读者自己去填补，这种令人如此绞尽脑汁的工作，需要研究者具备十分渊博的神话学知识。STRT代表女神阿施塔特，经常出现在埃及的碑文中。因此，如果是不熟知碑文中的这位女神的话，就永远都不会发现STRT代表着阿施塔特。同样，必须从BL这两个字母识别出其含义是巴力神（Baal）。

最终，鲍尔成功破译了28个字母中的14个，有9个在破解时出现了错误，而剩下的五个则把他给难倒了。总体而言，法国学者已经在破解该种文字、探索迦南文化方面取得了突出成果。在法国学者多姆成功识别了更多不确定的字母之后，汉斯·鲍尔教授借助多姆的研究成果，再次潜心钻研，最终除一个字母未能破解以外他破解了整个谜题。维洛列伍德教授便开始研究大量迦南石碑，并于1948年时，释读出全部石碑上文字。这种文字的历史可以追溯到公元前1400年，是世界上最古老的字母文字。我们也许永远都不会知道，到底是谁发明了这种字母，但他一定是腓尼基人。正如维洛列伍德教授所说的那样，这个创造了奇迹的民族在人类历史上留下浓墨重彩的一笔，值得我们致以无限的敬意。

乌加里特人使用的古老迦南字母文字包含了28个独立的字母，其中有26个是辅音。希伯来字母文字有23个字母，而随后发展起来的传统腓尼基字母表则有22个字母。如今，我们所使用的标准字母表含有26个字母，俄文的则有33个字母。今天我们能将任何保存完好的迦南楔形文字准确地释读出来。

我们目前已经发现了两类泥板。较大的泥板上刻有神话传说，较小的泥板上面则刻有书信、存货清单、账目、法令、商品清单（油、酒、燃料等）、法律文书（例如收养和出售）等。

能够一瞥当时人们的生活令我们着迷。虽然在大约3000年前这座城市就已经消失了，却赠予我们人类最富有创造性的礼物。例如，一个叫亚斯拉努的男人，在乌加里特国王的见证下，合法地收养了一个叫伊库亚的少年。按照当时的书面规定，如果没有正式通知的话，收养方和被收养方都不能断绝关系。如果养父想要断绝关系，那么，他必须在将养子赶出家门前，给予养

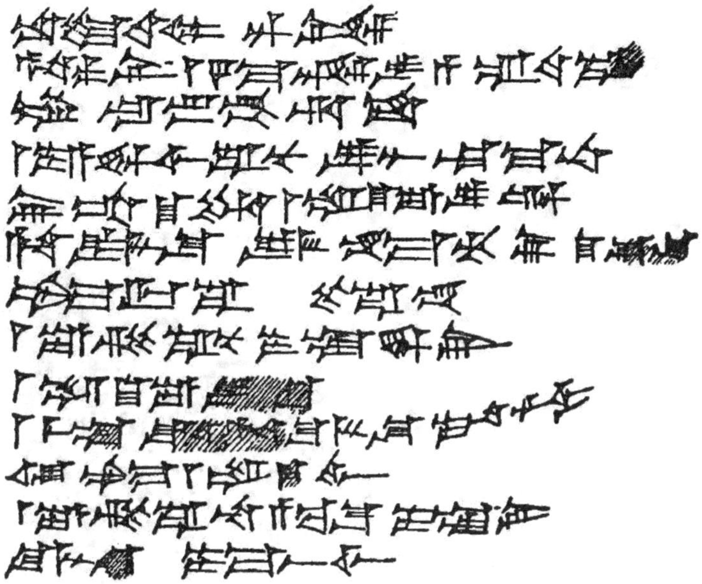

图中为用人类最古老的字母所书写的一段文字。虽然书写符号在更早的苏美尔人时代就已经出现了，但它们表达的是完整的音节或词语。迦南人则是最早发明字母文字的民族。这段文字描述的是亚斯拉努和他的养子伊库亚之间的法律关系，阴影线表示已损毁的部分。

子100舍客勒[1]银子；如果养子想要离开他的养父，他就必须将双手高举过头顶在街上走。高举的双手这个动作表示他是个不义的养子，在离开养父的家时，不能带走任何东西。从这个典型的例子可以看出，当时的人们都习惯于订立契约。

我们了解到人们通过以物易物或买卖的方式交易房屋、橄榄种植园、骆驼、驴和羊。乌加里特王后阿海米库的嫁妆清单完好地保存了下来。这份清单上包括了四对嵌有宝石的金吊坠、金戒指、金手链、金杯、金碗、金罐、两条金腰带、20件用上等的哈里蒂克布料制成的长袍、20件上等阿穆里蒂克布料制成的长袍、数量众多的斗篷、坐垫、3张嵌有象牙的床、镀金的椅子、镀金水盆、镀金水壶、镀金熔罐、镀金烧杯、青铜炼制的火炬、装满橄榄油的容器、20个小型胭脂盒以及大量的其他物品。可见，阿海米库皇后一定是

[1] 以色列货币单位。

个富有、挑剔、骄纵的女人！

在研究有关奴隶贸易的文字时，我们了解到，有时候奴隶是会被赎回的。有一个这样的故事，有个买方无法筹集所需的400舍客勒银子，他只能从存款里拿出一百四十舍客勒来作为预付金，但是，必须全部付完款，卖方才会将奴隶运送过来。因为一舍客勒大约比半盎司稍微重一点，所以换算过来的话，购买这些奴隶大约需要十五英镑的银子。以现代的标准来看，这花费并不多，但是在那个时代，银子显然比今天更稀有与更有价值。与奴隶交易的价格相比，卡尔凯美什国王的御马官在将战马卖给乌加里特国王时，战马的价格就显得相当高了。在编号为16.180的泥板上记载道，这匹战马也许是一匹纯种马，交易价格为二百舍客勒银子，这相当于这批奴隶交易价格的一半了。

同时，我们还从古老文字中解读到，一位处于最上层阶级的女人，乌尔米，是这样向她的女儿——乌加里特的皇后寻求帮助的："愿乌加里特的诸神和阿穆路的诸神保佑你健康长寿。你和乌加里特国王过得还好吗？告诉我吧！"写这封信的人接写道，她的房子失火了，她所有的财产都被烧毁，因此，她迫切地需要得到帮助。显然，乌加里特皇后和她的母亲来自于阿穆路，所以，这位母亲在祈祷中会提到那里的神。她之所以可以自由地提到阿穆路诸神，是因为在乌加里特，对宗教信仰有着包容和自由的氛围。（这也许就能解释，为何迦南人自己的神灵会最终消失而没有融入后来的宗教。）

对拉斯珊拉的泥板进行释读，意味着在过去的三十年里，我们越来越了解迦南神话。法国学者维洛列伍德、迪索、努加罗让我们更加清楚地知道，这个神奇的民族在宗教信仰方面那些不为人知的秘密。他们的研究和发现之所以重要且有趣，就是因为这些文字虽然是在公元前14世纪完成的，但是，记载的内容却是更为久远的事。这些内容要么是经过一代又一代人的口耳相传，要么是通过一种非常古老的非字母形式的文字流传下来的。鉴于迦南人和以色列人住在同一个国度，过着相似的生活，有着同样的传说，信奉着共同的神灵，所以，我们不得不假定，这两个民族有着共同的起源。因此，乌加里特的泥板带我们了解了以色列民族的最早期的历史，同时对泥板上文字内容的研究和发现，可以说是在《圣经》研究领域中最重要的事件之一。

迦南人的宗教发展较为完备。众多的神庙中有着严密的祭司管理制度。其至高的神被称作伊勒，这个词在腓尼基语和其他闪族语中，都意为“神”。

伊勒神是迦南人的主神，被称作“岁月之父”。迦南人对待这位至高神的态度，就像今天的许多民族一样，特别是那些居住在极地附近地区的民族。我们将早期历史和史前史钻研得越深，我们就会更加明晰，神并不会插手人间的琐碎事务，更不会对人类施加惩罚。在乌加里特发现的一块竖立的石头或者说石碑，显示着该地就是伊勒端坐的地方，也是乌加里特国王们向他献祭的地方。

伊勒配偶是亚舍拉，多个世纪以后，我们才在《圣经》里再次发现了她。常以“圣树”或木柱、石柱为她的标记今天仍是某些原始民族崇拜的对象，而这种传统可以追溯到石器时代。

与迦南人日常生活最为息息相关的神是巴力。根据乌加里特的泥板文字，我们可以知道，他是一个神话史诗里的英雄。巴力的影响力是如此之大，以至于在迦南人的城市被以色列人攻占很久之后，迦南人仍然供奉他。在乌加里特，人们修建的两座最大规模的庙宇，就是用于供奉巴力和他的父亲——大衮。犹太教曾一度走向衰败，其速度虽然慢，但是其形势却难以挽回。犹太人曾为此苦苦奋斗过，试图挽救犹太教，这最后的证据便是他们将“恶魔”命名为“Beelzebub”（别西卜，《圣经》中的魔鬼），其

这是巴力神的铜制小型雕像，其制作时间可以追溯到公元前15或14世纪。其高高的发饰和头部镀上了一层金，身体则镀上了一层银。这件珍品出土于乌加里特的古代港口米内特贝达，现存于巴黎的罗浮宫。

中，该词的前半部分“Baal”意为“主人”“丈夫”或者“毁灭”，而该词的后半部分“zebub”则是希伯来语，意为“飞”。

直到人们发掘出乌加里特遗迹，才第一次知道有关巴力神的古老神话。因此，三十年前，我们才开始了解《圣经》中关于巴力神部分的背后故事。

泥板中记载道，巴力神的妹妹被人们称为阿娜特，就像东方的许多神话那样，尤其是埃及的神话，这对兄妹结合了。这位女神象征着贞洁和多产，奇怪的是她还象征野蛮。在那个遥远的蛮荒时代，纯洁、圣人的降生总是同时与堕落、纵欲的狂欢联系到一起。

当人们逐渐开始遗忘巴力时，他们对宗教的热情也逐渐消退了；这时，阿娜特发动了一场专门针对叛教者的大屠杀。我们听说，在这个国度的北方，有一座金山。阿娜特前往这座金山，并在那里取得了多次胜利。她斩杀了硕大无比的蛇，这条蛇的名字叫罗腾，也就是《圣经》中象征邪恶的海怪。这只海怪的名字曾出现在《约伯记》里，在此之前，关于它的记载只出现在乌加里特的历史中。由此我们可以看出，那些关于守护宝藏的龙或蛇的神话，有着多么久远的历史。

在《旧约・列王纪》完成之前很久的时候，乌加里特泥板上的文字也提到了著名的黎巴嫩香柏。当阿娜特向主神伊勒抱怨她的哥哥兼丈夫巴力不像其他神那样，拥有自己的庙宇，于是，主神便命神匠用砖块和黎巴嫩香柏木为其建造一座神庙。在《列王纪上・第六章：9》中，也提到过所罗门王，“所罗门建殿，安置香柏木的栋梁，又用香柏木板遮盖”。与这位睿智的国王一同建造这座庙宇的便是迦南国王希兰。希兰的统治时期为公元前969至936年，而所罗门的统治时期为公元前972至932年。但是，据乌加里特泥板上的记载，这座为巴力而建的神庙于此500年前就被建成了。而且，泥板中记载的故事可能要更加久远。

从乌加里特图书馆的文献资料中，我们还得知，让他们已故的至亲至爱之人重返人间是他们永恒的心愿。有一次，巴力外出打猎时，中了敌人的埋伏，他和他的儿子阿林被杀。阿娜特下到冥界，以70只牛、70只水牛、70只绵羊、70只公羊、70只野山羊和70只羚羊作为祭品，来悼念她挚爱的丈夫和儿子。这些动物不仅仅是作为陪葬品，还是阿娜特专门为丈夫和儿子准备的食物，让他们在来世不会受饿。然而，这一切都不能使他们起死回生。谋杀巴力的凶手是冥神魔特。阿娜特在太阳女神的帮助下来到冥府用一把镰刀将魔特斩杀，巴力和阿林才得以重返人间。后来，希腊神话也出现了类似的情节，赫拉克勒斯将阿尔刻提斯从冥界救出。

在乌加里特人写出第一块泥板很久以前，他们就像很久之后才出现的基督教徒一样，不再相信死亡是一个人最终的归宿。查尔斯·维洛列伍德强调说，迦南人一直都不太确定，冬天过后，春天是否会来临。他们的这种不确定，源自最后一个冰期（结束于公元前8000年左右）的久远回忆。每年，无论如何迦南人都要痛苦地经历一段短暂的焦虑期，特别是当第一场春雨未能按时到来之时，因为，这也许就意味着末日降临了。因此，人们祭祀阿娜特，相信她会在寒冬过后，将春天重新带回人间，生最终会战胜死。

在迦南语和希伯来语中，“rephaim”是指逝者的灵魂，他们进入冥界后，阿娜特会为他们准备一次宴会。一块乌加里特泥板上写着这样一句话：“噢，灵魂们，开怀畅饮到第七日。”这场为逝者举行的宴会将会持续一周、宴会结束之后，伊勒便会召集这些灵魂们，对他们说：“灵魂们，来吧，走进我的房子吧，进入这座王宫吧。”

那么，这位从冥界中解救了巴力，制服了妖龙，为逝去的灵魂们举行了宴会的阿娜特是谁？她就是象征爱情与生育的女神阿施塔特，法老图特摩斯三世曾于公元前15世纪在底比斯为她修建了一座庙宇；她也是当以色列人对耶和华的信仰偶尔出现动摇时崇拜的女神亚斯塔禄。

三十年前，学者们才破解出乌加里特泥板的秘密，因此，相对埋藏在拉斯珊拉的山丘之下三千多年的“阿娜特”这个原始名称，我们可能对其希腊语的叫法“阿施塔特”更为熟悉。迦南的女神阿娜特，可能深深地影响了希腊人，于是他们有了爱与美之女神——阿佛洛狄特。在塞浦路斯岛上，曾经居住着迦南海员，这座小岛也坐拥腓尼基的阿拉希亚小城。值得注意的是，在这座岛上，有两座举世闻名的阿佛洛狄特神庙，一座位于帕福斯，另一座则位于阿马图斯。希腊诗人荷马认为阿佛洛狄特是来自塞浦路斯的女神。毫无疑问，希腊人的传统刻有东方和闪族人印记。因为，对于希腊人来说，阿佛洛狄特是象征着繁育和爱的女神，就像阿娜特之于迦南人一样。

因此，我们可以看到，大量来自迦南-腓尼基的神话和文化观念，潜移默化地影响了古希腊文化，也被我们自身的宗教理念所吸收。不仅各种文化之间存在着相互的联系，不同民族所信仰的各种神灵之间，也存在着相互的联系，这真是一个令人费解的巨大的谜题。

黎巴嫩

推罗与西顿

征服海洋是人类最重大的壮举。新的地平线和新的星空有着令人难以抗拒的吸引力，让人们充满遐想。海洋使许多不知名的海上民族有可能去占领广袤的土地，并在异国他乡建立稳固的政权。在那个没有像样的贸易殖民地和海军的时代，有一支居住在地中海东岸的小民族，发展出了利用北极星来判定方向的航海技术，并且建立了一个拥有海上霸权的帝国，能够完全不受陆上军队的威胁，这种情况维持了一千多年。在公元前1200年，埃及的势力逐渐衰退，而腓尼基人则作为商业巨头和大庄园主逐渐进入地中海，控制了其他国家的经济活动达数个世纪之久。而此时，意大利仍处于黎明前的黑暗之中。

——A.波德巴德和J.洛弗雷，《西顿》，贝鲁特，1951年

埃及法老拉美西斯二世是一位精力充沛的国王。在埃及的历史上，没有哪个君王像他那样对建筑有着浓厚的兴趣，可以为了建筑挥金如土。他营建了许多神庙和方尖碑，完成了其父位于底比斯的王陵，还建造了一座神庙来用作举办祭礼的地方，这座神庙就是如今的拉美西斯神庙。在卢克索的卡纳克神庙里，他下令修建了大柱厅。在埃及的历任法老中，他为自己所做的雕

像是最大的，其中有些雕像是直接用一大块巨石雕刻而成的。他在坦尼斯的雕像将近有27米高，由一块重量为900吨的巨石雕刻而成（一辆现代的大型卡车可以载50到60吨货物）。

拉美西斯二世也许希望通过石头让自己名垂千古，但与此同时，他也渴望享尽在人世的快乐。从阿布辛贝神庙的巨型浮雕或是卡纳克神庙的花岗岩雕像中，我们都能看到他的嘴角流露一丝微笑。我们还能感受到，他是一个穷奢极欲的帝王。他一生姬妾如云，留有79个儿子和59个女儿，他得意地将他们的画像雕刻在神庙的墙壁上。从公元前1290年至公元前1223年，他一共统治了67年，享年90岁。即使是死亡也没能征服他的肉身，因为他的木乃伊仍然完好地保存着。众所周知，是这位法老迫使以色列人在埃及充当苦力。有一天，摩西和亚伦（前去拜见这位法老，请求他允许以色列人前往沙漠。这位法老语带讥嘲地问："你们口中的耶和华是谁？居然还敢命令我？"然后，法老将他们斥退，说道："我没听说过你们的耶和华，我也不会让以色列人离开埃及。"由于大兴土木需要消耗人力物力，而大量以色列人居住在埃及，因此，他不愿意放走如此珍贵的劳动力。他不但没有放走以色列人，相反，他还下令加大他们的工作量。虽然享尽了世间所有乐事，但他仍然渴望通过刻石造像来让自己名垂千古。他对监工这样说，"让以色列人加倍干活，并且让他们劳碌，不听信那些虚谎的言语，"埃及的监工会依次任命一

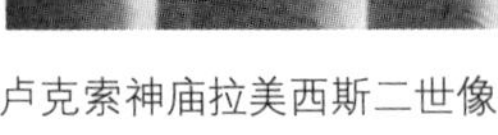

卢克索神庙拉美西斯二世像

些以色列人为督工，若是以色列人没有完成每天的工作量，这些督工便会被鞭打、虐待。虽然他们曾经苦苦哀求过，但法老却回答：“你们偷懒，你们偷懒！”

我们是从《出埃及记》第五章中了解这些史实的。直到埃及遭受十场灾祸，这位法老才开始重新考虑他的决定，放以色列人离开埃及。这一事件发生在公元前1300年左右，也就是大约3300年前。在《出埃及记》后面的章节中，我们了解到，拉美西斯二世放走了以色列人之后感到非常后悔，于是，他派遣了六百辆最好的战车，去追赶摩西和他的人民。

当时的一封信保留到了今天，这封信是一个叫霍里的人写的，他是法老骑兵的高级军官。这封信是他写给他的一位名叫阿曼-埃派格的同事，也是埃及军队的一位指挥官。这封信的有趣之处就在于它所处的历史时期。当时，拉美西斯二世正谋求将他的意志和他的民族加之于全世界之上，而摩西则正在领导一场史上规模最大、最为艰险的迁徙。这封信件，如今被命名为《斯塔斯纸莎草文献I》现存于大英博物馆中。信件中还提到了一些曾经繁荣的迦南城市，但是后来，这些城市都被以色列人攻占了。

这位埃及骑兵的高级军官，将与他通信的人称为马希尔，这是一个迦南词语，通常用来形容一个文笔很好的人，或是一个学识渊博的人。显然，这位马希尔曾游历过叙利亚地区，见识过一些迦南-腓尼基城市。信中有很多霍里对马希尔的调侃。今天我们通过这封信了解到3300年前朋友之间是如何通信的，会感到非常奇妙。“……接下来，有人会闯入你的营地，解开你的马，偷走你的衣服。而你的马夫，会拿走你剩下的一切，然后跟着窃贼一起跑。当你醒过来时，他们带着你所有的财产已经跑无影无踪了。这时，你也只能使劲拉扯自己的耳朵。”寥寥数语将一个埃及人的懊恼跃然纸上。

信中还继续讲述了旅途中马希尔因为粗心而懊悔不已的事。“我写信给你，是想了解一下那座叫比布鲁斯的城市。它是什么样的？难道你之前没去过吗？和我讲讲贝利托斯、西顿、撒勒法这三座城市。乌斯又是什么样的？据说在另一座名叫推罗的岛上城市，淡水要通过船舶运送到岛上去，那里鱼的比沙子还多。”

揭开岁月的面纱，探究千年往事，让我们受益良多。保尔·克洛岱尔曾经说过，虽然过去比未来更难触及，但是，过去不正是现在的一部分，现在不也正是未来的一部分吗？如今，世界上各民族的生活方式，尤其是那些仍然完好地保留着祖先的传统生活方式的民族，还有考古学家们的考古发现，以及一些先进文明通过文字记载而流传至今的各种资料，都能告诉我们很多过去的事。在霍里充满讽刺的笔调下，我们了解了埃及人在叙利亚的游历。“恐惧使你瑟瑟发抖，寒毛直竖，心都提到了嗓子眼。在你的两侧，一边是深渊，一边是峭壁，你心惊胆战地走在马车旁。你的心脏怦怦直跳。你继续走着，看着一望无际的天空，猜测敌人正在尾随着你，一切使你不禁战栗不已……”这段文字将一位孤独的游历者的恐惧描绘得淋漓尽致。

“当你来到约帕时，你会发现一片碧野。接着，你走进一片没有围墙的葡萄园，在那里，你看到了一个正在看守苹果园的可爱姑娘。她将你视为她的伙伴，并愉快地表达对你的喜爱。然而，接下来，你被抓了起来。他们责骂你，你忙不迭地交出用上等埃及亚麻布料制成的围裙。紧接着，你睡着了，什么也不管了。他们偷走了你的弓箭、匕首和箭袋。你的马跨过了一片沼泽地。路途仍十分遥远。你的马车散了架，你的武器也遗失在了沙地里。‘给我水和食物，’你说，‘我已经来了。’但是，他们却装聋扮哑，似乎什么都没有听到。”

试想一下，历史上还有哪位政府官员，能够以这样精彩的讽刺笔调，将一场糟糕的旅行描绘得如此生动、细致吗？自拉美西斯、摩西和叙利亚文化的黄金时代之后，人类自身几乎就没有发生过什么重大的改变。

当马希尔在这些腓尼基城市游历之时，这些海上要塞已有几千年的历史了。在这几千年中，它们深受亚洲、埃及、克里特文明的影响。蒙泰（1921—1924年）和杜诺（1925—1957年）的考古发现证明，埃及人曾和这些城市保持着友好的往来，比如比布鲁斯。1923年，在比布鲁斯，皮埃·蒙泰收获了20世纪最为有趣的考古发现之一，即在当地的一个墓室里，发现了阿希雷姆国王的石棺。在石棺里面，众多陪葬品中还有两个拉美西斯二世的雪花石膏花瓶。阿希雷姆国王和拉美西斯二世是属于同一时代的人，而且，在那个时代，比布鲁斯城虽然在政治、贸易、艺术等方面深受埃及的影响，但也是腓尼基最为重要的城市。在石棺的一面上，描绘了一幅关于阿希雷姆国王的图画，他留有胡须，正坐在狮身人面像的王位宝座上，他的双脚放在脚凳上，他的左手拿着一朵绽开的白莲花，右手则拿着一个杯子。他的面前站了七个男人，第一个男人正在用力拍打、驱赶祭台上的苍蝇，另两个正拿着餐碟和杯子，其他四个则正高举双臂，掌心向前，向国王致敬。在石棺的另一面，则描绘了八个正在行礼的人物形象：两个妇女，两个肩上正扛着水罐的搬运工，一个正牵着一只公山羊的男人，以及三个长着胡须的仆人，他们的双手高举，正向国王表达敬意。石棺盖子的大小，和这位伟大国王的身型相差不大，在盖子的两面都雕刻有铭文。这些文字有着不可估量的价值，是现存的最古老的腓尼基文字，比此前发现的字母书写系统还要古老，证明早在公元前1300年，腓尼基人就开始使用字母文字这一人类历史上最重要的发明。这一考古发现之所以重要，是因为它为我们解决了一个困扰学者们许久的谜题。长期以来，人们一直误以为，大概在公元前10世纪时，希腊人从

阿希雷姆国王的石棺

一支外来族人那里学习吸收了字母文字。但是，现在的考古发现却似乎证明了，在更早的几个世纪以前，腓尼基人就拥有了自己的书写字母。因此，之前关于希腊人向外族人学习字母文字的结论，就开始遭到大家的质疑。迪索认为，阿希雷姆国王的石棺出现于公元前13世纪，如果这个推断是正确的，那么，在那个时候，腓尼基人就已经初步掌握了书写文字。这位死去的国王为我们留下了何等重要的信息。

盗墓者早已将墓室里最为珍贵的物品偷走了。这位国王的尸身也早已不复存在。但是，存放尸身和陪葬品的石棺如今却仍置于贝鲁特的国家博物馆中。

因为比布鲁斯这座沿海城市以盛产埃及莎草纸而闻名，所以，在希腊语中，“比布鲁斯”（biblos）这个词就成了“书卷”的意思的统称。这也是英文Bible的来源。

推罗是腓尼基最著名的城市之一，它是一个岛上要塞，坐拥两个海港，北面的一个叫西顿港，南面的一个叫埃及港。西顿港不仅依然存在，而且还能使用，但埃及港早已消失了。从1934年开始，法国考古学家波德巴德就在法兰西铭文与美文学术院的支持下考察从前的埃及港遗址。

过去二十年的研究表明，对于那些陆地和海中消失许久的古城遗迹，只有从海拔很高的地方观察，才能较好地辨认出其整体轮廓。波德巴德是通过航拍发现这一点的。随后，他又派潜水员进行水下考察，当他们潜到海底时，推罗古城的城墙映入眼帘，令他们惊奇不已。在这座古城的南部，他们发现了一座防波堤。这座堤坝大约有805米长，8米宽，中间有一个防御坚固的入口。埃及港并不是天然形成的，而是通过人力造出来的。除了海港，当时的人们还在海边造了码头、防浪堤、装货仓库，以及每个繁荣的海港的必备设施。

据一位生活在公元2世纪的历史学家阿里安的记载，这座古城的城墙高达48米左右，建立在崎岖不平的岩石地面上。由于平地的面积不大，所以，岛上的居民们都居住在多层房屋中。在这座城对岸的大陆上有一座城名叫帕莱泰洛斯，是一座沿着海岸线一路绵延约13公里的大城。今天的推罗（现在称

从空中俯瞰推罗

作苏尔）位于从陆地向海洋延伸的一条狭长地带的顶点，证明了一个事实，即亚历山大大帝在当时不仅征服了世界，还改变了地理格局。公元前332年，亚历山大大帝准备进攻推罗。他下令拆毁了推罗位于大陆上的主城，并用拆下来的瓦砾垫出一条宽约6米，长约600米的堤道，一直延伸到岛城。。如今的我们，只能猜测为了实现亚历山大大帝的伟大宏图，征发了几千劳力。2000多年间，泥沙已经将堤道渐渐拓宽。如今的我们只能想象，当这里还是一个岛屿时，坐落于其上的这座人类历史上最强大的海上要塞是何等雄奇。今天，只有大约6000人居住在苏尔城，而在当年，这座岛城作为一个海上强国的支点，有近25000人居住在城内。

在小岛对岸的那片沿海地带，十分狭长，它也是属于推罗国王的领土，它为那个四面环海的小岛城市提供粮食、水果和蔬菜。在3000多年前，腓尼基人在此处就修筑了一套杰出的供水系统，这听起来就让人觉得不可思议。在大陆上，位于推罗以南约8公里的地区，有一座名为拉斯艾因的泉水。推罗城虽已不复存在，但此泉仍源源不绝。泉水一路向北流，一直流到正对小岛的一处地方。于是，腓尼基人便用这些水来灌溉土地，生产粮食。同时，他们还会定期用船将运河里的水运送到小岛上，以供岛上的居民使用。当岛城被围困时，居民就从城中的储水箱领取配给。这套储水系统一直高效运转着，以致尼布甲尼撒（古巴比伦王国国王）从公元前585至572年对推罗13年的围困无功而返。

从大陆沿海地带的平原和向北一路上升的丘陵地带都曾是推罗的领土。现代考古学家在这些地区发现了分布广泛的人类定居的痕迹，比如坟墓、石棺、房屋遗迹、榨油机、储水箱、石雕等。我们难以想象推罗古城到底有多古老。当公元前450年，当希罗多德游历到此地时，有人告诉他赫拉克勒斯-梅尔克特[1]神庙在当时就已存在了2300年了，而这座城市本身的历史必然更为久远。谁又知道，当梅尔克特神命令推罗的染匠，为他钟爱的女神蒂罗尔制作第一件紫色长袍时，是处于什么历史时段呢？编织业、玻璃制造业以及金属加工业，尤其是紫色染料业，这些都造就了这个城市的富庶与繁荣。

在推罗，基督教的起源可以追溯到耶稣在尘世之时。在公元1世纪中期，那里就诞生了一个基督教团体，而保罗在结束了他的第三次传教之旅后，也正是从那里的窄巷踏上归途。在更早的时候，曾反对信仰腓尼基诸神的先知以西结曾预言过这里将会发生的灾祸："你这有名之城，素为航海之人居住，在海上为最坚固的，现在何竟毁灭了。"他甚至还预言，南部的海港定会沉入海底，因为，他继续写道："我又使深水漫过你，大水淹没你。"在以西结的预言里，我们还能读出腓尼基当权者的骄傲与自负："你（推罗的王子）说，我是神。我在海中坐神之位。"

在漫长历史变迁中，这个神秘的民族历尽沧桑。在公元前21世纪初，四十艘载满黎巴嫩香柏木的船，从比布鲁斯出发，最终到达了埃及。法老萨胡拉的王陵坐落于阿布西尔。根据王陵墙上的文字记载，公元前2700年，这位法老的战舰从腓尼基带回来的物品有熊等许多其他的野兽、战俘以及不计其数的奴隶。在公元前1504至1450年，法老图特摩斯三世统治时期，这时，

---

[1] 神庙在当时就已存在

这些强大的腓尼基海上城邦，扮演着埃及的精明的仆从，在历史上他们素来如此。推罗、西顿、贝利托斯、比布鲁斯向埃及的国王进贡谷物、油和香料，并且遵埃及国王的号令安排船只。接下来，这些强大的海上民族入侵了叙利亚。然而，在公元前1200至750年间，这些海上城邦却开始衰落，西顿几乎被消灭。不久之后，他们被迫向亚述国王臣服进贡。在推罗的希兰王（不要将他与比布鲁斯的阿希雷姆国王混淆了），通过不断开垦，扩大岛上的陆地面积。他为梅尔克特神、阿施塔特女神修建新的神庙。他还为巴力的神庙竖起一根金柱。正如我们所知道的那样，这位国王是所罗门王的一位挚友，或许还亲自见过所罗门王的父亲——大卫。

推罗的古城墙见证了许多戏剧性的场面，它们往往交织着希望、热爱与憎恨，不消说，还有不计其数的王室暗杀。公元前918至910年在位的国王阿庇达斯塔特斯就是这种阴谋的牺牲品，有征兆表明，谋杀者正是他的乳母的四个儿子。

腓尼基人是迦南人的后代，他们也把自己的国家称为迦南。我们并不清楚为何他们的血液里流淌着对远行的特殊热爱。也许，他们是从他们的祖先——克里特岛的海员那里继承而来的。无论如何，他们崇尚探索的精神、乐于漂泊的生活方式以及对海洋的无尽热爱，驱使他们到了西班牙，到了位于瓜达基维尔河入海口的他施城。接着，他施城的商人们将贸易范围扩大到英格兰和波罗的海地区。虽然他施可能并不是一个腓尼基城市，但是以色列人从腓尼基水手那里得知了这个地名，所以，他们一旦看见了大型帆船，就把它叫作“他施的船”。所罗门王和推罗的希兰一世曾一同派遣船只，希望到达俄斐——一个盛产黄金的宝地。然而，他们的船队却从未到达过他施城。腓尼基人到处建立殖民地：萨索斯岛、塞西拉岛、米洛斯岛、罗兹岛、马耳他岛、西西里岛，以及北非沿海地带。在公元前814年，他们建立了最后一个殖民地——迦太基。在该地被希腊罗马文化同化之后，这种腓尼基人或者“布匿人”的生活方式存在了很久。

腓尼基人为古代世界带来了紫色这种染料。他们在一种小型的宽格网上放些贻贝，来引诱带有天然紫色染料的软体动物。当这些软体动物将长长的

腓尼基人用于制作紫色颜料的软体动物

吸盘紧紧吸附在贻贝上时，腓尼基人就会收获珍贵的染料。这些软体动物最大的足有11斤。然后，他们会将这些软体动物碾碎，提取出其中的紫色腺体。人们会将这些腺体腌制起来，放上三天，接下来将这些东西倒入一个铅制大锅里，对其进行稀释。值得注意的是，早在3000多年前，腓尼基人就有能力使用蒸气了。他们会用蒸气来把大锅均匀地加热到合适的温度。当大锅里的东西开始沸腾时，人们就会将浮上来的肉块给撇掉。差不多十天之后，其中的溶液就变得清澈。这个时候，人们就会用浸透过碱液的羊毛对其进行测试，如果最初的测试结果令人满意，就会将羊毛再浸泡在紫色溶液中五个小时。

将羊毛放在太阳底下晒的话，其颜色会更为艳丽，但也会散发出一股难闻的气味。写于拉美西斯二世时期莎草纸卷上的记载能让我们了解到当时染工的工作条件有多恶劣。“染工的手就和腐烂的鱼一样臭，他们最后会对一切衣物产生反感。”

在阳光照射下，染料先变成深绿色，然后变成紫色或淡紫色。犹太人寄居在埃及的时候可能学到了提炼紫色染料的技术，并且熟练地掌握了这门工艺。从那以后，犹太人至圣所门前所悬挂的帘幕也成了紫色的，宗教仪式中也开始使用紫色。此后犹太教的礼拜仪式中使用四种颜色：白色、紫色、深红色、鲜红色。祭台和其他圣物也蒙上紫色的布。埃及人从他们附近的腓尼基进口紫色染料，他们不光用紫色绷带缠绕达官贵人的木乃伊，或用紫色裹尸布包裹死者尸身，他们还用紫色墨水在莎草纸上写字。根据吕底亚人的说法，紫色染料与白银等价。生于公元前150年左右的基督教神学家亚历山太的革利免曾说，某位埃及名妓花了10000塔兰同来买一条紫色长袍，但她接一次客，也只能获得1000阿提卡德拉克马。如果放到现在的话，那就意味着这件衣服花了她250美元，而她一次接客的收入只有50美分。

不过，世间没有什么是可以恒久流传的。当1453年穆罕默德二世的大军攻陷君士坦丁堡之时，提炼紫色染料的技术便已失传。

人们是否热衷于发掘古代世界的遗存呢？我们可以看看一位西顿国王在石棺上刻下的遗言，这位国王心中有一种奇怪的想法在折磨着他："诸位国王，世间众人，请不要开启这一灵魂安息之所，也不要在此搜寻珠宝，因为我并无此物。请不要搬走我的卧榻，也不要挪动我的遗体。诸位国王，世间众人，请不要掘开此地，也不要让我的遗体暴露在外。"

今天，谁都可以去巴黎罗浮宫看一看这具石棺，而里面早已空无一物。

北非

海上女王

我认为，在所有战争中，最重大的一场莫过于汉尼拔指挥的迦太基人与罗马人之间的战争。参战国的实力空前强大，战局瞬息万变，战况无比艰难，以至于让获胜者的处境更为险恶了。事实上，驱使是他们去战斗的更多是仇恨，而非力量：罗马人感到愤怒，是因为他们这些胜利者遭到了被征服者的攻击；迦太基人也感到愤怒，则是因为他们不堪忍受罗马人的压迫，他们是被征服者，而罗马则像一个傲慢又贪婪的主子一样。

——提图斯·李维《罗马史》，第二十一卷

迦太基的富庶在古代世界中首屈一指，然而其结局之悲惨也同样世上少有。迦太基人安居于六层高楼之中，喝着上等希腊红酒，而他们的船只则航行到了全世界的各个角落。

迦太基是腓尼基人创建的国家。这些人从他们位于推罗的基地向西航行，建立殖民地，贸易站和城市，一路延伸到了直布罗陀，然后又更进一步，扩展到了加迪尔，也就是罗马人口中的加德斯，即现在西班牙的卡迪斯。迦太基是“新城”的意思。或许推罗人将迦太基看作他们最为重要的城市，也因此将其视为新推罗。

据推测迦太基建于公元前814年，比第一届古代奥林匹克运动会要早38年。关于迦太基的建城记载一般被视为传说，不过这些传说中也往往蕴藏着一些史实。蒂迈欧是生活于公元前356—260年的人，他撰写了一部共38卷的史书，向我们展示了有关迦太基建城方面的一些细节。拉丁文学全盛时期，有一位最负盛名的诗人普布利乌斯·维吉利乌斯·马罗（维吉尔），他在去世前用11年写下了《埃涅阿斯纪》这样一部伟大的民族史诗，其中记载了埃涅阿斯[1]游历四方时的经历。

推罗国王有个女儿叫艾丽莎，她的兄弟皮格马利翁即位后杀死她的丈夫夺取了他的巨额财产。艾丽莎被迫与一些忠实的下属逃往海外。这些逃难者到达的第一个港口是塞浦路斯。逃亡者中，还有一位阿施塔特女神[2]的高阶祭司，他要求在未来任何新开辟的殖民地上，他的家族要担任祭司。在这批逃亡者中，还有80名处女，她们会在阿施塔特神庙中任由移民和外国人差遣。最后，这些推罗难民在北非海岸线上最靠近西西里岛的地方建立了迦太基。他们和当地人立下约定，向他们支付租金，保证此地和平。利比亚国王想强迫艾丽莎与其结婚，但艾丽莎坚决不从，于是在一场火祭中，她跳入火中自尽。艾丽莎的迦太基语名字是狄多。

在维吉尔的笔下，这个故事还有另一个版本。埃涅阿斯乘坐的船在利比亚海岸附近沉没，他被带到了狄多女王的王宫中，狄多爱上了埃涅阿斯。可后来，埃涅阿斯抛弃了她，她万念俱灰，跃入火堆中自杀了。

艾丽莎的故事其实就是迦太基的故事，二者的形式和结局都一样。

罗马人将迦太基人称为腓尼人，我们则将他们称为布匿人，他们由于在公元前264—146年之间的三次布匿战争中战败而失去了对地中海的霸权。虽说他们的城市最终被夷为平地，但他们之中却诞生了一位可与亚历山大大

---

❶ 埃涅阿斯：特洛伊英雄，安基塞斯王子与爱神阿佛洛狄忒的儿子。埃涅阿斯的父亲与特洛伊特末代国王普里阿摩斯是堂兄弟。维吉尔的《埃涅阿斯纪》描述了埃涅阿斯从特洛伊逃出，然后建立罗马城的故事。——译者注

❷ 阿施塔特：腓尼基人信奉的一位神灵，主管爱情和生育。——译者注

汉尼拔胸像

帝、尤里乌斯·恺撒和拿破仑比肩的名将——汉尼拔。

迦太基沿海而建，离今天的突尼斯仅10公里远。靠近内陆的地方有一座比尔萨山，山顶有座神庙，供奉着布匿人的埃什蒙神。迦太基人在这座圣山周围建了一道城墙，使其成了一座堡垒。现在山顶上是非洲传教会的修道院和圣路易教堂。这里是古代世界最为富有的地方。

迦太基有两座港口，一座呈长方形，另一座呈圆形。两座港口之间相连，形成唯一一处通往大海的出口。长方形港口位于外侧，供商船使用，而圆形的内港则用作海军基地。在军港中心区有一座岛屿，上面是舰队指挥部。这里可供220艘战船停泊，还配备军械库、码头和仓库。如果情况紧急，那迦太基人可以将唯一的出口用铁索拦住。另外，整座城市由长达32公里的城墙拱卫着。

迦太基人凭借这样一座稳固的军事基地成为北非沿海地区的霸主。从埃及到直布罗陀，都在他们的支配之下。他们还向西班牙、撒丁尼亚和科西嘉以及西西里岛派出了高达五层的巨舰。此外，他们也一直和从前的母城推罗保持着联系。迦太基的舰船深入大西洋。他们可能经由加的斯到达了不列颠群岛，以及亚速尔群岛。

迦太基通在世界各地的贸易活动积累了巨额财富。比尔萨山边精明的富商们力图使其他国家只和迦太基人不和迦太基殖民地的侨民进行贸易。对于那些触犯这一规则的船只，他们会毫不留情地捕获或击沉。

这座城市将富饶的非洲内陆所产出的粮食销往各处，这一贸易活动十分繁荣。同样，来自西班牙和英格兰的锡、铜和银等贵金属也是迦太基进口和转运的对象。布匿商人们还会把纺织品、非洲的兽皮和无数奴隶卖到已知世界的各处。这样一来，不但他们自己从贸易活动中大获其利，也使他们所在的迦太基城日益繁荣富庶。这座城市就像古代世界的纽约一样，人们终日忙忙碌碌，且拥有超前的观念。在迦太基的仓库和集市上，我们可以看到黄金、珍珠、推罗的紫染料、象牙、阿拉伯的熏香、埃及的亚麻和希腊的精美花瓶。世界上第一家股份公司，第一笔政府借贷均诞生于此。迦太基拥有最强壮的黑奴，也拥有来自罗马、雅典、希腊和博斯普鲁斯的最美貌的女奴，有些迦太基贵族拥有多达2万名奴隶。

迦太基发展出了一套融合了君主制、贵族制和民主制度的元素政治体制。这一体制与当时的世界十分契合，不过这也导致这座城市最终的灭亡。迦太基的最高行政官员有两人，在拉丁语中称作“苏菲特”，源自闪族语中的“索菲特”。这个职位每年选举一次，两位官员与包含300位最富有公民的元老院一起管理各项事务，这些元老院成员任期终身。另外还设有百人会议，共有成员104人，他们负责监察和审判，对一般的政策的制定也有很大影响。

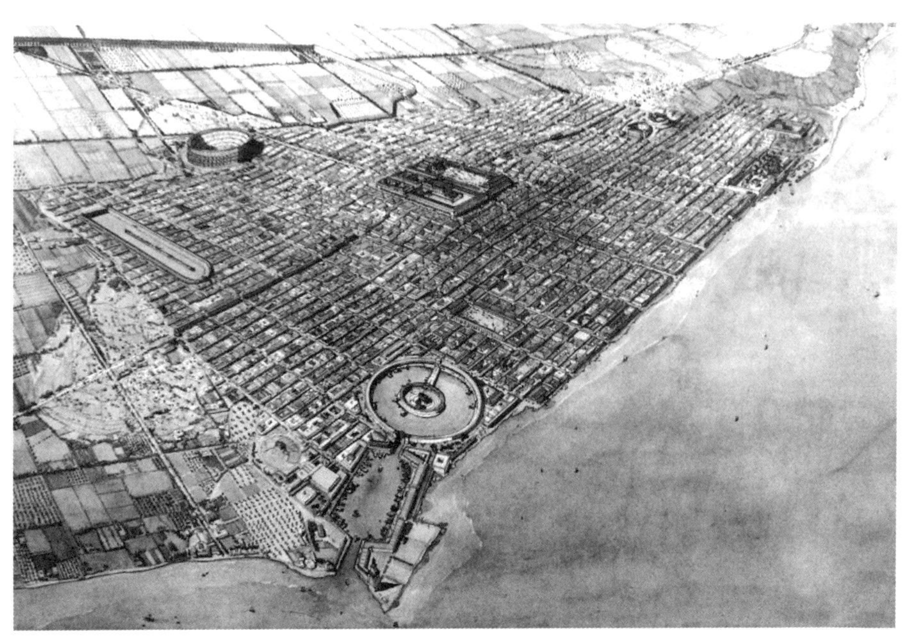

迦太基城复原图

所有的军事事务都交由一位最高统帅负责。这座名城里的贵族们想出了解决军事问题的一个办法，看似高效，却暗藏危机：最高统帅必须百战百胜，如果打了败仗，就要追究他的责任，必要的话，还会把他钉死在十字架上。富裕的贵族子弟们一般不会屈尊入伍，迦太基人也总以自己从不需要参军打仗为荣。因此针对这个问题，唯一的解决办法就是维持一支庞大的、从各地招募的、有潜在危险的雇佣军。

在迦太基鼎盛时期，有多少人生活在那儿呢？希腊地理学家斯特拉博估计有70万人，这个数字包括了外国居民和奴隶，似乎不算夸张。通过仔细研究一系列古代史料，我们还可以遥想这座城市当年的风貌。雄伟壮丽的大理石神庙，金碧辉煌的柱子以及大大小小的雕像在非洲的阳光下，熠熠生辉。迦太基人以极尽铺张的方式祭祀他们的女神坦尼特。考古学家在供奉她的神庙里发现了数千个瓮，里面装着烧焦的儿童骨骼。迦太基人有以儿童献祭的习俗，特别是献祭那些达官贵人家的儿童。狄奥多罗斯说，公元前310年的一次献祭，至少夺去了500名儿童的性命。迦太基人认为女神坦尼特比主神巴力更为强大，尽管迦太基名将们的名字里，往往包含巴力的名字。比如，哈斯德鲁巴（Hasdrubal）[1]这个名字的含义是“巴力神助我”，而汉尼拔这个名字的含义是“受巴力神眷顾”。

刻有女神坦尼特头像和马的迦太基钱币

[1] 哈斯德鲁巴：汉尼拔的弟弟，在汉尼拔远征意大利时，管理西班牙地区的迦太基领土。——译者注

从当时看来，前后历经119年的三次布匿战争就是世界大战。当汉尼拔在扎马首尝败绩，当迦太基被迫向罗马赔款1万塔兰特，当住在豪宅中的贵族们被逼承诺如不经罗马允许，永不发动战争之时，迦太基这个曾经的海上霸主，便注定要灭亡了。罗马又等待了50年，然后将迦太基城付之一炬，所有房屋、庙宇、街巷、城墙、码头、灯塔被夷为平地，所有还活着的迦太基人被充做奴隶卖掉。

迦太基人落得如此下场，是因为他们软弱吗？这些拥有腓尼基人血统的闪族人在海洋之上乘风破浪，远比前人更加勇敢。他们远航的目的地几乎全是未知的陆地和未经勘测的险恶水域，唯有坚毅果敢之人，方能战胜这些艰难险阻。迦太基不出产艺术家或诗人，他们没有被希腊或罗马文化所浸染，他们的也没有生活在东方的专制王权之下。为保护他们的城市和生活方式，他们战斗到了最后。他们有着值得捍卫的东西，因为他们生活于滨海的大都市中，过着一种在当时无与伦比的美好生活。

西欧

马耳他的巨石之谜

虽然人们的艺术感知力不一定和他们的道德和公民素养相匹配，但在新石器时代，马耳他岛上的居民很可能在取得很高艺术成就的同时，发展出了一套宗教体系。而我们通常认为这套体系是很多世代之后的人们创造的。

——地米斯托克利·扎米特爵士，《史前时代的马耳他》，第16页，伦敦，1930

马耳他岛很小。这里是世界上人口最稠密的地区之一。城市、郊区和村落几乎连为一片，到处熙熙攘攘。马耳他岛上有很多石头，当地农民们讨厌石头，因为石头会妨碍他们耕地。这些石头都很巨大，侵占了宝贵的耕地。这些石头却也成了岛上最大的谜。

马耳他岛有27公里长，14公里宽，上面居住着地中海地区最能吃苦耐劳的农民。这座岛上布满了由低矮石墙隔开的小块的耕地，岛上出产最优质的山羊和最强壮的驴子以及全欧洲最好的蜂蜜。人们在岛上发现了很多早已灭绝的犀牛、大象和多种鹿的化石，由此可知马耳他群岛（包括马耳他岛、戈佐岛、科米诺岛和费尔菲拉岛）很久以前是连接非洲大陆和意大利的一道陆桥。十万年前，甚至更久以前，可能就有人生活在这里了。

人们在离首都瓦莱塔约10公里远的加尔·达拉姆（“黑暗洞穴”之意）发掘出了8颗人类牙齿以及矮犀牛这种已灭绝物种的化石。考古学家阿瑟·基思认为其中有两颗牙是尼安德特人的，他们生活于13万—3万年前。这是一个很大胆的推断，因为此前还未曾在这里找到过尼安德特人的踪迹。

尽管岛上现有的人类遗存距今不足3万年，更不要说13万年，但在旧石器时代，岛上就有人生活仍然是可能的。使徒保罗作为囚犯被押往罗马，而运送他的船就是在马耳他海岸失事的。根据《圣经·使徒行传》第28章的记载，“我们既已得救，才知道那岛名叫马耳他”。保罗登上马耳他岛的那一天，此后成了这座岛上的一个节日。

在这些地中海小岛所组成的群岛上，拥有大量人类早期的建筑，其数目冠绝欧洲。数千年间，岛上的人们发展出了一套令人惊叹的建筑技术。在这样人口稠密的岛上，每一寸土地都很宝贵，数千年间，马耳他的农民们将耕地上的石头和石制建筑物清走。不过那些流传下来的石头遗迹，仍然是考古学家们取之不尽的宝藏。

每看一眼这神奇的地方，就会像穿越时空一样，回到四五千年之前，甚至不由得产生这样的遐想，当年搬运这些巨石的人仿佛就是传说中上古时代的泰坦巨人。

人们为什么要在史前时代建造这些巨石建筑？我们或许永远无法知晓。尽管我们可以尝试寻找一些关于这一谜题的线索，但是建造者已经不在了，甚至不能确定他们属于哪个种族。

地米斯托克利·扎米特在1915年7月20日开始发掘塔克西恩村附近的一些巨石建筑物。这里离瓦莱塔差不多3公里远。两年之后，他发掘出了一片废墟，由那些处于鼎盛期的未知的建造者所建。如果不细看肯定弄不明白这些极其杂乱的石头有何名堂，实则都有一块石头的摆放都是有意为之。半椭圆形房间成对建造，中间有一条走廊相连。通往走廊的入口将两个椭圆形房间分隔开来，而这些房间的侧面墙壁和地板上都有巨大的石板，整个建筑物则由一道墙所环绕。

几十年来，人们一直以为这些椭圆形建筑物是腓尼基人建造的，但马耳他岛上这些巨大建筑物的历史要比腓尼基人久远很多。

这些巨石建筑是住宅、宫殿、大型坟墓还是庙宇呢？考古学家们对此莫衷一是。从布局上看，这些建筑或许是出于宗教用途建造的。位于中间的宽阔走廊最末端是一个大壁龛，似乎是整个建筑物中最重要的一个地方，类似一座大教堂的后殿。椭圆建筑内部还有其他的壁龛，石桌和储藏兽骨的房间，也都散发着一种宗教意味。有一些巨石可能曾是祭坛，而建筑物中还有一些石盖，可能是为蓄水池或者壁炉所准备的。发掘者在一堆石块下找到了一些容器的碎片和工具的碎片，它们是由石头、骨头、贝壳和卵石制成的。先人们小心翼翼地将这些东西埋在那里，然后将巨石置于其上。这意味着那些椭圆建筑物既不是住处，也不是宫殿，而是神庙。放眼世界，人所建起那些最巨大、最壮丽的建筑，无不在创造力和艺术性方面追求达到极致，其背后几乎都有着宗教因素的刺激。同样，这些巨大的石制建筑物也是为了供奉神明而建造的。

人们在塔克西恩的一个房间内发掘出了一尊女性雕塑的下半部分。这座真人大小的雕像置于一饰有浮雕的石制底座之上。人们还在城里发现了很多

黏土和石头做的小雕塑，大多是带有宗教意味的女性形象。我们可以确定的一点是，石器时代马耳他岛上的居民崇拜一位女神。瓦莱塔博物馆的馆长地米斯托克利·扎米特经过仔细研究，确定马耳他岛的神庙里曾颁布过神谕。之所以能做出这种推断，是因为他对地中海其他类似的遗迹有着充分的了解。

神庙内大多有矩形石，约1平方米大小。这些石头被墙壁三面环绕，边上有一道石阶。每块石头上有五个洞，石阶的右上角也有一个洞。扎米特试图搞清这些奇怪的洞到底隐藏着什么奥秘。它们可能用于储存面粉或面包，以供神庙使用，也可能与那里发现的许多石球有关。在数米之外的地方，人们发现了一百多个大大小小的石球。根据这些迹象，人们推测这里是一处求得神谕的地方。当时的神庙祭司可能会从一定距离把石球扔向石室中的巨石，看看石球会落到哪个洞里，继而确定神谕。

人们不仅在塔克西恩发现了这些有壁龛和小孔的石室，还在哈吉尔金、米奈德拉和吉甘提亚也有同样的发现。它们都显示，当时的人们会在这些巨石建筑内举行一种祭祀仪式。

考古人员没有在这些巨石建筑里发现任何人类骨骼，但发现了很多家畜的骨骼，尤其是牛羊的。扎米特教授认为这些骨骼是祭祀所用动物的遗骨，而建筑物中的一些石块上则画着一群群山羊，毫无疑问它们会被作为祭品。

1902年，人们在塔克西恩遗迹附近的哈尔·萨夫列尼发现了一个地宫。“地宫”这个词来自希腊语的“hypogeion”，用来形容地下洞穴的，此处指的是在岩石上挖出的通道和小房间，以及一些外部的建筑物。为了将地宫

这是地宫，一共有两层，有很多房间，是通过挖掘岩石而建起的。天花板上红色赭石组成的螺旋图案显示出了这里的宗教色彩。

清理干净，人们建造了深入地面下约9米的竖井。地宫中的残骸通过这条竖井运出来。接下来，人们还在地宫里安装了电灯，以方便观察内部情况。

这座地宫在古时候一定曾是座神庙。之所以做出这种判断是因为其中一个地窖的顶部饰有呈螺旋状排列的赭石，而这种图案恰好是史前宗教艺术的一个显著特征。意大利考古学权威路易吉·乌戈利尼认为这里是求得神谕的地方。如果一个人用低沉的声音对其中的人造神龛说话，他的声音就会在整个地窖的所有墙壁和房间之间反弹，这又增添了此处的神奇色彩。

扎米特认为哈尔·萨夫列尼地宫和塔克西恩的神庙要比其他所有神谕所都更久远，他表示："置身于此地，会让访客心生敬畏，同时感知那些冥冥中魂灵的神秘与力量。哈尔萨菲尼的洞穴以及塔克西恩的神庙可能吸引到了许多远方的来客，他们相信，在此地求得的神谕具为灵验。"

到了石器时代末期，这座地宫成了一座巨大的墓穴。其两层石室中填满了红土，里面总共埋葬了7000多人的遗骨。缺失的骨骼表明这些遗骨原来并不葬在这里，而是在别处下葬后再被迁过来的。研究者们发现，地中海的其他地区也有这种等尸体腐烂分解后，再将其埋葬到某个公共墓地的情况。

地宫里还有陶片和雕像的碎片。其中有两个女性泥塑，穿着带有奇特褶皱的钟形裙。其中一位女性俯卧在一张床上；另一位则是侧卧。这两尊塑像是现存的新石器雕塑中的上乘之作。制作出这些生活在四五千年前的马耳他岛上的雕塑家，在技艺上可能比当时西地中海的所有艺术家都精湛，尤其是在人像的雕塑上。

开凿出这样一座恢宏复杂的地下宫殿着实令人惊叹。地宫的建造者们一定组成了高度组织化的社区，并且拥有很先进的文化，否则他们不可能完成

这等壮举。

我们了解到，当时的马耳他人会将动物献祭给一位或多位神明；我们同样了解到，他们会在神像前杀死动物，然后将它们烧掉。通过对哈尔·萨夫列尼地宫中的废墟、能产生回音的石室和破损的雕像的分析，研究者们从中推测出了复杂的神谕仪式，以及对神明所托之梦的解读。由此可知，当时的马耳他人的智慧达到何等高度，并且发展出了一套何其复杂的宗教仪式！早在金属时代来临之前，人们就已经在精神领域进行探索，而马耳他诸岛上这些遗迹则为我们提供了最精彩的例证。米奈德拉神庙中包含两座巨大的椭圆形建筑，里面新石器时代器皿堆积如山。从空中俯瞰，这个令人惊奇的巨石遗迹，就好像巨人们造了一半的玩具一样。

吉甘提亚也有类似的遗迹，在其临近的戈佐岛上，有两座巨大神庙的遗迹。其建造者一定是从数公里外的地方取来石块和石板，因为岛上没有任何可以就地取材的大型建筑材料。吉甘提亚岛上耸立着很多超过5米高的巨石，其中有一块长达8米，宽达4米。

哈吉亚尔金的废墟之中也有一些新石器时期的石柱和石板，它们同样惊人地巨大。“哈吉亚尔金”这个地名的含义也恰好是“耸立之石”。其中一根石柱高约5米，还有一块石板有0.8米厚，3米高，7米长。如果不借助大型机械，没人能把这样一块巨石搬到一辆现代卡车上。当我们今天审视五千年前的这一工程壮举时，只能得出一种解释：有一大群人借助杠杆、球形石头和木头滚筒，花上几个月甚至几年，将这些大石头搬了过来。

马耳他的这些史前先民们几乎倾尽全力，与这些巨石展开了无休止的较量，以至于在坚硬的石灰岩地面上留下了深深的痕迹。这些痕迹遍布全岛，证明当时有很多人参与运送沉重的建材。

在地中海的其他地区发现了金属之后的很长时间里，马耳他的巨石文化仍处于鼎盛阶段。最终，这座岛屿遭到了外族入侵，巨石所建的神庙逐渐被废弃。建起这一座座巨石建筑的人们没有留下任何文字记载，没有留下任何口耳相传的传统，也没有在石头上留下任何图画。我们也不可能通过分析他们的骨骼和头骨，来还原他们的外貌或者辨别他们的族属。

但我们有无声的证据。在那遥远的过去，千万人凭借着无穷的毅力，不懈的努力，将巨石朝着天穹高高竖起。为了建造这些神庙，马耳他的先民一定倾尽了自己的力量，但他们的动机是什么？他们说何种语言？他们所供奉的神明又是什么？这都成了永远的未解之谜的。

只有岛上的那些石头才知道答案。

西欧

他们的信仰移动了群山

埃夫伯里和巨石阵不仅是不列颠群岛而且是世界各处的史前遗迹中最令人惊叹的。二者中任何一个都堪与一座大教堂相媲美。

——V.戈登·柴尔德，《不列颠群岛的史前社群》，第101页，伦敦，1949年

当你漫步于一座草木丛生的小山丘上时，如果发现面前隆起一块有些人工的痕迹的高地话，不妨停下来瞧瞧。因为你脚下可能埋藏着史前人类所建造的巨型墓穴。英文中的“巨石”（Megalith）这个词由希腊语“Mega”和“Lithos”两个词组成的，分别对应英语中的“large”（巨大）和“stone”（石头）两个词。

这些墓穴就是用此类巨石于公元前3000年到公元前1500年建造而成的。人们一直都知晓这些古人建立的纪念性建筑，但其目的在许多方面几千年来一直是个谜。这些巨石遗迹分为几种形式，有些是以巨石撑起大石板的石牌坊或者环形石列；有些则是非常庞大的墓室或环形石阵；而有时候，生活于四千多年前的古人会单独竖立一块巨石，就是今天著名巨石柱（menhirs）。“巨石柱”这个词来源于凯尔特语里面的“Maen”和“Hir”，含义分别是

“石头”和“长”。所有这些巨石柱、环形石列，抑或其他复杂的石阵，连同创造欲以及推动创造的各种观念，一起构成了伟大且几乎是遍布世界的巨石文化。探究先民们为什么会想到通过巨石群或巨石柱来寻求不朽，的确是个令人着迷的事。

巨石文化遍及挪威、丹麦、瑞典南部、德国西北部、英格兰、爱尔兰、布列塔尼、西班牙、葡萄牙和西地中海诸岛，这一神秘文化的遗存包括古墓、岩冢、巨石群、巨石圈、巨石群以及由未经切削的石头建造的纪念性建筑。单西欧一处就有4到5万座新石器时代的墓穴。

为什么这些遗迹要么位于海边，要么就位于离海边不远的地方呢？这或许是因为沿海地区在文化发展上一般都处于领先地位。航海能够提升一个人的认知，在与外邦人的接触中使其富有创造力，思想变得活跃。因此，也就不奇怪为何人类早期的先进文明中，有些位于地中海沿岸；为何字母文字会在近东地区诞生；为何地中海地区是建筑和宗教的主要发源地之一。在发展进程上深居内陆的文明要比中美洲、中国沿海地区、希腊、意大利、西班牙以及地中海诸岛慢很多。第一批学会切削和堆叠大石块，并用它们建造圆顶墓的人生活于爱琴海沿岸。在其他地区，生活于美索不达米亚、叙利亚和埃及的人们已经开始将石头切削成方块；而在此很久之后生活于西地中海和大西洋沿岸的人们，还在直接将散落于原野里的巨石堆叠成建筑物的各个

卡纳克巨石群

断成四块“魔石”

“商人之桌”石墓

部分，或竖立成石柱。面对这些欧洲的史前居民所立起的早期石制纪念性建筑，令人惊叹的是其建筑材料的巨大。位于布列塔尼的卡纳克和洛克马里亚凯尔村，拥有全法国乃至全世界最令人惊叹的巨石遗迹，因为这里有着迄今为止最壮观的巨石群。

巨石和2935个石柱组成3个阵列，以及长达4公里的暗道，其布局、规划以及石头的选材，共同见证了一个曾经先进的文化。史前史学者Z.勒・洛齐克认为这些巨石阵列或是祭祀场所，或是露天神庙，而梅内克的石圈则是主殿。这些石圈是将巨石按照环形或者矩形排列的。三个阵列可能是祭祀死者时队列行进的路线。当然，这种两边布有石头的步道，往往通向一片由石头环绕的开阔地，与巨石墓穴相邻使人觉这或许与此类祭祀存在某种联系。

科曼丹・德瓦尔的研究显示，布列塔尼所有巨石阵列中石头的排列方向与天文学上特定时间日出和日落的方向一致。这样一来，巨石群列就成了某种可以指示祭拜太阳节日具体日期的日历，此外，也与播种和收获的日期有关。布列塔尼的一些古代道路也有这种天文学功能，但德瓦尔的这一研究似乎只停留在猜想阶段。

梅内克石列约有1.2公里长，91米宽，包括1099根石柱，排成11条平行的石列，呈西南偏西走向，或西北偏北走向。科尔马里奥巨石群约1.1公里长，91米宽，1029块巨石排列成了10行。科尔勒斯坎石列则有0.9千米长，594块巨石排列成了13行。

卡纳克巨石群的恢宏气势令人叹为观止，而洛克马里亚凯尔巨石群震撼人心的则是单个巨石。其中一块名为“魔石”的石柱，在其尚完好时足有20米高，可后来某一天，它却断成了四块。这块巨石厚度在在3到4米之间，重达350吨左右。在其不远处是一座雄伟的支石墓，被称为“商人之桌”。这块巨大的石板，是某个墓穴的一部分，墓穴位于一座山的下方。现在那里开出了一条通往墓室的道路，游客们能够借此一睹墓室的奇景，领略其简洁却令人赞叹的建筑形式。

世界各地建造巨石建筑的石头都大得惊人。英国巨石阵中最大的石头足足9米长。爱尔兰卡罗郡的布朗尼山支石墓中，有块巨石足有100多吨重。在法国中部巴格诺的一座巨石墓也有一块18米长，5米宽的巨石，盖在屋顶那块巨石足有90吨重。4000多年前的古人是如何搬运这些巨石的？至今仍然没有令人信服的解释。1840年时，人们用索穆尔巨石中最大的那块来搭桥，动用了36头牛，还用上了直径约1米的橡木滚棒，这才把它挪了上去。因此，即使在遥远的过去，一大群使用木质滚棒和缆绳之类原始工具的人搬动这些巨石，并将它们立起来是完全有可能的。

几年前，英国的考古学家对位于索尔兹伯里平原的巨石阵进行了一次更为细致的考察。研究者们将一些倒下的巨石重新立了起来，哈维尔原子能研究所借助最新科技，测出了石块的内部裂缝所在的位置。

巨石阵是全世界最奇特的复合巨石建筑。1954年，英国考古学家斯图尔特·皮戈特宣称它是上古时代某个建筑师独立设计出来的。这位建筑师的整体规划能力远超当时欧洲西北部所有的蛮族的一般水平。他进一步指出，在当时要想找出能和这位天才相匹敌的建筑师，恐怕只有到爱琴海世界去。巨石的组合方式，地面的规划，以及显示出来的技术水平无法仅仅从考古发现中推

巨石阵

断出来，但至少有可能理清各个阶段发生的顺序，并确定它们的年代界限。

在巨石阵的中间是一块长石，也就是所谓的圣石，其用途尚不得而知。它的周围有一排呈马蹄状排列的立石，高度从2米到2.5米不等。外侧还有5座呈马蹄状排列的巨大的三石塔，更外侧则由30块约4.5米高的巨石环绕，每块巨石由石板连接。整个巨石阵由一个直径120米的圆形壕沟环绕，一条宽阔的步道直通祭坛石。这条大道的轴线上还有一块“脚跟石”，它位于大圈之外，在入口前方，起到测定天文状况的作用，周围有一道沟环绕。用于屠宰或献祭动物的石头可能也曾放置在这里。人们估计，在公元前2000多年前，每当到了6月21日时，巨石阵的中轴线都正好能指向太阳升起的地方。不过即使这种结论是正确的，也不能武断地说巨石阵就是个祭拜太阳的神庙。世上的许多圣所都朝向东方，因为从东方升起的太阳往往会让人们想到初生、创造和神明，这些圣所包括了史前时代的墓穴，也包括了现代世界的大教堂。

皮戈特表示巨石阵建于公元前2000年左右，或者更精确地说，是在公元前2000年左右开始建造的。他说，墓穴中发现的残骸和物件都是典型的不列颠次级新石器文化产物。对1950年出土、已经烧焦了的残骸进行的碳放射性测定表明，它们属于公元前2123—1573年。

巨石阵中有一部分石头是第三纪的砂岩，这些石头只在索尔兹伯里平原分布，英格兰人将它称为撒尔森或萨拉森石。不过巨石阵中还有一些所谓的“蓝石”，它组成了内圈和更小的马蹄形石列。托马斯声称，这些蓝石来自南威尔士的普里塞利东端，和巨石阵的直线距离为210公里左右。两地间相隔如此之远，人们是怎么把这些石头运过去的？走海路的话差不多要640公里，走陆路的话则需要270公里。根据英国考古学家格林·丹尼尔的合理说法来看，对蓝石的运输是一项巨大的技术成就，根据我们目前所知的信息来看，这条运输线应该是所有巨石建筑群的建材运输线中最长的。

埃夫伯里巨石遗迹结构要比巨石阵更大，它就在几公里外。当时的人们一开始立起了650多块石头，排成圈状或行列，不过接下来有不少大石头不翼而飞——有些被本地建筑师拿去充当建材，另一些则被过于狂热的中世纪基督教徒拿走了，他们会充满虔诚地埋葬这些石头。

埃夫伯里巨石遗迹

时至今日，我们已经很难辨认埃夫伯里石阵的周界了，因为同名的村落正好位于这个石环之内。石阵中间的平地上曾经摆放着一圈巨大的、未经雕琢的石板，每块巨石差不多有4米高，4米宽，0.8米厚。石环周围环绕着一圈土垒和壕沟，土垒在外。在大圈之内有两个较小的非同心石圈，两者靠得很近，一个剩下了5块石头，另一个还有4块幸存至今。南边那个内圈中间有一块特别高的石头，而北边那个圈里则有三块巨石。

这些巨石的作用是什么？虽说我们对当时的历史并不了解，但有两个很明显的事实摆在我们眼前：当新石器时代和巨石时代到来时，人们开始驯化动物，过上定居生活，并开始进行耕作，而不像之前的一百万或六十万年间那样，捕猎野生动物，采摘水果。因此，人们需要用一种更为周全、更为稳妥的方式来埋葬死者。整个欧洲和地中海沿岸都有巨大的石制坟场出现，埃及在这方面走在了领先位置，为死者建造石制建筑物的想法则传到了上面说过的这几个地方。在这些地方，石制坟场往往会埋葬许多的死者，他们一般同属于某一个家庭或部落，不过埃及的情况却与之不同。一开始时，人们可能会将死者埋葬到洞穴里，接下来才学会用大石头建造墓穴。考古学家也确实在世界各处发现，数十万年前的人们会将死者埋葬到洞穴之中。

用巨石建造墓地时，人们花费了无尽的气力，遭受了无尽的折磨，这就表示他们不仅仅关注怎么样保存好死者尸体的问题，同时还关注着另一个问题：留下更多永世不衰的物件。墓穴规模较大，证明它们应该也是祭祀场所，同时也显示出当时的人们相信死后世界的存在。因为人们只能和活着的东西交流和互动的关系，所以令人惊异的巨石文化背后一定有着对灵魂的信念，以及对灵魂不灭的认同作为支撑。

许多较晚出现的巨石墓穴顶部有石块封堵，上面被切出了一个圆形或椭圆形的口子。这个“灵魂之口”是让灵魂在死者的世界和外界之间进行沟通的渠道，古人或许还会借助这个口子，向死者提供食物和饮料。时至今日，我们还能在罗讷河上游法国—瑞士边境上的老房子里找到“灵魂之口”的踪迹，不过当地居民倒是对这一历史悠久的习俗不甚了解。

巨石阵，埃夫伯里，以及其他的巨石建筑物，肯定都不只是墓穴。如果说它们就都只是些墓穴的话，那建造它们的人也太浮夸了一点。这些巨型建筑物更可能是圣地或者神庙，并源于对死亡的崇拜以及其他宗教概念。

一些权威人士认为，马耳他岛上的巨型建筑物为此后出现的所有巨石建筑物树立了样板，不过这个说法仍有很大争议。无论如何，由于这些建筑物就和神庙一样醒目，所以也确实会让人觉得当时整个西欧都分布着由部落所建造的神庙。

墓穴为什么成了祭祀场所，而祭祀场所（其中包括我们的教堂）里又怎么会包括墓穴？由于生死间可以相互转化，所以这便成了一个人类精神世界方面的谜题。

同样，我们只有借助宗教和神话理论，才能解释石柱的秘密。放眼欧洲各处，生活于这些石柱旁边的居民们，都相信石柱具有神力，或者与神力相关。柏林大学的霍斯特·蒂奇纳教授搜集了很多这一类的传统故事。有位不列颠农妇宣称，在触碰了圣卡多石柱一年之后，她生下了一个健康的儿子，而其他一些拜访过这座石柱的女性也说出了同样的故事。德国瓦尔茨胡特县蒂恩根的长石曾经被人们称作“婴儿之石”，因为奶妈们会在晚上将新生儿从这块石头上拿下来。在布廷根县的下韦德塞姆有这么一个传说：任何将耳朵贴近凯斯泰因巨石的人，都能听到里面小孩子的哭声。传说上阿尔萨斯苏尔兹玛特的朗斯泰因石会在耶稣受难日那天正午时自转，如果有任何年轻女性看到了这一场面，那她们就将在一年内和别人结婚。另外，名叫“订婚石”或者“新娘石”的德国巨石据说能让人婚姻美满。病人们往往会赶来巨石处，以求得治疗。有些巨石在中世纪时则是处决犯人的场地，比如蒂恩根-因-克莱格陶的长石，位于莱茵黑森，靠近奥博-绍尔海姆的长石，以及靠近阿舍尔斯莱本的“腌熏肉”巨石。研究者猜想，数千年以前的人们同样也认为这些石头囚禁着某些强大的力量。

有一到两座新石器时代的墓室里放有一块直立的石头。克里特岛米诺斯文明的发现者阿瑟·埃文斯爵士表示，希腊的墓穴柱一开始应该躺在墓室之内，直到后来才被立起来。这表明，在人们的眼中，石柱存留着一些来自于“墓中岁月”的神秘力量，容纳了死者的灵魂。

这一切都不禁让人猜想，石柱也不仅仅是纪念性建筑，它同样也有着魔力或者宗教意义。当死者的灵魂离开身体之后，就要寻找另一个居所，而这另一个居所恰好就是石柱。如果有人被埋葬于石柱附近或不远处，那他的灵魂就能栖息于此。有些石柱被人们稍稍雕琢了一下，看上去类似人形，这可能就是其中的原因了。

苏兹玛特的巨石、梅森塔尔那块被后人戴上十字架，显得不协调的巨石、比莱斯卡斯特尔那块全中欧最大的直立巨石、卡尔纳克和洛克马利亚克那屹立的、如同人类灵魂沉寂的居所般的石柱，都向我们证明了一点：四千乃至五千年前的新石器时代先人们，拥有的信仰能促使他们移动群山，让他们树立起这些“灵魂之石”。

西欧

莫尔比昂的巨石

很明显，我们在支石墓方面可谓一无所知，只能靠观察来得出某些结论。我们只有一个目标，那就是获取知识。虽说我们的方法有所不足，不过我们仍得以窥见先祖之精神世界一二，并对他们的神秘世界，以及指挥他们双手的思想产生一些了解。

——佩卡特和洛齐克，《莫尔比昂巨石遗迹的符号大全》，第92页，巴黎，1927年

巨石遗迹最大的谜团就是上面铭刻的那些怪异符号。位于布列塔尼南部，靠近大海的莫尔比昂支石墓中，拥有一些巨大的石板和支撑它们的石头，这里长久以来一直吸引着全世界考古学家的目光。虽然上面的符号确实是新石器时代留下的，但数个世纪以来，人们一直没能发现它们，这纯粹是因为其中有许多符号实在太不明显了。

佩卡特以及扎卡里·勒·洛齐克在莫尔比昂进行了四十多年的考察，检验了许多石头，记录下了观察结果，但连他们都没能把所有符号分好类。我们接下来讲的这个故事，或许就能说明这些符号有多容易被人忽视掉。

某一年，佩卡特和勒·洛齐克在科尔汉支石墓的某块石头上找到了几个

符号。他们次年回到了这里，正要给石头上的符号拍照，却发现符号似乎不见了。不过他们倒没有灰心丧气，其中一个人仔细查看了这块巨石，看了几个小时后突然察觉到了标记，他越是接着看，就看得越清楚。似乎要满足了特定的光照条件之后，石头上的符号才会出现。由于风吹日晒，石头上的许多标记消失了，而温度的变化、苔藓和地衣的生长也造成了这个结果。终有一日，先人四千多年前刻在这些石头上的标记将彻底消失。

莫尔比昂的石头不同于2万多年前马格达林时期的巨石，在莫尔比昂，石头上面的符号是敲出来的，而非刻出来的。当时的人们会用锤子把花岗岩敲成一块块大小不一的碎石，这些碎石组成了石制建筑群，而锤子的敲击也让石头上的线条变得不那么清晰。不过研究者也假设，当时的人们会在安置巨石之前，先把石头装饰好。

莫尔比昂支石墓内的符号

在马格达林时期，法国南部和西班牙西北部的法国—加泰罗尼亚艺术家们费尽心思，尝试着让他们的壁画和雕塑栩栩如生，他们画的多半是野兽，会尝试将全身上下的每个细节都记录下来。他们觉得只有这样才能让自己对所要捕猎的动物有更准确的认识。而新石器时代巨石遗迹上的刻画物却是极简的。新石器时代的人们不再通过绘画来表达想法，并且还设计出了符号和纹章之类的事物。这些符号明显变得更为系统，这让它们周围蒙上了一层迷雾，也让我们忽视掉了表意符号背后的含义。

无论如何，其中一些符号的含义仍十分明显。我们在其中辨别出了斧头、太阳和一些比较大的船只，船的头尾都向上抬起。花岗岩上常有很显眼的蛇，而牛、几何图案乃至昆虫也都是上面的常客。自然而然，考古学家们会为许多符号背后的含义而争论不休。其中大多数符号描述的是头足类动物和枪乌贼或者墨鱼之类的水生软体动物。我个人以为，自己在“鲁芳的有顶走道”的一块石头上辨认出了这种软体动物。耐人寻味的是，软体动物只在海边的有顶走道出现过，不过也在离海不远的支石墓出现过，所以我们不禁想问，新石器时代的人们为什么不在上面刻画些头足类动物？这个问题一直没有答案。除开佩蒂特蒙特的支石墓以外，其他石头上都没有刻画出人形来，而佩蒂特蒙特的支石墓上则画有两只脚。它们可能代表着埋在墓穴里的人，因为环绕在这两只脚周围的线条十分类似于巨石阵的平面图。洛克普里奥尔的巨石上画有六对脚，但它应该不是支石墓。马内路德支石墓上画有四个站立的形象，但其刻画物是否代表人类？这个问题仍无确切答案，因为这些形象仅仅是十字形所组成的，其中一些形象的顶部有个圆点，它们可能是脑袋，也可能不是。

巨石文化时期的人们长啥样，种族是什么，是金发还是黑发，白皮肤还是深色皮肤？我们对此一无所知。格林·丹尼尔猜测，这些人并不属于印欧语族，而更像是地中海语族的成员，不过他们也同样有可能和今天布雷斯特海港咖啡的普通顾客、卢斯和圣塞巴斯蒂安的渔民们长得一模一样。当时那些画船，画头足类动物的人们一定是优秀的航海者，要不然的话，他们就不可能把自己的建筑技艺和宗教理念传遍西欧的各个沿海地区。他们肯定也相信死后世界的存在，要不然的话，他们就没法倾尽全力搬动这些巨石。

巨石群上是否有任何形式的文字存在？从符号学角度讲，它们是否算语言？它们有没有字母之类的符号？

1983年，法国学者莱托诺发现，巨石时代的符号和最早的一些字母之间存在一定的相似性。他将巨石时代的符号和新布匿、腓尼基、伊特鲁尼亚和科普特人的手书做了比对，发现了这一点。而佩卡特和勒·洛齐克则坚决反对他提出的“莫尔比昂墓穴遗迹铭文”的假设。

我们大概了解到了所谓的巨石时代雕刻者心里在想什么。他们的画作有一种仪式和宗教意义，可能是宗教戒律或注释。但其细节内容仍不为人知。接下来的几千年间，有无数符号会彻底消失，不给人们留下解密的机会。

叙利亚

马里，奇迹之城

这些经过火焚的泥板，这些的残垣断壁，这些千万人踏过的铺路石，都在讲故事。古建筑从未如此鲜活。

——安德烈·帕罗，《宫殿》，第6页，巴黎，1958年

三十年前，人们在近东地区发现了一处极重要的考古遗址。这还要多亏了四处漂泊的贝都因人，他们在城市附近捡到了一尊无头雕塑，由此拉开了此地考古的序幕。泰勒哈里里这座城市已经在幼发拉底河岸边静静沉睡了数千年。谁会想到位于东叙利亚的一座无名山丘之下，竟隐藏着公元前3000年时全世界最著名的城市之一。

在著名的东方学家雷内·杜萨德的支持下，挖掘工作开始了，而法国国家博物馆和教育部则给予了资金支持。

1933年12月14日，人们开始挖掘泰勒哈里里城。在掘开表层后之后不久，就有几尊小型雕像重现于世。1934年1月23日，挖掘工作刚进行40多天，三个重要人物：国王拉姆吉·马里，城中的高官艾比·伊尔，还有负责向城中运送谷物的伊迪·纳鲁姆的雕像出土。雕像上都有一些手写的符号，它们是解决东方古代史中一个重要谜题的关键所在。通过分析这些符号，研究者

们不仅意识到他们找到了一个供奉伊什塔尔的神庙，同时还发现了更重要的一点：泰勒哈里里下方埋藏曾经只存在于传说中的马里城。

遗址中出土的东西里最为重要的是拉姆吉·马里的小型雕像，之所以说它重要，是因为马里城就是以他的名字命名的。雕像背部的右侧，以及右臂上部的后边都刻着这样一句话：拉姆吉·马里，恩利尔的大帕特西，将他的雕像献给伊什塔尔。

国王拉姆吉·马里像

从1934年到1937年期间，伊什塔尔神庙大部分被发掘了出来，考古人员挖开了4180多平方米、深6米的土地。考虑到工程的浩大，三年内，人们就从泰勒哈里里这移走了2万多立方米的土。法国考古学家安德烈·帕罗按降序用A、B、C、D、E标记了这座城市遗迹的各层。通过分析E层，研究者发现伊什塔尔神庙很久以前就已经存在了。当时的人们用未经烧制的砖头搭建起神庙，并在地板上涂了一层精细打磨过的灰泥。神庙的中心有一个“内殿”，这是个带壁炉的房间。在房间较短的那道墙边有一座祭坛，而出口则位于较长的那面墙边，离至圣所尽量远。祭司和神庙管理者的房间位于隔壁。整个神庙像

艾比·伊尔像

典型的带有中央庭院的东方建筑。帕罗在庭院里找到了许多水槽，即所谓的“长船”，大门左边有两条，右边有五条。这些容器是在向神灵献祭的仪式中使用的。内殿在神庙中肯定具有很重要的地位，人们也对其敬畏有加。我们之所以得出这种结论，是因为帕罗在那里找到了许多奇特的物件。地板上有顶部装着铜把手的铜制楔子，饰有长方形的天青石板、白石板或银板。就像现在我们要建楼的时候会铺下奠基石，马里的建筑师们当时也会打下一块奠基用的楔子，将他们固定在地上，有镇庙之用，也有别的宗教目的。这所神庙内有13个奠基楔，其中有7个位于内殿，显示出这座房间的神圣地位。

马里城的居民们会向神明供奉小型雕像，这些雕像是红石、石灰石或白色雪花石膏所制成的，祭司们会把它们放到架子上去。其中大部分只有15～17厘米高，不过最大的也有50厘米高。马里的居民们显然是十分虔诚的，因为他们将供奉这些小雕塑看成一种祭拜特定男神或女神的方式。小雕塑被置于神庙内。它们双手相交，做出虔诚祷告的姿态。

帕罗观察了这些雕塑，有一些十分耐人寻味的发现。马里的达官贵人们不想让代表自己的雕塑和过去一样千人一面。他们希望自己的雕塑和自己相貌类似，可以确定他们会来到艺术家在城里的工坊，坐下让艺术家们以自己作为模特设计雕塑。于是乎我们便了解到了许多马里居民的真实相貌：有些人头发长，有些头发参差不齐；有些留胡子，有些把胡子剃的干干净净；城邦里的武士和官员们身着华丽的长袍；女士们则拥有十分活泼的表情。四，五千年之后，这些人像或坐或站，永远保持着他们眼中应在神灵面前所保持的姿势，他们对虔诚信仰的诚心诚意在其上留下了标记。他们睁着大眼睛，用黑色的瞳孔凝望永恒。我们看到了他们优雅的发型，我们欣赏他们华丽的服饰，我们注意到了他们那标志性的自信微笑，我们眼前的东西是全世界最重要的宝藏之一：一个闪米特民族的生命及艺术的结晶。这个民族居住于远在我们所理解时代之前的幼发拉底河岸，发展出了一套及其发达的文化。在其中一个雕塑中，有一男一女坐在一起，男人的手温柔地握着女人前臂，手腕的上方。虽说雕塑的头部已经不见了，但剩下的这些栩栩如生的石制部分，仍然能让我们看出两人之间存在着伟大的爱情。安德雷·帕罗将这座雕塑称为“无面或无名情侣”。马里人同样也有幽默感。我们发现了一座刻画一对音乐家的雕塑，两人像小丑一样嘲笑我们。这同样也是虔诚马里人表达对阿施塔特的敬畏和永恒信仰的方式。

马里王宫出土的一尊生育女神雕像，出土时碎成了几块，后被复原。她的手上拿着一个容器，里面流出的是“生命之水”。

闪米特民族的生活方式具有高度文明，宗教十分发达，距今历史最早可追溯到公元前3000年，这一点十分令人称道。在公元前4000—3500年期间，整个美索不达米亚都是苏美尔人的领地，而他们并不是闪米特人。苏美尔人的文化发源于前4000年左右，其文化圈更是覆盖了整个南美索不达米亚。我们都知道，研究者在诸如乌尔、埃利都、拉尔萨、乌鲁克、拉加什、苏鲁帕克、基什、埃斯-努纳和乌皮等该地区的一些最重要的考古地点都有惊人的发现。当代权威将公元前4000—3000年的前半段称为美索不达米亚历史上的“早期王朝时代”。到这一时代结束时，闪米特人才登上舞台，而苏美尔文化离消亡仍有很久。此时苏美尔人虽然在精神和文化领域都处于主导地位，但闪米特人却更为坚韧，性格更强。公元前2600年左右，阿卡德王朝领导下的闪米特人成功夺权，新建了一座城市，这座城市成为当时已知世界的中心。闪米特人从苏美尔人那学来了楔形文字，这两个民族也产生了融合。闪米特人充沛的精力和苏美尔人的艺术才华、精湛技艺和优秀品味结合到了一块，旧的苏美尔元素则渗透到了巴比伦—亚述文化和闪米特生活方式的方方面面。马里这座闪米特城邦有很多苏美尔元素，但也进化出了自己独特的

马里王宫的壁画

风格。在耶稣基督降生前3000年时，这里就已经在艺术和建筑方面取得了巨大成就，在宗教和生活方式上也是如此。

马里城最了不起的地标是它的宫殿，这座宫殿是公元前3000年左右时整个近东的建筑物中最为宏大的。安德雷·帕罗检验了这座令人惊奇的建筑物，发掘出了一个占地约1公顷的巨大建筑综合体，其中有走道、庭院和300多个房间。

当时的人们或许花了很多年来建造马里宫殿。这座宫殿有各式各样的庭院体系，原因是马里的建筑师们在开始这番大事业的时候，似乎还没有把方案固定下来。这里曾经是皇家居所、堡垒、粮仓、政府办公地、行政中心和最重要的皇室权威的象征。我们甚至还知道是基姆利里姆国王用宫殿精美绝伦的壁画装点了这里。挖掘工作显示，壁画是美索不达米亚的一种非常古老的艺术形式，即使在很早的时候，这里的人们就已经掌握了极高的壁画技艺。帕罗强调，基姆利里姆的宫殿壁画底下还有些其他壁画的碎片，描述的是一队参与宗教活动的人，其中的人在面容和服饰上都具有异域的西闪米特民族特征。

研究者目前在泰勒哈里里下方已经挖掘出了五座神庙，以及一座巴比伦式金字形塔（或阶梯式塔）。他们还找到了一些饰有狮子的花瓶和仪式用的瓶罐，巨大的陶土器皿，一间有28张石板凳的课室。同时，现场还出土了一些石制圆筒，上面描绘了船只、宴会、人们与动物的格斗以及吉尔伽美什国王制服猛兽的场景。宫殿的庭院里有一些雕像，刻画了一位闻着花香，露出心满意足神情的女神。其中最美丽的一座是公元前1800年左右生育女神的泼水像，它差不多有5米高，用白石雕成，眼睛镶嵌有宝石，头发是编着辫子的红发，并且还带着六排项链。

就算我们在泰勒哈里里下面找到的只是神庙、宫殿、雕塑、房屋和城墙的话，我们对古代东方的了解仍会大大提升，而且我们所发现的远不止是这些。马里城还埋藏着一个巨大的宝藏，让我们掌握了当地民族独特的文化、日常生活和历史的丰富信息，同时也让我们更深刻地了解到马里当时和其他城邦之间的关系。这堆宝藏中还有在基姆利里姆国王的宫殿中发现的2万多块刻有文字的泥板，这些泥板代表了马里的国家档案，包括了马里末代国王基姆利里姆的国书和私人信件。其中有许多信件来自于亚述的沙姆希·阿达德，其中包括了他对自己儿子雅苏玛·阿达德的一系列教诲，雅苏玛代表亚述统治马里数年，后来被王位的正统继承人基姆利里姆所取代。

泥板上的内容表明，当时的统治者们时时刻刻都在担心战争爆发，他们会围攻防卫完备的城市，设立防御性同盟条约，并将人们拐做奴隶。假如某人在进攻时遭遇到了抵抗极度顽强的城市，那么他往往会将整座城市的居民充做奴隶。比如说，当西巴特要塞被攻克之后，进攻者抓到了无数囚徒，以至于连私兵们都能分到一些奴隶来任他们驱使。沙姆希·阿达德国王攻占马里之后颁布了一道命令，要求把雅顿林年轻的女儿们带到自己儿子的房间里去，然后，沙姆希·阿达德将她们训练成了乐手，让他的儿子命令她们

马里王宫遗址出土的泥板

随时随地弹奏自己想听的各种曲目。

沙姆希·阿达德在另一块泥板上对儿子说道："我曾决定让你留下维拉努的儿子们，这样的话，未来如果和他做谈判时便有了筹米。现在我明白维拉努不可能和我们订立任何协议了，所以你应该就在同一个晚上逮捕并处决掉他的儿子们。别搞什么纪念或者哀悼仪式，给他们挖好坟，把他们杀了，再把他们给埋了。将他们头上的饰物，身上的钱财、黄金和服饰拿走，顺便把他们的妻子交给我。你可以把那俩乐师留下来，不过要把萨梅塔的侍女交给我。我是在泰伦之月第15天的晚上发给你的。"

泥板上常提到神灵。这里说的"神灵"只有一位，或许是马里城名为达根的高级神。泥板上海提到伊图尔·梅尔神，而在附近的特尔卡城，和它一同出现的则是伊克鲁布·伊尔。所以说，马里城也很熟悉闪米特人的神灵伊尔或埃。不过战争与和平的决策权却掌握在伊什塔尔女神手上，她也掌管马里居民的日常生活。如无天意认可，一切事都无法运转，所以人们会对所献祭动物的内脏进行占卜来找出神的旨意，这种占卜适用于个人事务以及重要的政府决策，也同样适用于战争。在世间所有的上古文明中，蛇都有一席之地，这里也不例外。有一次，除非人们能弄来一种名为扎扎的稀有蛇类，否则就没办法对未来做出预言。沙姆希·阿达德国王希望能在发动某场战争前先祭祀神明，而与此同时，如果在战前不进行所谓的"沐浴仪式"的话，战争就不能开始，所以他推迟了这场战争的发动时间。他还为了进行一场埋葬式献祭而回到了自己的老家特尔卡。

这些都是我们根据马里宫殿内2万多份楔形文字档案所分析出的信息。我们了解到当时的人们不仅能建造房屋、神庙和宫殿，还能建造运河以及河堤，我们还看到了当时牛羊的繁殖情况，以及掠食性动物所带来的威胁。由于基姆利里姆国王特别喜欢狮子，所以他不允许人们猎杀这种动物。有一次，一只狮子来到了附近的一座城市，在房顶上安家落户，城里人不得不给这只野兽提供食物，直到国王确定该拿它怎么办之后才结束。虽然它给整座城市的人们造成了恐慌，但仍不能杀死它。驻军指挥官最终把它抓到了一个笼子里，将它运到了马里城。

马里王宫遗址出土的国王和狮子浮雕

有一天，这位国王与狮子的游戏突然结束了。汉谟拉比，这位公元前1728—1686年间统治巴比伦的伟大的国王和立法者，对基姆利里姆发动了夜间突袭。他的军队击败了基姆利里姆，并在公元前1695年彻底摧毁了马里，使其从此再也没有恢复。马里的能工巧匠们停止了雕刻、绘画和建筑活动。这座“幼发拉底河边的巴黎”忘记了编织华服的技巧，这里曾经无比迷人的生活方式也消失无踪，直到20世纪才重现人间。

撒丁岛

千塔之岛

撒丁文化和爱琴海文化之间有无数共同点，这显示出在腓尼基人来到撒丁岛前很久，爱琴海文化就已经在这座岛上留下了很深的印记。

——克里斯蒂安·泽沃斯，《撒丁文化》，巴黎，1954年

撒丁岛是一个炎热而贫瘠的岛屿，它的丘陵、山峰和峡谷都沉浸在孤独之中。燥热干旱、寂静壮阔是此地乡村的主要特征，在这走上几公里，可能也碰不到任何活物。

撒丁岛曾经和科西嘉岛相连，在地理角度上讲，它的历史非常悠久，比阿尔卑斯山以及整个意大利更古老。撒丁岛浮于海上，是某块基本沉入海底的大陆的一部分。经过数百万年，这块大陆沉没，比意大利半岛的形成早很多。地理学家们也假设现在的第勒尼安海过去曾是一片名叫第勒尼斯的大陆，这块大陆最终被水淹没了。

不过撒丁岛自洪荒时代起便形成，一直挺立于此，它无论如何也不能说是片阳光明媚的南方沃土，却是一片受到南方夏日骄阳炙烤的土地，阳光无情地照射着这里，就好像和这座岛有仇一样。岛上的花岗岩悬崖，玄武岩峭壁，孤独而壮阔的群山，乃至渗透各处、几乎包围了整座岛屿的悲伤气氛，

都会缠上来到此处的人，让他觉得自己离欧洲有十万八千里。

这里主要吹的是来自非洲大陆的风，因为没有陆地保护带把撒哈拉挡在撒丁岛之外。岛屿东部的花岗岩和片麻岩峭壁直指天空，上面常有令人头晕目眩的悬垂结构。深蓝色的海水拍击着巨大的天然石壁，发出雷鸣般的巨响，这些石壁往往延伸数公里，如果有人因船只失事漂了过来，那他根本找不到一块地方落脚。大海腐蚀了石壁的底部，留下了巨大的洞穴，洞穴中尽是海水的轰鸣声。接下来，我们还能看到充满白沙的荒芜海滩，阿拉伯人统治此地期间建造的低矮哨塔，歪歪扭扭的树木，不为人所熟知的花朵，沉默寡言、脾气恶劣且遵守一套类似中世纪骑士精神的男人们，如同圣母般谦卑、仪态庄重的女人们，由仍穿着长裙和白色上衣的女孩们像女王般昂头顶着在郊野间“穿行”的美丽水罐以及农民们周末时身着的鲜艳服饰。

这里曾有很多属于不同种族的统治者，但此地唯一恒久不变的就是它的史前史，它的岩石，以及它那历史悠久的塔楼，也就是所谓的努拉吉——这些塔楼是岛上最大的一个谜团。

撒丁岛的形状和人的脚或凉鞋类似，这也就是希腊人将它称为伊科努萨（“脚印”的意思）或者桑达洛缇斯（“凉鞋”的意思）的原因。这座岛屿在上个冰期时（于公元前8000年左右结束）很显然无人居住，并且在那也没有找到任何石器时代的人类遗迹。直到公元前4000—2000年间的新石器时代，才有人首次踏足这个岛屿。我们不知道这些早期移民来自何方，长相如何，但需要假定他们不是印欧人。自公元前5000年起，来自东方的航海者们便划船向西前进，逐步踏足地中海诸岛。撒丁岛上的这些先民们居住于洞穴，石室或者茅草屋里，主要在平地上，并且一开始大多靠近河湖及海洋。岛上有许多壮观的洞穴里都有发掘出这些勇敢的航海家们所留下的遗迹和工具。

第二批移民随后到来，他们可能来自亚洲，这些移民演变成了全世界最耐人寻味的民族之一，他们建造了奇怪的努拉吉塔楼，所以我们管他们叫努拉吉人。这些人和新石器时期来到岛上的居民完全不同，他们对建筑学有很深刻的了解，并且一开始就有一套发达的文化体系。努拉吉人在公元前3000

努拉吉塔楼

年左右登上了岛屿东部，开始建造各种圆形塔楼，塔楼倾斜的外墙由天然石块堆成。这是努拉吉人给我们留下的主要遗产。

最后，到了公元前1400年左右，第三批移民也来到了岛上。他们是萨迪或沙德纳人，多半是从亚洲出发的。这些人带来了一套城市文明，并和前两批移民之间进行了通婚。

岛上曾有8000多座努拉吉塔楼，现在还剩下6500座左右，只有很一小部分仍保存完好。

我们不清楚努拉吉人所用的语言是什么，可惜，他们没有文字，所以没有留下任何书面历史记录。不过放眼各处，只有撒丁岛上有这种样式，质量颇高的巨石塔存在。撒丁岛人将这些塔楼称为nurakes、nuraxis、nuragies等一系列名字，都是“努拉吉”这个词的变体，具体用哪一个，要取决于岛上的具体区域和方言。吉奥瓦尼·利利乌教授是撒丁岛古代文化领域的权威，他认为这些词汇来自于一种前印欧语。在岛屿的腹地中，nura或nurra的含义是“土丘”或者“洞”，nur-aghe的意思大概是“高高的柱子”或者“中空的塔”。

努拉吉是一层层未经切割的石块垒起来的塔楼，其外墙朝内倾斜。大多数努拉吉只有几米高，不过有些足足高达60多米，直刺湛蓝的地中海天空。它们的外墙有6～16米厚，低矮的那些塔楼一般只有一个房间，不过最高的那些塔楼则被分出了三层。

从一座努拉吉内往上看时所能看到的场景，这些建筑物是撒丁岛酋长们的住所，也是他们的武士所拥有的坚固据点。

当时的人们为什么要建造这些塔楼？这种塔楼的原型来自何方？是西班牙、非洲还是东方？我们不知道答案。

它们不是神庙，也不是墓地，倒更像是当时的人们为抵御持续不断的进攻而建的要塞。当时撒丁岛从未得到过完全统一，各地区的族群或部落由酋长管理，这些酋长居住于塔楼之中并将其当作据点。随着时间推移，人们扩建了塔楼，将它们改造成了一套规模更大的防卫体系，如果出现紧急情况的话，塔楼将能容纳数百人在此避难。利古里亚人、腓尼基人、迦太基人都曾多次攻打这里，最终，罗马人也对这发动了攻击，这也意味着撒丁岛人必须再三抵抗入侵者——虽然总是输掉战争。

即使敌人能攻入一座塔楼，他也一样处于危险之中。塔楼内部有些门通向一片漆黑的死胡同，还充满了各种陷阱，潜伏其中的努拉吉人会手持长矛及利剑，将粗心大意的入侵者们杀个落花流水。

塔楼的顶部是平的，目的是让人们在上面瞭望各处，进行防卫。塔顶还有一层栏杆，可能是木制的，并且还有一些投射石头及箭矢的装置，这些都让塔楼易守难攻。放眼全地中海，仅就同类军事设施而言，撒丁岛人的这套防御设施是最早出现的。

最早的塔楼建于公元前1500年左右，它们的外墙向内倾斜的程度很明显，这是一个主要特征。后来兴建的努拉吉要更陡峭，而到了公元前1000—500年左右的早期铁器时代，努拉吉建筑到了其巅峰期。到了最后，撒丁岛人建起了面积巨大，防卫完备的城塞，以防范闪族布匿人从海上发动的攻击。利利乌教授表示，岛上的牧羊人和武士们为了保卫自己所属的政权，应该承受了不少牺牲。撒丁岛人十分单纯，也十分坚韧，他们和现在的撒丁岛人一样。他们每天都遭遇着失去自由的风险，自卫战争对他们而言肯定有种宗教意义了。这些习惯于简朴生活的人学会了不屈不挠、低调做事以及在危急时刻互帮互助的精神。最后一批努拉吉建于公元前600—250年之间，最终成了岛民的躲藏之地，原因是罗马人在公元前231年成功征服了撒丁岛。岛上的游击队们躲到了荒郊野岭里最偏僻的塔楼之中，但罗马人靠着训练有素的猎犬，无情地将他们消灭殆尽。

撒丁岛的首府是卡利亚里，在同名的省份中矗立着一座历史超过2000年的山，撒丁岛人将它称作苏·努拉希。1940年时，人们在这座上上进行了几次试探性发掘，利利乌教授在1951年开始对这个全欧洲最有趣的史前遗迹之一进行有计划的发掘工作。

我曾站在巴鲁米尼附近的原野之中，独自一人审视着这片孤独的荒漠。万籁俱静，一片空旷，面前是一组非常强大的要塞，其中包括了最初建造、处于中间的塔楼，后来逐一建起、位于四角的四个塔楼。巨大的外墙以及位于要塞前方的一整个有破损了的圆形石屋的村落。

我也曾拜访过利利乌教授，他在卡利亚里的一家小但表现活跃的大学任教，是考古系的负责人。这座大学位于山顶，能俯瞰整个首都。利利乌告诉我，他从1951年开始，一直到1956年结束，花了5年时间来发掘这个地方。中间那座塔楼分为上下两层，他将下层支撑梁上的一块木头寄给了哥本哈根国家博物馆的实验室，那里的丹麦科学家们运用碳放射性测定技术算出了这块木头的“生日”：公元前1270年左右（这种测定法存在正负200年的偏差，属于正常现象，是没有问题的）。外面的四座塔楼是第二阶段时建设完毕的，而在第三阶段，人们则给所有的塔楼和城墙做了加固，可能是为了防范迦太基人的攻城锤。利利乌和他的助理们还发现了城墙上防御用的附楼、壁炉、进行祭祀仪式的坑、用于揉面团的大型石制器皿、能射向围攻者的大石球、磨石、用于磨玉米的槽状器皿、石头座椅、制作面包用的设备以及后来逐渐出现的各种手工艺品。

我向利利乌教授提出，这座城塞及定居点位于石块、残骸和数千立方米的土地下方，在如此炎热的气候下，当时的人们肯定花了不少力气来建造这片区域。他却没有回答，而是盯着自己面前的论文。不过，只要是看到过地处旷野中，群山环绕的巴鲁米尼的人，就明白当地坚如磐石般的地面，火烧火燎般的西罗科风，以及这块使人忧郁的土地上那干燥而残酷的环境，都给这位考古学家的工作带来了无比巨大的挑战。这里曾经一片繁荣，但放眼望去，繁荣的唯一见证者，就只有四周的群山。

公元前6世纪时，迦太基军队发动了一次旷日持久的围攻，最终摧毁了巴鲁米尼，将努拉吉要塞被夷为平地，村落被焚烧殆尽，当地人也流离失所。不过数世纪之后，顽强的撒丁岛人又回到了这里，在废墟中安家落户，他们的生活方式与习俗和撒丁岛人文化鼎盛、享有盛誉的黄金时代完全一样，

努拉吉人没有文字，于是研究者便分析了他们所用的某些千百年不变的名词，尝试推测出他们最初使用的语言是什么。这些名词大多是动物、植物、山峰以及河流的名称，根据分析结果看，努拉吉人应该来自于亚洲，这是因为他们所用的一些词汇可能起源于阿尔泰山脉、美索不达米亚、阿塞拜疆、高加索地区、努里斯坦（卡菲烈斯坦）、哈萨克斯坦，甚至可能起源于中国的西藏或新疆地区。

不过塔楼的内部则与爱琴海诸岛的建筑物类似，特别是与提林斯、迈锡尼和克里特–迈锡尼文化之间的建筑相似。撒丁岛人的精神生活以及物质文化的大部分也都和克里特、塞浦路斯和希腊等地的爱琴海文化区有相像之处。

撒丁岛人除了给我们留下塔楼之外，还有另一项遗产，那就是独树一帜、美轮美奂的铜器艺术。撒丁岛人不光是勇猛的战士，还是技艺超群的雕塑家。

岛上的黄铜雕像时至今日仍让人痴醉。它们富有生气，引人入胜，刻画了距今2800多年前孤寂而美丽的人们，且其形象独一无二，无人可比。虽然如此，这些雕塑仍然十分直观，甚至还具有一股神秘而无法解释的现代感。

撒丁岛

前基督教时代的一位圣母

矗立于努拉吉神庙顶部的是大女神，在人们的眼中，她和生育、水有关。有时候她头上会顶着一篮子水果；有时候会抱着一个孩子；有时候又会头顶一个水罐；而有时候，一位被某种邪恶力量杀死的年轻神灵会躺在她的大腿上，她则在照料这位神灵。大女神掌管着一切生物的生育和成长、土地的肥力以及水的圣洁，同时，她还负责让富饶且永无穷尽的大自然永世不断地进行新老更替。

——克里斯蒂安·泽沃斯，《撒丁岛文明》，巴黎，1954年

与地球上的圣地联系起来的首批自然景观是高山、泉水和树木。在公元前2000年左右时，宗教肯定已经在撒丁岛人的生活中扮演了一个特别重要的角色，这是因为研究者在全岛各处都发现了各种宗教遗址。这些圣地多半位于悬崖附近或高地上，在泉水旁边，也可能在森林中，一般不设遮蔽。祭坛位于山顶、丘陵上或者洞穴中，一般都在流水（象征生育）附近。人们自旧石器时代早期开始，就觉得高耸的圣山离神灵更近，在经历了千万年的史前时代之后，这种思想也传入到了我们所处的历史时代中。

希腊人眼中的圣山是奥林匹斯山。高耸入云的山峰是古代中国、日本、

芬兰、克里特、腓尼基和整片地中海地区人民眼中的诸神居所。巴别塔和美索不达米亚的金字形塔也都是圣山的象征。撒丁岛的早期居民也相信某些与众不同的自然特征主宰着世界，处于高处的地方则存在着某种神力和魔力，所以他们便把神庙建在了遥远的丘陵或山峰上。马扎尼神庙位于维拉希德罗山上，差不多高700米，圣维多利亚德塞利则高700米，圣卢拉德奥鲁内位于距地面487米的地方。这些遗址附近都有泉水或喷泉存在，研究者最近也在雅典以及阿克罗波利斯发现了这种特征。克里斯蒂安·泽沃斯是撒丁文明方面的法国权威，他觉得泉水也罢、喷泉或者池子也好，虽然沾了淡水的神圣地位及其重要意义的光，但这并非它们在岛上有重要地位的唯一原因。自洪荒时代开始，人们就觉得水有着让人复活和孕育新生命的威力，当基督教采用了洗礼这种仪式之后，这一思想也到达了顶峰。撒丁岛上的某些泉水传说能治好眼疾，我也曾亲自造访过蒙古的巴尔加地区，游牧民们相信此地的泉水可以让盲人重见光明，让跛子正常走路。成千上万的朝圣者们或将拐杖指向天空，或是将眼镜挂在枝条上，以证明他们痊愈了。

很明显，在撒丁岛的最初期时，岛上应该有露天神庙。当努拉吉时代于公元前11和10世纪左右降临时，撒丁岛人所建造的神庙中间已经是各种治疗之泉或者水源了，具体的例子有萨尔达拉、马扎尼、雷贝库、洛拉纳和米利斯。圣水周围会有一道石墙或者栅栏环绕，神庙里还有石块铺就，通往内殿的小径。当某人站在圣维多利亚德塞利的顶端，俯瞰这座山间要塞下方的风景时，将会感受到一股平静而神圣、环绕整个神庙的气息。考古学家塔拉梅里在1909—1929年期间挖掘了塞利神庙，让我们对公元前600年左右时这里的胜景有了些许了解。神庙中间是一条直通泉水的竖井，古旧的石阶一直朝下延伸到凉爽的井底，朝上看去，人们还能辨识出组成了周围墙壁的石块。这里的一切都已遭到摧毁，但亲眼见识过之后，每个人都能感觉到这样的泉水曾经蕴含着多么强大的宗教力量。

我们是否有机会了解到旧撒丁岛宗教的更多信息呢？我们仍无从得知他们的神话体系，不过神秘的努拉吉铜像展示了已灭绝的一种生活方式，或许这些铜像里就隐藏着什么秘密，肯定有一些有关撒丁岛旧宗教的线索潜藏其中。长着大眼睛，厚眼皮，做工精湛的小人像告诉我们在西方有一群记忆超群的人。撒丁岛的艺术就像一本未完成的书一样，向我们揭示了这座岛屿上的古代宗教等级情况，这一等级中包括了高级祭司，男侍僧，甚至还包括乐师等阶层。高级祭司穿着一件贴身的衣服，肩上还搭着一件斗篷，左手拿着一根法杖或一个法器。泽沃斯猜想，努拉吉时期各部落的酋长们也应该是努拉吉时期宗教的最高级代表。

努拉吉铜像

女祭司们占据着非常重要的地位。从这个方面来看，撒丁岛似乎是链条上的某一环，这一链条形成于3～4万年之前。人们在全欧洲各处都发现了旧石器时期的维纳斯雕像，这是人们对神灵拟人化之后的产物，是全世界最早出现的，研究者猜测这些雕像代表的是生育女神，而古代撒丁岛上的女神和女祭司画像则有可能是这些雕像演变而来的。当我们依靠现有知识，对史前的努拉吉宗教进行分析时，第一个遇见的肯定是玛格那玛特（大地母亲）以及她和生殖崇拜相关的地方。马科梅尔出土的玄武岩大雕塑所刻画的就是这类神明，波尔图费罗和赛诺尔比周边也出土了带有女性特征的大理石偶像。全世界所有保存至今的女性神灵拟人化产物中，很少有比这里的更简洁、更持久，或者更华美的。自第一批移民从亚洲前来此地起，在经过了长达数百年的前基督教时代，并迎来罗马人的统治之后，诞生于石器时代的“圣母”概念仍然具有生命力。撒丁岛人也许使用了罗马人的语言（顺便一提，撒丁岛中部的居民是全世界唯一一批现在还说这种语言的人），但他们并不会改而崇拜罗马人的神灵。

很早之前，岛民们就开始将他们的神灵画下来了，在这类画作中，历史最悠久的一幅画在了一块长石上，石头大概有1～1.2米高，半埋在地底。随着时间推移，人们开始将石头雕刻成人形，当铸铜技术还没得到引入的时候，古撒丁岛人就已经开始雕刻神灵像了。塔穆里的佩尔达斯·马穆拉达斯雕塑群中，有三座雕塑存在一定的女性特征，马科莫附近的一些直立石像也有这种特征，不过其余的雕塑没有。从这一点上我们可以看出石头代表着男性和女性神明。古撒丁岛人们以这些早期宗教理念为基础，将它与铜器艺术相结合，使得这一艺术达到了令人惊叹的高度，归根结底，其原因在于他们无时无刻不在寻求生命和信仰的源泉。撒丁岛铜像最早出现于前1000年左右，并在前8世纪达到顶峰，是创造性艺术方面的独特例子，由于这些铜像兴盛于前8世纪，所以它们的制作者应该和全世界最伟大的史诗创作者荷马同处一个时代。到了前5世纪和前4世纪时，仍有人在制作铜像，然而，当腓尼基人征服了这里，布匿人又前来殖民之后，铜像的生产便停止了。

当我们观察女祭司的铜像时，能很轻易地得知她们当时所扮演的角色。

她们穿着斗篷，左手举着一个碗，碗里可能是献给神灵的饮料，也可能是圣水。这些女祭司地位颇高，这也显示出在撒丁岛宗教中，泉水占有很重要的地位。这些小型人像目前正保存于卡利亚里博物馆的展示柜中，她们庄严、神圣、矜持而又包含深思，双眼凝望永恒。

努拉吉女祭司铜像

通过分析这些铜像，我们还发现执行祭祀的是男祭司。巴黎国家图书馆内藏有一尊铜像，描述了一位男性，他所携带的背包里装着祭祀用的动物。卡利亚里博物馆内有其他一些负责祭祀的祭司铜像，有些人背着山羊或者水罐，或者手提着一根受过祝福的绳子。有尊祭司像仅高1.5米，它的右手举到了与肩同高的地方，在进行祈祷。努拉吉人的祈祷姿势似乎都和这座铜像一样，举起右手，掌心向外。

克里特岛上的米诺斯文化和东地中海的其他地区在庆祝宗教节日时，都会举行各种游戏，并随着音乐翩翩起舞。古撒丁岛乐师的雕像十分写实，让人难以忘怀。他们敲打着手鼓，吹着号角，如同狂欢一般。值得注意的是，当时的宗教节日也是生育仪式。

3000—2500年前的这些信徒们和幼发拉底河中段的马里居民一样，会将他们所信奉神灵的小型雕像放到神庙中，他们觉得这些神灵的象征物会接收到他们的祈祷，从而向他们赐福。如果没有这些宗教理念支撑的话，那努拉吉人无人可比的宗教文化就永远不可能攀上如此伟大的艺术高峰，他们的信仰转化成了美丽的青铜器，这代表着一种将精神力量转化为创造力的过程。

有些雕像的底座是石块，其他一些则位于铜屑或铜针上，下端嵌入到了金属块或者穿了孔的石头中。这些奇怪的附件应该有一种宗教意义，因为它们的长度特殊，十分轻薄，并且还很易碎。另外，祭坛附近的石头凳上也有很多针，有时三个为一组地堆起来，可能象征着大地母亲和与她有关的两位男性之间的三位一体关系。

努拉吉铜像中最为精美的是女神和她儿子的铜像。卡利亚里国家考古学博物馆里就藏有这样一尊铜像，这尊铜像上，女神表情无比悲痛，她用臂膀搂着自己已经死去了的孩了。这尊铜像出土于乌尔祖雷附近，只有1.2米高。圣维多利亚德塞利出土过另一尊女神和幼年神的铜像，它也只有1.2米高。女神举起右手，好像在祈祷一般。她的嘴唇因悲痛而扭曲，双眼因哭泣而肿胀。人们还发现了另一尊1.4米高的铜像，女神的神态充满了同情，而孩子的面色却和死者一样平静，以至于任何见过这尊像的人，都会被它巨大的视觉冲击力所感染。卡利亚里这座博物馆里还有一尊风格独特的大理石女神像，创作时间远早于青铜时代，高超过5米。它出土于赛诺尔比，呈简单的十字形；但这样一个简单的十字形已经存在了超过3000多年，对许多当代雕塑家们来说都是很好的范例。

努拉吉女神铜像（左）和米开朗琪罗的《哀悼基督》

撒丁岛许多个世纪的信仰、苦难、冲突和日常生活的证据都被工匠们捕捉下来，做成了铜像，这些铜像遍布全岛。考古学家们在岛上找到了铸模和完整的各种工具，其中有一些或完整或破碎的铜锭，双或单刃斧，还有其他一些金属块，以及各种铜制物件。阿比尼储存站一地就出土了750件这样的物品，在波尔图托雷斯则出土了1976件。储存贡品和宗教器具的地方往往在泉水和池子附近，这些地方可能是宗教场所。其他冶金工人和铜匠的工坊里并没有珠宝或者铜制人像；只有工具、武器、铸模和各种零碎物件，这些物件肯定要被回炉重造。其中最引人注目的是用于以物易物的铜块。这些铜块被敲打成盘状，形状类似于牛皮，上面印有古代克里特岛的B类线形文字。由于拉丁语里面的“pecus”是“牛”的意思，古罗马语的“pecunia”是“钱币”的意思，所以我们能判定撒丁岛这些牛皮状铜盘和拉丁语的这个词关系更近；同时，古罗马也不太可能将牛皮当作过商品交易的媒介。根据我们的考古发现来看，撒丁岛人热爱和平，努力工作而又顾家，因为他们的畜牧业、农业和日常生活的各方各面都十分繁荣。

研究者目前发现了四五百尊铜像，每天都有新铜像重见天日。单个的努拉吉铜像价值无法测算，它无可替代，因而可以说是无价之宝。这些铜像是对努拉吉这个民族的一种展示；而时至今日，他们巨大的自豪感、高尚的道德情操和虔诚的宗教信仰仍能体现在穿着美丽的农妇装、前去做礼拜的撒丁岛女性身上。

希腊

线性文字B的谜题

> 目前为止，根据我们的了解，只有一个王室家族能强大且富有到足以控制恩格利亚莫斯的宫廷，即涅琉斯家族。涅琉斯是来自色萨利的入侵者，他一手建立了这个家族……他12个儿子中唯一幸存的是涅斯托尔，涅斯托尔继承了王位，他在“三代人之内”一直掌管着包括九座城市的领地。他也可能是位建设者，或许正是他建造了王宫的第二片大区，其他建筑物也可能是他所建的。他是阿伽门农的密友、顾问和亲信，在远征特洛伊后声名大振，得到众人尊重。战争结束后，涅斯托尔继续在皮洛斯统治自己的领地；十年之后，他接待了来访的忒勒马科斯。
>
> ——卡尔·W.布莱根，《涅斯托尔的王宫》，美国考古学期刊，1960年

古希腊最负盛名的城堡的遗址现在就位于海拔274米的地方，这里给西方的诗人、戏剧家和艺术家们提供了无穷无尽的灵感来源，这里就是迈锡尼城堡。掌管它的这个家族给欧洲的剧作家们提供了无数创作主题，可谓冠绝全欧。阿伽门农是这个城邦的国王，他召集起了希腊各部落，率领大军航向拐走海伦的特洛伊王子帕里斯，海伦是他的兄弟墨涅拉俄斯的妻子。

迈锡尼地处伯罗奔尼撒半岛，早期的希腊人曾觉得这里是座岛屿，其名得于阿伽门农的一位祖先，字面意思是“珀罗普斯之岛”。《伊利亚特》一书将阿伽门农刻画成了阿喀琉斯的主要敌人，这整部史诗的主题就是阿喀琉斯的怒火。荷马在公元前8世纪吟着这部史诗，但迈锡尼的黄金时代实际上是从公元前1400年开始，到公元前1150年时就结束了的，特洛伊附近的大战则发生于公元前1194—1184年间，为期十年。在这数百年间，迈锡尼建起了巨大的壁垒、狮子门、王宫、巨型陵墓和阿特柔斯的宝库，这些建筑奇观可能都是他一个人计划的。

我们都知道，海因里希·谢里曼觉得荷马的历史记录是真实可信的，通过发掘特洛伊遗迹，他找到了实物证据来佐证自己的观点，他还发掘了提林斯以及伯罗奔尼撒的迈锡尼。谢里曼找到了17具遗体，除此之外，他还找到了一堆金制器，现存于雅典的国家博物馆内。他的这一发现引发了一股对希

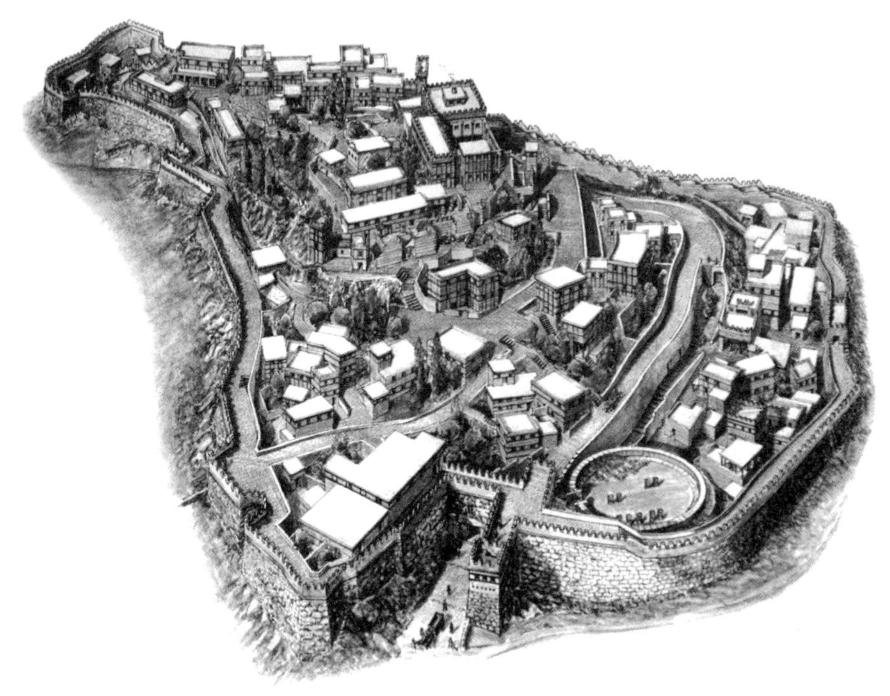

迈锡尼城堡复原图

狮子门

位迈锡尼王于死后戴着的面具。由谢里曼发现于迈锡尼宫殿的五号坟墓内，他将其称作“阿伽门农的黄金面具”，除了面具，人们还发现了墓主人的遗体。

腊的考古热潮，人们争前恐后地研究起荷马诞生前几百年间的历史。

阿伽门农的城堡在当时影响到了整个希腊的生活方式；目前为止，这片前荷马时代的“迈锡尼文化”最重要的遗址是迈锡尼和提林斯城堡，皮洛斯废墟，以及克里特岛上的王宫。

阿瑟·约翰·埃文斯于1851年出生于英格兰的纳什

米尔斯，后来成为阿瑟·埃文斯爵士。他在牛津大学和哥廷根大学就读，对芬兰、拉普兰和巴尔干半岛进行了深入游览。1882年时，奥地利当局怀疑他在达尔马提亚地区参与起义，将他抓了起来。1893年，埃文斯开始对克里特岛进行发掘，他发掘出了克诺索斯的王宫，让我们了解到了光辉灿烂的米诺斯文化，这是全欧洲最早出现的先进文明。埃文斯在1911年受封为爵士，成为在全球范围内享有盛名的人物，后于1941年去世，享年90岁。他去世后不久，德军便登陆了克里特岛，并将总参谋部的营房设在了靠近克诺索斯，属于他的阿里阿德涅别墅。

这是埋在迈锡尼四号井墓里的一具尸体所戴的金面具，面具主人的身份将永远是个谜。海因里希·谢里曼将这一面具发掘了出来，现展于雅典国家博物馆内。

克里特的王宫是分两期建好的，这两个阶段都以王宫几乎被夷为平地而告终。第一批王宫又名“大”王宫，建于公元前2000年左右的克诺索斯、派斯托斯和玛利亚，几个世纪后遭到摧

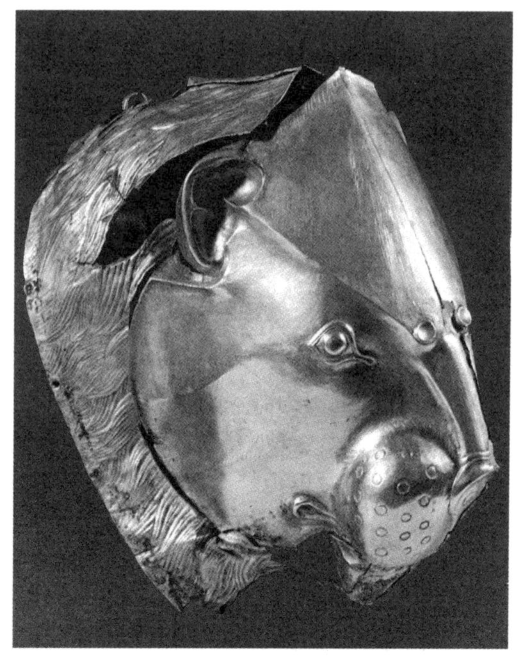

金制的狮头来通杯。这是仪式中所用的器具，是人们用一整片金属打造而成的，工艺十分精湛。迈锡尼城堡的四号井墓里也有类似的器具，制造于公元前16世纪。

毁，而克里特建筑的黄金时代似乎在公元前1700年左右结束了。当时间来到公元前1600年左右时，当地又建起了新的王宫，不过这一时间段内最富名声的建筑物则成了达官贵人们的宅邸，他们可能是政府要人，也可能是宗教人士。然后，到了前1525至1520年之间时，这里发生了一场迄今为止原因仍不明确的大灾难，上面说的宅邸和新建的王宫很显然在瞬间就被毁灭了。这是外敌入侵的结果，还是天灾的打击？没人知道答案。考古学家、历史学家和科学家们提出了很多解释，但没有一个能彻底让所有人信服。

克里特岛北部仅97里外有一座马蹄形小岛，古人将其称为特拉，中世纪的人将它称作桑托里尼，这个名字来源于其保护人圣伊里尼。在公元前1500年左右，一场规模较大的火山爆发摧毁了岛上的所有活物，希腊考古学家马里纳托斯通过研究克诺索斯的陶器、当地王宫的壁画样式及镜子上的印痕，得出结论称火山大致爆发于公元前1550—1500年之间。这次火山爆发使得特拉岛上的埃利亚斯山脉被一层厚60多米的岩浆所覆盖，而在不远处的特拉西亚岛上，考古学家在类似的岩浆层下发现了公元前1800—1500年间的一个米诺斯人定居点。这场火山爆发十分强烈，使得整个火山锥彻底垮塌，海水流进了火山口里。

克里特王宫遗址出土的陶罐

马里纳托斯猜想，这次火山爆发也引发了强烈的大潮，使得克里特岛沿岸遭到了巨大破坏。他觉得特拉的这次火山爆发要比1887年荷属东印度的喀拉喀托火山大爆发强4倍，后者所带来的死亡人数为36000人，根据计算，“特拉有83平方千米的土地遭到破坏，沉入水底，而喀拉喀托只有23平方千米”。

同样是在这个时段内，于第二阶段兴建、位于克里特岛腹地的王宫也遭到了摧毁。马里纳托斯承认，克诺索斯、派斯托斯、特里亚达教堂、特里索斯和斯拉沃坎波斯等地不可能遭到巨浪的直接打击，但他觉得特拉火山大爆发应该诱发了地震，引发了大火不说，还让克里特岛的建筑物遭到了破坏。顺带一说，克里特岛每个世纪都会遭到3～4次地震侵袭。

还有第三种可能性存在，那就是有人刻意纵火并发动破坏，也就是说，居住于希腊内陆地区的人发动了入侵。不过克里特岛上有很多人熬过了这轮大灾难，这座岛屿在接下来一百来年间仍然在繁荣发展。到公元前1400年左右，岛上的文明开始衰落，最后彻底消失。

人们在克里特找到了三种文字形式，其中有一种非常古老的图画文字和两种线性文字。埃文斯将它们分别称为线性文字A和B。克里特人在公元前2000—1750年之间使用其中最早的文字（或称象形文字），里面有各式各样的图形，比如脑袋、手部、星星和箭头。公元前1750—1450年之间，这些图形得到了简化，成了埃文斯所说的线性文字A，这种文字分布于克里特岛上的很多地方，其中有一处离派斯托斯几公里远，埋藏了150多块刻有该类文字的泥板。这处遗址的古代名称尚不可考，今人将其称作特里亚达教堂，这个名字得名于附近的一处同名教堂。研究者很早之前就认识到这些泥板上刻着的是一系列农产品，那个时候还压根没人能解读线性文字A，要等很久才能有人解密其含义。

线性文字A也出现在克里特岛之外的梅洛斯岛上，迈锡尼和塞浦路斯也有各种片段出现。

线性文字A泥板

大约在公元前1400年左右时，一种新的书写形式替代了线性文字A，埃文斯将它称作线性文字B。值得注意的是，克里特岛上的线性

线性文字B泥板

文字B都只储藏于克诺索斯王宫中的三四千块泥板上。如果要保存数千年的话，那泥板必须要经过烤制，足够坚硬才行，这可能是克里特岛上只有这有线性文字B的原因，但米诺斯人只会用太阳晒干他们的泥板，无论晒干还是风干，泥板都无法抵御3000多年来的变迁。克诺索斯宫遭到过几次大火袭击，所以那里的泥板便得到了火烤，像石头一样坚实。不过埃文斯为什么只在克诺索斯找到了这么多刻有线性文字B的泥板呢？我们上面说的这些都无法解答这一问题。其他地方也遭到过大火袭击，保存在附近的泥板肯定也得到了烤制保存，所以克诺索斯的大火并不是该处存有绝大部分线性文字B泥板的原因。

这是一张刻有线性文字A的泥板，出土于皮洛斯王宫。研究者将原件拍了下来，并进行了临摹，从而制作出了右图这种准确而有分隔线的版本。这里所展示的片段只比原件小三分之一。大部分泥板只有一面刻着文字，每行文字之间有直线分隔，从左往右写。

为什么只有克洛诺斯宫使用这些奇怪的文字呢？如果我们像那些最终解决了问题的人一样，思考一下背后是否有什么特殊的原因，那我们或许就会离真相更近一步了。为了回答这个问题，我们必须知道发明线性文字B的人要表达什么。泥板上写的是什么？有没有什么破解手段？

有许多学者尝试破解这个谜题，提出了很多大胆的理论。有些人尝试从古埃及、赫梯或者印度河谷的古文字中找寻答案，而其他人则拿腓尼基人或伊特鲁里亚人的文字来和这种难以辨认的符号做比较。但即便如此，泥板上的秘密仍然隐藏着它的真面目。

后来，辛辛那提大学的卡尔·布莱根开始寻找涅斯托尔的王宫，并对其进行发掘。涅斯托尔是古希腊的一位武士和国王，在荷马的《伊利亚特》之中，他的同胞们一直在寻求涅斯托尔给出的各种建议。布莱根与谢里曼一样，都觉得荷马笔下的人物是真正存在过的。荷马说涅斯托尔生活在皮洛斯城堡里，但如今的同名港口处并没有任何王宫的遗迹。1939年时，布莱根与希腊考古学家柯罗尼欧提斯合作，在一个名叫恩帕诺·恩格利亚诺斯的地方展开了发掘工作，这里位于伯罗奔尼撒西南部的麦西尼亚地区，位于现在的皮洛斯以北16公里的地方。布莱根在这工作了五年，发现了600份刻有线性文字B的泥板，就和遥远的克里特岛上的克诺索斯宫那些泥板一样。皮洛斯泥板出现的时间晚于公元前1300年，研究者也在迈锡尼和提林斯的城堡里发现了刻有这种文字的泥板。瓦斯在1954年时于迈锡尼的酒商之屋中找到了一批所谓的“香料泥板”，它们尤其特别，上面列了各种香料的不同数量，肯定是卖给散客的，其中包括红花、芝麻、葛缕子、香菜、薄荷、茴香以及一种名为“波雷”的药用植物。

所以说，公元前1300年左右的希腊已经有了一种神秘的文字，当时的人们用这种文字记载历史。这比他们后来引入、更为人所知的腓尼基文字要早很久出现，后者大概出现于公元前776年的首届奥运会上。

研究者在伯罗奔尼撒的三处地区发现了刻有线性文字B的泥板，在克里特岛上，也只有克诺索斯宫里有刻着类似文字的泥板，所以我们似乎可以假定克里特岛王宫内的这些文字来源于希腊，将它们带过来的可能是来访的水手，也可能是入侵者。但这完全是不可能的，因为克诺索斯泥板比希腊最老的同种泥板还要早一百年出现。

等一下，我们是不是有点太武断了？埃文斯和他的同事们在测定克诺索斯的年代时会不会犯了什么错，克诺索斯会不会是在公元前1400年后的数百年间才遭到摧毁的呢？

人们还提出了第三种可能的理论。这种理论认为，在克里特岛遭到大范围破坏之后，亚该亚人占据了克诺索斯宫，要求宫里的抄写员修改宫中使用的克里特文字，使之更适合于希腊语言。希腊人还有其他文字可以选择，为什么偏要来克里特，以克里特文字为基础呢？如果您觉得他们这样做有些奇怪的话，那一定要考虑到这点：能读懂美索不达米亚楔形文字的人至少要能辨认其中的300个符号，能读写埃及象形文字的人要能看懂350个，但线性文字B只有80个音节符号和几个缩略词，是一种简洁的文字，尤其适合商业交易、簿记和库存管理。

于是乎，抄写员们修改了线性文字A，将它改成了线性文字B，希腊随后引入了后者，不过使用这种文字的只有皮洛斯、迈锡尼、提林斯和底比斯等地的大城堡和王宫主人。埃文斯发现，底比斯的卡德穆斯王宫有几个刻着类似符号的杯子，这些符号来自于前希腊时期，埃文斯猜想，在前希腊时期时，这里所使用的语言和克里特岛上的一样——不过具体是那种语言呢？我们暂时还不知道。

布莱根在皮洛斯的发掘工作得到了巨大的科学成果，他找到了许多刻有线性文字B的泥板，给人们提供了更多进行比较研究的机会。不过这些文字是由很多不同的人刻下的，而且经历过无数次小修小改，破解起来要比现代密米还难，因为解密专家们至少知道现代密米背后的语言是什么，但却对线性文字B一无所知。

1952年时，英国人迈克尔·温特利斯成功辨识出了其中的一系列符号，意识到它代表的是希腊语。温特利斯其实是个建筑师，而不是古文学家，但他和过去研究过这一问题的各位学者们建立了联系。在第一批获得许可得以研究皮洛斯泥板的人之中就有他的名字。他十分擅长希腊语，才智过人，并且拥有优秀的想象力；最重要的是，经验丰富的约翰·查德威克指导了他的工作，此人是剑桥大学的古文学家，温特利斯这位年轻建筑师在发表研究成果时没少得到他的帮助，他还在科学界提携了温特利斯。

温特利斯在最初的数年内一直错误地认为，这些神秘符号所代表的语言是伊特鲁里亚语，导致他南辕北辙。当时的人们还不知道，刻在皮洛斯、提林斯、迈锡尼乃至克诺索斯泥板上的这些文字是一种古代希腊语，而在这几年内，研究者已经辨识出了所有字符。这着实是一项非常巨大的科学成就，更重要的是，它凝聚了无数学者的心血，其中功绩最大的是美国人科贝尔和本内特（后者是研究线性文字B的权威），瑞典人福鲁马克，法国人尚特莱和勒琼，德国的恩斯特·斯蒂格以及汉斯·斯托尔滕贝格，奥地利的弗里斯·沙克尔迈尔，英国的帕尔默，特纳和特雷维克，意大利的梅里吉、皮萨尼和卡波维拉，还有希腊的克里斯多普洛斯。

弗里斯·沙克尔迈尔教授是奥地利古代史泰斗，他最近在一篇极具价值的论文中解释了线性文字B在得到解密之后仍然难懂的原因。克诺索斯和皮洛斯的泥板上写的全是存货清单和账目，是协助仓库之类的管理者工作的，现代社会中也只有受过商业训练的人才能明白商人们所留下的记录，其中的道理是一样的。泥板上的文字肯定格外难懂，因为它们只是辅助记忆、包含许多商业术语的工具罢了，当时受过教育的商人们应该很熟悉这些术语。

沙克尔迈尔认为线性文字B所代表的希腊语是“簿记者和专业人士所使用的语言”。他猜想，线性文字B不是希腊人所要求设计的语言，作为线性文字A的变体，它在这之前可能就已经指代了一种古克里特岛语言，接下来才受到修改，代表起了希腊语。如我们所见，研究者并不能通过克诺索斯的考古发现来测定线性文字B的诞生时间。

泥板上包括公绵羊、母绵羊、公山羊、母山羊、野猪、公牛和母牛的详细条目，还登记了一些铜匠的名字和所处理金属的重量。我们还发现了餐具、家具、各种器具、葡萄酒和各种食物的清单，有关战车的备忘录，还有和买卖男女奴隶相关的条目。皮洛斯泥板甚至还记下了两组王室男仆和女仆所使用油料的数量和气味。

一切历史都以文字为开端。根据上面所说的研究结果，早在公元前1400年左右，就已经有了书面形式的希腊语，这样一来，希腊的历史又向前推进了600年。人们原先觉得荷马、涅斯托尔以及建造了迈锡尼、提林斯和皮洛斯那华丽堡垒的人们是希腊最早期历史的见证者，现在看来并非如此。

希腊

锡尼时代的生活

我想说，我觉得阿伽门农是历史上真正存在过的人物，他应该生活于公元前1200年左右的迈锡尼。

——阿兰·维斯，《迈锡尼》，普林斯顿大学出版社，1949年

即使我们难以穿透史前的重重迷雾，但对一个民族的起源所做的探索仍是十分令人着迷的事情。

希腊人是印欧人种，在他们到来之前，居住在希腊的人却属于前印欧人种，与希腊人大有不同，民族学者将他们称作爱琴人。这些人不仅仅居住于希腊，还占据了东地中海群岛、克里特岛和小亚细亚西南部。后来抵达的希腊人将这些原住民称作莱勒格斯人、卡里亚人和佩拉斯吉人。

我们之所以知道印欧人迁移到了这片土地及爱琴海诸岛上，是因为有证据显示整个南欧都迎来过一大批印欧移民。历史悠久，起源于波兰和中亚地区之间那大平原上的印欧语最终发展成了希腊语。

希腊语中的很多元素属于在它之前出现的那些语言。比如说以“nthos”和“ssos”结尾的地名都不属于印欧语系，和希腊语的用语习惯也不相符。植物、河流、山峰和岛屿中有很多的名字显然来自于原住民。根据荷马的《奥

德赛》来看，克里特岛上居住着“真正的克里特人、西顿人、多利安人和皮发斯基人”，而按照希罗多德的说法，我们几乎可以认定皮发斯基人说的是一种“野蛮”的语言。

公元前3200—2500年间，希腊迎来了城市和城市生活，这些东西是锐意进取的爱琴海人从东方引入的，由于爱琴海各地的城市逐渐站稳脚跟，克里特就成了全欧洲第一个拥有先进文化的地方。弗里茨·沙克尔迈尔表示，作为古代世界文化和政治成就最高的地方，希腊的“城邦”就是以爱琴海各地的城市理念为基础而建立的。希腊人的雕塑才能，在希腊花瓶上展现得淋漓尽致的绘画技艺，还有其他很多基本的理念都来自于爱琴时代初期，其中特别要注意的是希腊神话中的女性角色。

所以说，任何到访希腊的人都应该知道，希腊文明和希腊人背后都有着古代爱琴人的身影。

第一批希腊移民在公元前2000—1900年间从北方移居希腊，对希腊早期居民头骨的检验产生了十分有趣的结果。通过研究埃辛出土的27块来自公元前1900—1580年间的头骨，我们发现其主人是爱琴人和印欧人的混血儿；在一处约有4000年历史，位于卡尔卡尼的墓地中，考古学家发掘出了21块头骨，其中的男性是印欧人，女性则是爱琴人。因此，人类学理论证实了当时这两个族群之间正逐渐融合，移民们可能将原住民女性收为了妻子，这在征服者当中很常见。

阿伽门农、奥德修斯、忒勒马科斯和涅斯托耳到底识不识字，会不会书写呢？我们并不知道答案，但布莱根教授在皮洛斯发现的线性文字B泥板，以及维斯教授在迈锡尼发现的相同泥板都表明，涅斯托耳确实会在自己的皮洛斯宫殿里听管家做的报告，迈锡尼国王阿伽门农可能也会这么干。两位教授发现的这些泥板大概来自于公元前1300—1100年间。不管怎么说，荷马史诗中的英雄们用的语言、信奉的宗教和生活方式都是希腊的，我们越来越清楚地认识到，他们是历史上真正存在过的人物，过着一种类似于维京时代风格的生活，经常向遥远的地方航行，从海上向陆地发起袭击，热爱冒险，也喜欢抢掠。公元前1350年左右，迈锡尼的英雄时代来临了，人们也建起了带有穹顶的巨大坟墓——阿特柔斯宝库——以及狮子门，这个国家的国力日益昌盛，在东地中海声名远扬。

在这之前不久的公元前1400年左右，克诺索斯宫殿倒塌了，再也没有得到重建。这是米诺斯文化遭到的第三次破坏，也是最后一次，在很多学者看来，这是希腊人做的好事。任何国家在灭亡之前，都难以感觉到其国力的衰微，对知识之渴望的减退以及艺术的凋亡。不过今天再看克里特岛的历史的话，我们会发现公元前1400年时，它的活力和创造力都开始下滑了，而伯罗奔尼撒则建起了富丽堂皇的宫殿，这些宫殿注定属于皮洛斯、迈锡尼、提林斯和奥尔霍梅诺斯的统治者们。希腊人的迈锡尼文化和克里特人的米诺斯文化之间所存在的联系并不像大多数人想的那样明显。迈锡尼文化是前荷马时代的一整套生活方式，其名来源于迈锡尼城堡，谢里曼1876年时在那找到了六座井墓，重新打开了公元前16世纪左右的皇室坟墓，其中藏有著名的黄金器皿和陪葬物。研究者猜测，这里埋葬着的九位男性、八位女性和两位儿童都属于某个强大的统治者家族，因为其中有五位男性带着黄金面具。维斯效仿了谢里曼的例子，在迈锡尼展开了大范围挖掘，他在自己1949年出版的《迈锡尼》一书的第114页提出了这么一个问题：这座防御完备的城市真正的财富来源到底是什么？它为什么这么强盛、巨大而繁荣，以至于连荷马都赞颂了它的财富？迈锡尼周围的乡村在农业方面算不上特别发达。而在另一方面，离迈锡尼不远的尼梅亚附近就有一处旧铜矿。迈锡尼背后的阿尔吉维山目前仍未得到完全探索，维斯觉得里面可能还藏有另一座迈锡尼的领主们下令开采过的铜矿。在青铜时代，铜是权力的根基，也是财富的来源，这一点不言自明。迈锡尼所藏有的黄金毫无疑问来自远方，因为它所在的阿尔戈利斯地区并不产黄金。

是希腊人将他们的迈锡尼文化带到了克里特，还是说他们从克里特的文化中吸取了部分元素？实际上，甚至有可能是克里特人把他们的艺术和生活方式传播到了希腊。

大多数权威学者目前认为希腊人在袭击克里特岛、与之作战或通商时，逐渐接受了米诺斯文化。生活条件较差、风俗较为落后的民族总有一天会采用更高的生活标准，而希腊的印欧移民肯定也被米诺斯文明这种精致的生活方式给吸引住了。

发掘了克诺索斯的英国考古学大师阿瑟·埃文斯博士认为，是米诺斯人将他们的文化带给了北方的希腊人。但如果米诺斯人真是从克里特岛出发，穿越大海到达了大陆地区，殖民了伯罗奔尼撒并将米诺斯文化带到了这片半岛上了的话，那早期的希腊宫殿可能会更错综复杂，就和克诺索斯那些差不多，而非皮洛斯或者提林斯的那种线条简洁的样式。

米诺斯和迈锡尼文化之间有许多共同点，它们都有色彩明亮的壁画和花瓶，雕像的地位相对较低，会用象牙雕刻物品，会进行长途航海，贵族阶级热爱享乐，并且十分富有。

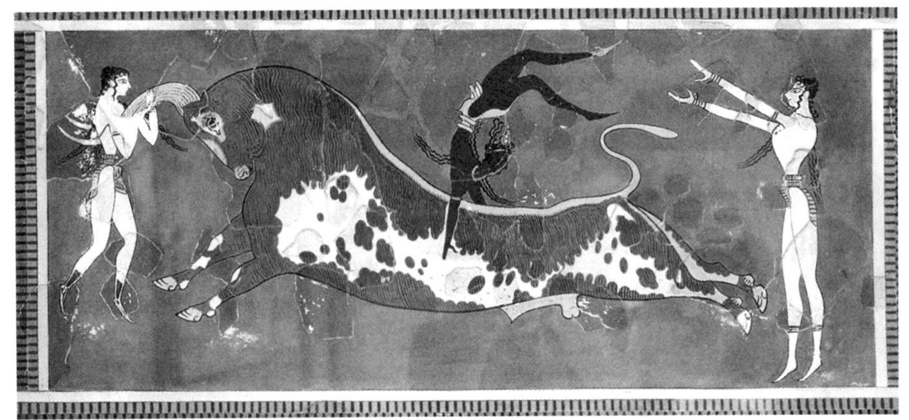

克里特王宫壁画复原图

当古克里特文化渗透到希腊之中时，从北方而来的希腊人自己也带来了许多东西，这似乎是更接近于真相的一种假设。希腊人带来的这些东西让他们的文化和克里特岛文化之间产生了区别。举例而言，他们带来了属于自己的着装方式，武士和猎人们穿着短袖希顿古装或者简单的衬衫，提林斯有副壁画，上面是几位正在驾驶马车的女性，她们的穿着与之类似。但克里特服装却更为精致，远比希腊人的要好看，艺术性也更高。克里特服装上没有扣衣针，希腊人的服装上却到处皆是它的踪影，人们在迈锡尼找到了14条这样的针，在底比斯找到了4条，提林斯找到了1条，其他几处前荷马时代的遗址处也有几条分布。琥珀很可能是希腊人从北方带过来的，因为克里特岛上几乎没有它的存在。希腊人要比克里特人早很多年接触到马匹。迈锡尼的坟墓中有很多座女性小雕塑，米诺斯的坟墓中几乎没有。大陆上战争频发，所以那里的堡垒和城塞都十分坚固，只有饥荒才能破坏它们，但克里特岛上的生活就要和平很多。建筑学上的“中央大厅”这个理念是希腊人从北方带来的，也就是大型房屋中间的厅堂，依靠中央火炉供暖，也是皇位所在的地方megaron这个词来自于希腊语的megas，意思是“巨大”）。

几乎所有的早期印欧宗教都有同一个主神，印度人、希腊人、伊利里亚人和罗马人都信奉它的存在，他们分别将这位主神称作特尤斯、宙斯、约维斯等。罗马人将它称作朱庇特，这是因为希腊人和印度人在很早之前往他们的主神名字后面加上了“父亲”一词，就成了“Dyauspitar”，当罗马人继承其宗教体系时，这个词也就被转写成了朱庇特。这个古老的传统也是“族长”这个角色的起源，所有的印欧族群都有这么个角色。同样与之相关的还有对火炉的崇拜，火炉的神圣性形成于希腊历史开始之前。任何查看过迈锡尼宫殿中火炉的人，都会意识到家长、上帝和火炉之间存在的关系，之所以这么说，是因为在这些宫殿遗址中，王座离大的圆形火炉都不远。

克里特的黄金时代差不多始自公元前2000年左右，当时他们正在修建旧宫殿，它走下坡路的时间差不多是公元前1400年，在此期间，克里特人过着无比奢华的生活。克诺索斯、派斯托斯、特里亚达教堂、玛利亚等地的宫殿；家用住宅和别墅；令人惊叹的壁画；颜色靓丽的杯子、碗、水壶和器皿，都体现着这样一个事实：克里特人可能是同时代的人中最具品位的。

同样值得注意的是，古克里特岛社会是男女平等的，女性凭着服饰、珠宝和无数美容用品的帮助，而显得无比美丽，直到现在才有人能和她们比美。在公元前1500年左右，有人在克诺索斯宫殿西翼的一座拥有六条柱子的房间里创作了一副壁画，现仅有部分存留，今人给它取了个“巴黎女子”的雅号。画上是一位女子，她有一对大的绿眼睛，辫子落在肩膀上，嘴唇鲜红，服饰十分典雅。克里特的女性着装十分具有现代感，以至于让人们觉得它们可能是现代社会的产物。时尚潮流一旦变化，那裙子的款式也会变化。有时候流行钟形裙，有时候流行带衬的裙，还有时候流行克里特岛版本的“公主裙”。不论如何，当时的女性腰肢都十分纤细，带子也束得很紧。克里特岛上的衣服都是缝制而成，从没有用针别起来，直接披起来，或者用扣子扣起来的，这几种是希腊的女性服饰样式。3500多年前的克里特人生活在一个时尚的年代里，肯定有一群真正意义上的服装设计师忙前忙后。他们那个时代也强调化妆品、香水和发型的重要性。考古学家甚至在莫克洛斯发现了用以拔掉多余头发的小镊子！

克诺索斯王宫壁画残片“巴黎女子”

克诺索斯宫的中心密室里有一处底下宝库，里面有一座彩陶制女性雕像。这座小型雕像大约创作于公元前1600—1580年间，只有29厘米高，刻画了一位双手各抓着一条蛇的女子。如果让一位才华横溢的现代时尚设计师来看一眼的话，那他或许能从中找到不少灵感。米诺斯的头饰、耳环、项链、手环、垂饰和戒指都体现着精巧无比的工艺。克里特岛的女性皮肤雪白，黑色的双眼充满光彩，让人无比沉醉。值得注意的一点是，克里特女性不会遮盖自己的胸部，提林斯的一幅壁画中也有一位裸露胸部，只穿着一件短上衣的宫廷侍女。

根据壁画、小型雕像和著名的波罗斯石棺来看，克里特女性的举止应该

克里特女祭司彩陶小型雕像

十分优雅。同时，克里特岛上炫目的斗牛风俗也证明了这一点。这种风俗可能来自于某种祭祀仪式，克里特的年轻女性需要参加这个活动。在进行斗牛时，牛会向她们冲过来，她们要抓住牛角，跃到牛背上，然后再下来。当时的人们可能会让女奴们在很小的时候就开始练习这项技艺，由于这一活动的危险性和难度都很大，所以当时只有克里特岛开展。

出土于克里特的青铜雕塑

女性在米诺斯社会中掌握了话语权。她们可以独自参加宗教仪式和游戏，不需要他人陪同。她们或是舞者，或是女祭司，又或是各种活动的观众，在宗教仪式的各个环节都占据主导。克里特宗教那激情似火的特性似乎就来源于女性所带来的影响。

克里特宗教的本质是什么？我们仍不了解。我们只知道克里特岛没有寺庙，其圣地是洞穴、神圣的树林和山峰。研究者在皇家宫殿里找到了祭坛、献祭用的桌子、架子、角状杯和献祭用的水罐，证明当时的人们会在这举行重要的宗教仪式，并且国王本身也是一位祭司。克里特宗教中象征神圣的东西包括了树木、柱子和蛇，可其中双刃斧以及号角的作用仍不甚明了。克里特人还信奉一位掌管动物的女神，这位女神起源于遥远的史前欧洲。

因为克诺索斯、皮洛斯、迈锡尼和提林斯的线性文字B得到了解密，所以我们逐渐掌握了公元前1400年时人们的日常生活，了解到荷马史诗的言外之意，并且对当时令人称道的行政组织有了更多了解。泥板上所写的文字有条有理，呈现出了东方文化所带来的影响。

剑桥大学的约翰·查德威克博士发表了一系列科学出版物，其中记录了300多块泥板上的文字，随后迈克尔·温特利斯也加入了这一工作，可惜他由于车祸而英年早逝，他们发现了一个几乎完全未知的世界。克里特岛上的王公贵族们在克诺索斯的宫殿内管理各项事务，伯罗奔尼撒东南部的王公贵族们也以相同的方式，在皮洛斯管理各事务。出土于皮洛斯的一块泥板上还记载了其中一位王子或国王的姓名：埃克拉翁。当时的社会包括君王、家臣、封建领主、市长和奴隶等级别，也有代表皮洛斯和克诺索斯管理各城镇的官员存在。

各项工作由不同的工匠执行，分门别类，界限严格。泥板中提到了很多种工匠，比如木雕师傅、石匠、木匠、铜匠、制弓匠、家具工和陶匠，另外，里面还列有牧羊人和猎人，似乎还有专门焚香的人存在。女性负责磨玉米，制衣，纺线，编织和梳理羊毛，在宫殿中处理各种杂事，同时也要管理浴室。泥板里还提到了医生的存在。

当然了，那时候也有奴隶。如果某个孩子的父母都是奴隶，那他一出生也就是奴隶，即使父母中有一方不是奴隶也一样。为了建造宫殿，人们需要召集大量的劳动力，这些劳动力来源于战争中抓捕的俘虏，俘虏们的子女和妻子则要去学门手艺。皮洛斯的大部分奴隶是“男神或女神的男奴或女奴”，至于他们具体要做些什么，我们还不知道。

到了公元前1300年左右的迈锡尼时代，出现了一个很有趣的现象：所有希腊神灵的名字都出现在了泥板之中，他们包括宙斯、赫拉、波塞冬、阿瑞斯、赫尔墨斯、雅典娜、阿忒弥斯、狄俄尼索斯和赫菲斯托斯。温特利斯和布莱根一丝不苟地给每块提到某位神明的泥板取了一个专业代号。给这些神灵的祭品可能仅限于小麦、大麦、面粉、油料、葡萄酒、无花果和蜂蜜，没有人类或动物的踪迹。一块泥板显示，连羊毛都是祭品的一部分。担任祭司的国王有很多助祭帮忙。

泥板并没有直观的历史或文学价值，其文字十分简单而贫乏，虽说如此，如果有人仔仔细细阅读的话，还是能从中提取出不少信息的。比如说，有块泥板上写了如下信息：38位女童，33位女孩，16位男孩。另一块泥板上则写道：8位女人、2位女孩、3位男孩，然后写到了系列食物，这些食物显然是分配给前面这些人的：300夸托的谷物和300夸托的无花果。可另一块泥板上却是这样写的：在皮洛斯，37位女性前去澡堂，13位女孩，15位男孩；1170夸托的谷物，1170夸托的无花果。Ad686号泥板上写的是：在皮洛斯的克雷扎，15位囚犯的孩子；阿尔卡文没出现（也可能写的是“没报告”）。Eo02号泥板提到了一位叫作艾拉塔拉的女性，还有“女祭司的女奴”这样的描述。Ae04号泥板上说的是阿斯加提加的牧人克若沃照料着塔拉玛塔斯的牛。An18号泥板则提到了16位生火者，10位梅里杜马特（含义未知），3位米卡塔（含义未知），4位器具匠，5位武器匠，3位面包师。我们不知道梅里杜马特和米卡塔是啥意思，不过它们很明显是种行当，现在可能已经消失了。有几块泥板上写了海岸警卫队指挥官和其下属的名字。还有些泥板写的是地产、种子的种植、供物和祭祀物、纺织物、容器和家具。Tn996泥板写道：3个有下水口的浴缸，3个容纳水的容器，3件厨具，2件双耳罐，1尊大水罐，还有7件铜杯。713泥板提到了石桌，象牙镶嵌物，带有羽毛图形的象牙桌和装饰同样繁复的小乌木桌。

多利亚人的大迁徙又被称为“赫拉克勒斯的后代回归阿尔戈利斯之旅”，这趟迁徙终结了繁荣的迈锡尼文化，摧毁了旧的城堡和宫殿，留下的是克里特人对迈锡尼文化在艺术上的卓越贡献，以及他们对整个希腊的造型和绘图艺术所带来的持续不断的影响。他们那几乎无人可比的手工技艺，设置坚固城防的理念（直到中世纪，人们都还在沿用），巨大的创造力，宗教和神话体系的各方各面，以及对灵魂的永恒追求，也都遗留了下来。

迈锡尼生活方式时至今日仍然在影响着我们，这是因为，它不仅是欧洲最早的，同时也最强的文化脉动之一。

希腊

阿波罗神谕的由来

从远古时代开始，德尔斐一直就是世界最重要的占卜圣地。神灵来到德尔斐是为了向人们颁布神谕，或者让人们借他的名义来颁布神谕。来到这里的神灵与其说是接受人们的顶礼膜拜，不如说是在紧盯神谕的内容。神谕中的神性要远大于神庙中的神性……阿波罗是这里的主人，他在表达自己的想法时，不会催动树叶，让它们发出声音（这种手段所传达出来的思想是模棱两可的），也不会让蜂群嗡嗡作响。他不会将令人迷惑的图景放到人们的梦中，也不会让它们浮现在泉水中倒影上。当他和凡人对话时，他用的是凡人的言语。

——梅塞利尔，《德尔斐》，巴黎，1957年

德尔斐以及阿波罗神谕并非一成不变的。在一开始时，人们似乎会占卜格（Ge）女神的旨意，这就是一个例子。

——帕奥萨尼亚斯（约公元前150年），《希腊纪行》，第10册。

如果要概述整个希腊，那“认识你自己”这几个字或许能完成这一任务，它概述了人类在追求智慧之路上所达到的知识巅峰，这几个字刻在德尔

德尔斐的阿波罗神庙遗址

斐的阿波罗神庙中。

这几个字里蕴藏着一种永恒不变的含义：人们只有在内心最深处才能找到上神灵，而当人们倾听内心的呼喊时，才能和真理靠得最近。这几个字强调了节制的重要性，这种品质也恰恰是我们这个充满科学奇迹的社会所需要的。这几个字还在警醒人们，要求他们认识到自己的不足，承认自己也是凡人，但也要全力付出，实现自己的人生梦。

“认识你自己”出自七贤人，是他们所创造的诸多格言中的一分子，这七人是公元前6世纪前半段时最优秀的七个人，他们分别是：土生土长于雅典，为它颁布了第一部宪法的贵族梭伦；建造城市，资助了德尔斐和奥林匹亚，开启了一段艺术、手工艺和贸易的黄金时代，阻止人们好逸恶劳，花天酒地的科林斯僭王佩里安德；逃离故乡且身无分文时表示“我就只带上了我自己”的艾奥尼亚王子拜亚斯；颁布了一部法律，对醉酒者犯下的罪过处以双倍惩罚，来自米特利尼的政治家庇塔库斯；准确预言了公元前585年5月28

日的日食，来自于林杜斯的诗人克里奥布鲁斯。这七位贤人的思想浓缩在了铭刻于德尔斐神庙上的名言之中。

如果有人要来到德尔斐的神灵面前，或者向他提问的话，那这个人就必须满足神灵所提的要求，这也是人们最难完成的一个任务：对自己的良心做一番实实在在、毫无遮掩的审视。“认识你自己”这条警句体现出掌管此地的人拥有什么样的品质，同时也体现出了深不可测的智慧，无边无际的真理和人类对希腊神灵的了解。

德尔斐位于帕纳索斯南坡的下半部分，差不多在科林斯湾上方610米处。这里的人们孤处于群山之间，思绪不可避免地朝神灵、永恒和超自然的力量靠拢。

这里遗留着人类历史上最大的谜团之一。诗人、学者、古代历史学家、宗教学生和考古学家们在2000多年来一直尝试发掘德尔斐神灵的秘密，但德尔斐一直没有掀开它那神秘的面纱。虽然人们做了巨大的努力，但各种研究和挖掘工作仍然没能让它蕴藏的秘密大白天下，它也将永远保持沉默。

“德尔斐”这个词会让我们想到神秘而难懂的皮提亚。实际上，“皮提

法国建筑师图内尔对古代德尔斐的推想图

德尔斐雅典娜神庙

亚”也不能完全算是个名字，更多的是个头衔，大意是“皮提亚宗教的女祭司”。我们谈到德尔斐的时候一般只会想到神谕，但居住在那儿发表神谕的神又是谁呢？德尔斐是处圣地，并不只是给人提供建议，或者让人寻求机会的地方。它是整个希腊最大、最重要的神庙，这里的主人是阿波罗。虽然西方人在精神上说可以算是希腊人和希腊众神的后代，虽然说西方人的行为和思考方式仍受到希腊文化的影响，但他们对阿波罗的了解，也并没有比他们对佛陀、查亚图斯特拉和穆罕默德等东方宗教人物的了解更多。人类信奉的所有神灵中，阿波罗是最难以让人理解的，但自从上古时期起，他的神谕就饱含着宗教力量。

德尔斐早在公元前1600年左右就是一座世界名城了，当时它可能还叫皮托（Pytho），这个名字可能来源于皮同（Python），它是这里的守护者。皮同是条雄性大蛇，是大地、深渊及地底女神盖亚（又名“格”）的孩子，而盖亚和她的亲戚西弥斯是第一批在帕纳萨斯山斜坡上说出神谕的女祭司。

然而关于这条蛇的传说还有另一个版本，在这个版本中，皮同是天神永恒的敌人，它不仅象征着大地、恶魔和黑暗力量，同时也象征着治疗，这也就是医学界将蛇当作标志的一个原因。这条怪蛇就像米德加德巨蛇一样环绕大地，诱发地震。皮同也是条知晓一切的蛇，就是它将罪恶引入到世界中的。许多民族都将它视作一种神话中的动物。古克里特岛人会执行各种独特而神圣的宗教仪式，但同样在这个时候，一度十分强大的米诺斯宗教还未完全凋亡。

人们不仅因为蛇的全知全能而敬畏且害怕它们。古代世界的人们还会将它们养在家中，让它们像臭鼬一样捕捉老鼠。孩子们会和蛇玩耍，女人们会在天气极端炎热的时候把蛇裹在自己的脖子和胸部，从而起到降温作用。

但皮同与大地母亲格却是德尔斐的奠基人。千百年前，这里曾经是大地之魂低吟轻诵之地，向那些寻求帮助、寻求上天指导的人提供各种建议。

法国考古学家德·拉科斯特在德尔斐发现了一些祭祀活动的残留物，这些祭祀活动涉及抓阄，发生于希腊时代之前，并且可能是最早使用到这种手段的占卜。他还发现，当时的人们会把小石子放到一个盆子里，盆子由三条腿支撑，通过判读石子的分布来预测未来。考古学家们考察了阿波罗神庙的废墟，在其中看到一块类似母狮头部的残骸，这应该是米诺斯式喷泉的喷水口，来自公元前14、15或16世纪。人们发现祭坛遗址附近的土地有很多有机物残留，还有些骨头燃烧后留下的灰烬以及迈锡尼陶器的碎片，这些都足以证明迈锡尼时代的人们在这进行过祭祀，差不多是在公元前1500年左右了。人们还有更重要的一个发现：一尊坐在三脚祭坛上的米诺斯式赤陶土裸体女人雕像。那个时候还没有皮提亚，所以这位女性可能是西弥斯或者大地女神格。

由于人们解密了线性文字B，所以便对古希腊和克里特之间的关系有了更清楚的认知。德尔斐的祭司们可能是希腊人从米诺斯文化（也就是克里特岛）“进口”来的又一样特色。荷马史诗《阿波罗颂》写于前7世纪，其中写道，上帝看到了远处一艘航向克诺索斯，坐满克里特人的船，他想找到其中的几位祭司，于是阿波罗就变成了海豚，将船引诱到了克利萨，水手们在这建造了一个海豚阿波罗的祭坛，根据传说所言，Delphinios（海豚）就是德尔斐（Delphi）这个名字的来源。

阿波罗是什么时候成了德尔斐之神的呢？我们不清楚，但在阿波罗定居于此之前很久，这里就已经有了神谕。这一点毋庸置疑。阿波罗在诸神之中是最“希腊”的一个，希腊和小亚细亚各处都有人崇拜他，其信徒在斯巴达和其他多利亚人的城市中尤其广泛。他是希腊的天堂以及奥林匹斯山上光彩最为夺目的人物，后者是希腊众神的居所，有2916.936米高，是希腊半岛的最高峰，整条山脉上的各座山峰也将马其顿和色萨利分隔了开来。阿波罗也是年轻男性之美的绝佳典范。

克诺索斯王宫遗迹的海豚壁画

阿波罗一开始是什么神？最可能是太阳神，但我们也不清楚这一问题的答案。不过我们知道希腊人将他当作什么神。希腊人认为阿波罗是牧群的守护人，牧人的守护神，这提醒我们，从近东到希腊，从伯利恒到波斯，牧人和上帝之间的关系都很紧密。阿波罗还是病人的治愈者，庄稼的保护者和音乐、精神生活以及哲学的庇护者。他统筹度量衡和时间，十分欢迎计划得当的活动，是高尚品德的守护者，而最重要的是，他还是神谕之神。

在希腊和小亚细亚的许多地方，阿波罗都掌管着神谕，而各地获得神谕的方法又很不相同。在阿格斯，女祭司们会喝下被宰羔羊的血，从而寻求指引。在希萨伊，人们要想弄清阿波罗的决定，就要喝一座圣泉里的水。在底比斯，占卜师们会检查献祭动物的内脏，借此预知未来。在科洛丰的“克拉罗斯的阿波罗”神庙，占卜者和德尔斐的不同，并不是一位女性，而是一位只知道求神谕者姓名的男祭司。在得知姓名之后，他会下到一处洞穴里，喝一口圣泉里的水，向求神谕者说出由诗词组成的建议。

在利西亚的帕塔拉，当“阿波罗降临”的时候，女祭司们就会被锁在神庙里。这是希罗多德在他的《历史》一书的第二册第182页所写的。帕塔拉算是阿波罗的冬季居所，他只在夏天造访德尔斐。

“阿波罗”这个词的来源不是很清楚。它可能是来自多利亚语中的“apella”，意思是“兽群”，如果是这样的话，那他一开始就该是牧人之神。维拉莫维茨认为“阿波罗”这个词来自利西亚人的语言，这就意味着阿波罗不是希腊的神，而是外来的。另一方面，利西亚语领域的权威人物恩斯特·斯蒂格则表示，利西亚人的神灵名字都来自于希腊语，所以阿波罗在更早之前应该是希腊的神灵。但在荷马的《伊利亚特》之中，阿波罗一直站在特洛伊人一边，从没站到过希腊人一边。由于特洛伊离今天属于土耳其的达达尼尔不远，所以阿波罗最初应该不是希腊的神，而是小亚细亚的神。

有两个迹象显示阿波罗来自亚洲，这两点非常有趣。其一，希腊人的日月历法来自于德尔斐，也就是德尔斐的阿波罗神庙，它传入希腊的时间是公元前7世纪下半段。天文学最古老，最负盛名的中心是巴比伦，那里早就依靠天文学知识设计出了一套日月历体系。瑞典历史学家，希腊宗教领域的权威马丁·尼尔森指出，和阿波罗相关的节日都位于当月的第七天，而只有巴比伦人才会格外看重第七天，他们管这个日子叫“sibutu”（现在的“星期天”的起源也与之类似）。但希腊人则把一个月分成三段，每段长10天，与我们的“星期”相对应，这种十进制系统和“一周七天”的当代历法格格不入。另外，阿波罗的神圣数字是7，这又是一个暗示他来自于小亚细亚的证据。阿波罗的母亲勒托似乎也来自于小亚细亚，该地西南海岸是她的根据地，而那里的人们也崇拜她。尼尔森认为阿波罗来自小亚细亚内陆的赫梯王国，这个王国对巴比伦文化产生了深远影响。

如果真是这样的话，那我们不禁会想，希腊人到底对他们这位曾经的外来神灵做了什么改动。他们为阿波罗设计了一条灵魂进化之旅，提升了他的道德情操，让他涵盖了人类的思维和宽容之心，让他为传统的血亲纷争所赎罪并净化自己，让他在得到净化并和解后得以改悔，得到上天谅解。如果阿波罗真是来自东方的神，那他过去肯定有一段时间象征着复仇，而希腊人则将他变成了“最友善的一位神灵”（这话是品达尔［Pindar］说的），变成了一位欧洲神灵，也变成了一位治愈灵魂的神医。

无论阿波罗来自何方，他从一开始就拥有解读一切标志和事件的能力，荷马也将阿波罗称为“预言家”。阿波罗不仅会倾听人们的祈祷，同时还会给出回复，不过直到后期，才有神谕者以阿波罗为名义，在恍惚的状态下给出神谕。这种在恍惚状态下所进行的占卜行为一开始可能和阿波罗没有关系，但它可能也来自于小亚细亚，因为那里素以占卜之术而闻名。

希腊

德尔斐神谕

西奥菲尔·赫莫莱和埃米尔·博格特这两位学者都已经离我们而去，挑起他们留下担子的是皮埃尔·德·拉科斯特–梅塞利尔，这位艺术家及学者将生命中的大半时间投入到了对神庙的研究之中。他主持的发掘工作让他出了名。在很长一段时间内，他都在和这些古代的石头废墟待在一起。

——查尔斯·皮卡德，《德尔斐》，巴黎，1957年

德尔斐是阿波罗神的神庙，这里是希腊最重要的占卜之地，也是一个宗教中枢。人们将它视为地球的中心，或者“世界的肚脐眼”。阿波罗神庙的内殿是最为神圣的场所，在其中靠近阿波罗黄金雕塑的地方，立有一块象征着“世界的肚脐眼”的石头。与其他神灵相比，阿波罗与人们对石头的崇拜之间有着更紧密的关系，值得庆幸的是，内殿里这块石头幸存了下来，可供我们研究。它和一个小土丘的形状差不多，这种形状也是古代英雄坟墓的形状，只有约3米高，直径约4米。这一古代圣物出土于塞拉城的南墙附近，发现者是法国考古学家科尔比，他发现这就是著名的“翁法洛斯石”。这块石头不仅象征着世界的中心，同时也是被阿波罗杀死的巨蟒皮同的坟墓。石头

翁法洛斯石

上有三个古体字母，前两个是“GA”，象征着生下皮同的大地之母，还有一个神秘的德尔斐字母“E”，连普鲁塔克都不知道这个字母是什么意思。

翁法洛斯石过去可能位于一块巨石的裂缝上面，这处裂缝会往外喷出蒸汽、烟雾或者气味香甜的水汽，这些水汽据说是来自于圣蛇或者其他地底神灵，人们传说它能将皮提亚（即女主祭司）带入预言未来所需的恍惚状态中。她曾经在卡斯塔利安泉里洗浴，焚烧一只短小的月桂枝叶，以大麦作为餐食，然后来到神庙的内殿中。到达内殿后，她会坐在翁法洛斯石前面的一张三脚祭坛上，喝下来自玛索蒂泉的水，进入到一种占卜所需的恍惚状态，有如受到神灵启发一样。

于是，我们遇到了德尔斐最大的一个谜团。有很多古代文献都提到了石头的裂缝和其中散发出的蒸汽，但这些文献的历史都不算久远。它们是否能证实当时真有地下之魂往外吐气，让皮提亚进入到恍惚状态，得以预知未来呢？这种情况下，研究原文本中所提及的传统，而非查看二手资料，便显得十分重要了。

狄奥多罗斯在公元前60年到公元前30年这段时间写道，古人是通过一群山羊的指引，才发现了德尔斐神谕所的（马其顿的古代首都埃德萨是一群牧人建立的，他们也是靠着山羊引路才发现了这个地方）。在德尔斐神谕所最神圣的地方，地面上曾经有一道裂缝，当一只山羊靠近之后，它就会一跃而过，并且发出奇怪的喊叫声。牧羊人见此情景，走到了裂缝上方，靠近之后也做出了相同的动作。他失去了自己的感觉，变得恍惚，眼中开始浮现出未来的景象。有关这一自然奇观及其影响的消息不胫而走，许多人慕名前来此地，亲身尝试这种奇怪的迷醉感。然而，有一些人靠得太近，不慎坠落到了地缝之中，于是乎当地居民决定让一位处女来做这里唯一的女预言者，代表所有人来传达神谕。人们给她打造了一个三脚祭坛，这样一来，她就能在祈求神谕的过程中坐在上面，保持安全了。

查士丁在他的《腓利史》第24册中提到，在帕纳萨斯山的半山腰处有块平地，地上有个很深的洞，里面会涌出一股股冷水汽，就像是被一阵强风吹上来的一样。这股来自大地深处的水汽会让女占卜者的灵魂痴狂，让她们得到神启，向寻求神谕的人提供答案。

生于公元前63年，卒于公元19年的著名地理学家斯特拉波为我们提供了一些有关这条地缝的信息，这是我们能获得的最早信息。但很遗憾的是，他本人并没有到访过德尔斐，全是靠道听途说来撰写相关信息的。他这样说道："人们说神庙里有个很深的冷洞穴，它的开口不大，里面会冒出一阵阵启迪人们的蒸汽。开口旁边是一张很高的三脚祭坛，皮提亚会坐上去，吸入蒸汽，然后以诗歌或散文为形式，向人们说出神谕。"

普鲁塔克是我们最好的证人，他自己就在德尔斐担任过一段时间的祭司，对神谕所有很深的了解。他这样写道："求神谕的人会坐在房间中，房间里偶尔会充满一股清香的水蒸气，但这股水汽的出现间隔却不一致。它会在内殿里像泉水一般涌动，其香气犹如最高档、最好闻的香水一般。"这样看的话，普鲁塔克说的是一种水汽，但并没有提及地上的裂口。

生活于公元39—65年的罗马诗人卢坎在他的史诗中提到了一位皮提亚，她过于激动，变得疯疯癫癫，痴狂状态最终完全掌控了她。这部史诗讲述的是庞培和恺撒之间的内战，也是卢坎的唯一一部作品，他是在第五章的169—

174页中提到这件事的。

虽然说这些人的话语都具有重要价值，但它们都来自于古典时代之后。查士丁的《腓利史》在公元3世纪后才出现，更早一些的资料也仅仅是在公元前100—公元100年间诞生的。德尔斐神庙的影响力在公元前6世纪左右达到鼎盛。

希罗多德（约公元前468年）、欧里庇得斯（约公元前450年）以及柏拉图（约公元前400年）等古典时代的大哲也向我们讲述了关于皮提亚、祭司、神谕所的一系列信息，提出并回答了一系列问题，但他们从没提到过岩石中的那条裂缝。岩石或者地面上真有条缝吗？真有预知未来所需的蒸汽、神秘的气体或气息从地下涌出来吗？

让我们听听现代科学对它的解释。法国考古学家埃米尔·博格特参与了德尔斐的挖掘工作，他说自己曾期望得到发掘的废墟能揭露神谕所的内部构造，也就是它的运行模式，但又听天由命似地补充了一句："我们也不知道过去神谕所的核心部分具体是个什么样子"。有一种想法一直萦绕在考古学家们的心头："我们似乎碰上了遭到蓄意破坏的遗迹"。是谁对这进行了破坏呢？是撤离此处的异教徒，还是一位想要一次性彻底消灭异教神灵的年轻基督教徒呢？最后一位皮提亚让这一秘密与她一道长眠了。

如果石头里真有道裂缝，那现在人们应该能找到它的踪迹。德尔斐所处的山地由石灰岩构成，但它并不是建在石灰岩上的城市，而是建在了页岩所组成的平台上。按照奥佩的观点来看，水是不可能侵蚀这种页岩的，但他也承认，在页岩与石灰岩相接触的地方，水确实有可能侵蚀出一个孔洞，这可能就是水蒸气的来源。奥佩个人觉得传说中的石头缝其实是卡斯塔利安泉，时至今日，人们还能在德尔斐的圣地附近看到它，有两道石墙处在它的两旁。奥佩对阿波罗神庙下方的洞穴和水蒸气嗤之以鼻，认为那只不过是祭司和很久之前的历史学家们所编造的东西。

1913年时，另一位法国考古学家科尔比对内殿的地板做了仔细检查，传说这里就是裂缝所在的地方。这是他的结论：内殿下方的地面没有破损，石头中也没有任何自然或人工的裂缝。他找不到任何开口的痕迹，也找不到任何地陷的征兆。

而另一方面，罗伯特·弗拉塞莱尔则认为这一传说故事十分明确，以至于不需要质疑蒸汽和裂缝的存在，他还认为德尔斐可能发生过滑坡或者地震，彻底改变了这里的地貌。这里有必要补充一句，德尔斐确实是地震多发地区。

早在6世纪时，闪耀之石上就有许多大块的碎片掉了下来，严重破坏了寺庙平台的北侧。弗拉塞莱尔认为，到了普鲁塔克那会（或者是在公元100年左右时），地缝可能已经淡出了占卜流程，这也就解释了普鲁塔克为何完全没有提到裂缝。在我看来，如果某位传记作者或者历史学家没提到某个现象，那这个现象也不一定是不存在的。希罗多德造访过吉萨金字塔，但却没提到旁边的狮身人面像——可那里确实有这座建筑物。其实当希罗多德来到此地时，这座巨大的卧狮已经在那躺了两千多年了！普鲁塔克自己曾经当过德尔斐的祭司，因而可能要保守秘密，出于这种宗教考虑，便选择对香气之谜缄口不言。

最后，博格特斩钉截铁地表示石头里肯定有条渗漏出刺激性气体的裂缝，即使有关它的证据石沉大海，我们也不该否定它的存在。

有两个事实一直没能得到足够的关注，但它们似乎是最为重要的。公元前373年时，整个德尔斐的阿波罗神庙都倒塌了，原因可能是大火，或者按霍莫莱的说法，是一场地震所导致的。废墟中的灰烬很少，除开这点灰烬之外，也就没有任何着火的证据了，这让地震说更加可信。另外，整个帕纳萨斯地区也是地震多发地带，这又是一个证据。一场大地震确实可能让一条狭窄的裂缝被堵上，并在过了2000多年后，让人们完全无法找到一点儿裂缝的痕迹。

还有一件事需要各位留意：在我所查阅过的，有关德尔斐的文献之中，没有一份提到过任何由训练有素、对帕纳萨斯的石灰岩和页岩层有深厚了解的现代地质学家所做的研究。根据我现有的了解来看，菲利普森教授是唯一一位在这方面做过研究的地质学家。他认为德尔斐这条著名的裂缝压根不存在，这些传统故事都是“祭司们搞出来的骗局”，但他的发现实在是太过时了，现在没有什么说服力。弗拉塞莱尔最早在1938年时就表示，如果研究者们能向一位现代地质学家寻求帮助的话，那研究工作将得到很大帮助。但为什么一直没人去找他们咨询呢？这又是关于德尔斐的一个谜团了。人类的历史也是一样，其中的主旋律是疏忽，而非探索。

美国历史学权威莱斯特·霍兰德在1933年提出了另一种有趣的理论，他以十分聪明的方式进行了论证。皮提亚的三脚祭坛位于土丘形的石头上方，这块石头有一个非比寻常的特征：它从顶部一直到底部都被打通了，因此形成了一条穿过中心的小管道。支撑着它的石头底座也被打通了，而且样式和它的差不多，所以霍兰德觉得当时的人们会用这条管道（或者管状缝隙）将水汽输送到皮提亚的三脚祭坛底下，这股气味甜美的气体是人们在石头地板和内殿下方制作出来的。

“管道说”让人们大受启发。但为什么这股水汽一定是人造的而非天然的呢？霍兰德并未解释这点，他唯一的依据就是其他权威们的观点，这些权威认为石头上没有自然形成的开口。

无论皮提亚是怎么样进入到恍惚状态中的，她本人肯定不是个骗子。柏拉图将皮提亚所陷入的状态称之为“痴狂”，这是个很中肯的形容词，因为它描述了一种受到神灵启示的状态，但又和精神病没有任何关系。

皮提亚们的话语受阿波罗所启迪，记录并宣读它们的却是祭司，后者会将神谕进行润色，使其尽量慎重。德尔斐的神庙中有许多奴隶，其中一些是圣战中抓来的俘虏，另一些是各个城市和市民们送来的礼物。已知世界的各个角落时常会送来各种外国奴隶，献上用以还愿、价值连城的祭品，送得越多，求得神谕所需等待的时间就越短。

全希腊地区的皮提亚竞技会大约始自公元前590年，它将德尔斐转变成了艺术活动的中心，也让这里成了举办各种竞赛的地方，这些竞赛是献给缪斯女神们的。有许多观众从遥远的地方赶来这里，从而让这儿的商业活动兴旺发达，希腊人的语言和思维方式也因此扩散到了全世界。祭司们会仔仔细细地将他们用于宰杀祭品的刀子堆到一块，按照普鲁塔克的说法，在祭祀期间，祭品从头到尾都要不断颤抖，不然的话就不能宣读神谕。祭祀活动期间常举办宴会。

在神谕所的鼎盛时期，有三位处女轮流担任皮提亚一职。她们来自于德尔斐，需要严格地保守贞洁，住在阿波罗神庙内的“皮提亚之屋”里，受到严密看管，不能和任何人接触。色诺芬说，皮提亚必须是毫无经验、一无所知的人，这样的话，她才能在面对神灵时保有一颗纯洁无瑕的心。这一职务也存在着危险，因为蒸汽会让皮提亚们陷入一种异常的激动状态下，她们经常要受到这种力量的影响，以至于其中有几位在执行仪式时丧了命。

希腊

皮提亚的回应

古人抱怨说神谕过于晦涩难懂，模棱两可，今人却说它过于直白，同样对它表示不满。这种心态实在有失公允。这种人就像小孩子一样，小孩子们觉得彩虹、彗星和幻日比太阳和月亮本身更有价值。

——普鲁塔克，《皮提亚的神谕》

在希腊的所有宗教圣地之中，德尔斐神谕所的影响力最大，它参与了各项重大事件、各个重要决策之中，也牵涉了所有的战争及和平年代。德尔斐的人们进行过各种祈祷，献祭或供奉过各种物品，赎过各种罪，也执行过各种仪式。每位皮提亚不光有宗教和民事上的权力，同时在一般的伦理和道德问题上也掌握着至高权威。德尔斐的影响力最远可达亚洲，连吕底亚人在选择国王时都要参考德尔斐神谕所的意见，当时他们要在吉阿斯和之前国王所在家族的一位成员之间做抉择。皮提亚建议让吉阿斯担任国王，此人大约生活于公元前670年左右，是第一位得到“僭主”头衔的人。自然而然，其继任者便成了德尔斐神庙的阿波罗神的忠实信徒。

记录并宣读皮提亚话语的祭司叫作“先知”。他并非在预知未来，而仅仅是神的传声筒，或者沟通渠道。先知和皮提亚之间的关系十分模糊不清。

如果他的唯一任务就是将皮提亚对人们问题的回答进行润色，使其更加清晰的话，那皮提亚在回答中所显示出的，对人文、政治乃至地理问题的掌握程度也太高了一点。尼尔森认为，先知们要么详述了皮提亚的话语，使其更为直白，要么就直接给了她指示，让她按指示回答人们的问题。这并不能完全解答上面所提出的疑问，但我们知道的是，神谕所里的牧师绝对不是吹牛大侠或者江湖骗子。他们对人类的本性有清楚认识，拥有广博的知识，根据德尔斐历法来看，还是了不起的天文学家。他们对诸多城邦的历史以及地理知识了如指掌，了解各种商业习惯，也熟知埋葬了各路英雄的地方。

祭司们发现日常问题十分好解决，但如果问题过于虚无缥缈，或者过于刁钻的话，那他们就会给出十分模糊的回答。遇到了特别难或者特别模糊的问题的话，那诠释者就会派上用场，他们会仔细思考，然后给出有价值的建议。诠释者是个终身职位，这证明了他们的地位有多重要。

一开始的德尔斐神庙很小，毫不张扬，在公元前548年的一场大火中被夷为平地。1939年时，考古学家们在废墟中找到了些幸存下来的艺术品，它们被压在一块石头下方，位于神圣之道上。公元前510年时，德尔斐人建造了第二座神庙，建造经费来自于捐款，阿尔克迈翁家族是其中捐款额数一数二的，这家人被雅典所放逐，流亡到了德尔斐。克利萨斯王和埃及国王阿玛西斯也提供了帮助。

在阿玛西斯统治期间，有位叫作洛多庇斯的女孩生活于色雷斯，她是雅德蒙这个人的奴隶（著名的寓言家伊索也是雅德蒙手下的奴隶）。洛多庇斯是雅德蒙从萨默斯的一位奴隶贩子手上买过来的，这个人叫作桑托斯，十分有钱。雅德蒙是个精明的商人，他把这个小女孩带到了最能发挥其价值的地方，也就是埃及的诺科拉蒂斯，这里是个著名的贸易点。不久之后，来自米蒂利尼的查拉索斯爱上了这位迷人的奴隶，花费天价将她买下。在这之后，查拉索斯使其重获自由，著名的女诗人莎孚恰好是他的妹妹，她因为这件事而嘲笑了查拉索斯一番。

诺科拉蒂斯位于亚历山大和现在的开罗之间，洛多庇斯在获得自由之后不仅在这出了名，还在整个希腊声名鹊起。各处的人都在传颂着她的优雅和魅力，她也获得了一大笔财富，在她这样的女性中算得上巨富了。当然，希腊人吹嘘说她有再造一座吉萨金字塔的财力，这肯定是不可能的。希罗多德说，虽然洛多庇斯没钱造座金字塔，但她雄心勃勃，希望能给希腊人留下些纪念品，让他们一看到就能想起自己。于是乎，她向德尔斐神庙捐赠了一堆铁棒，这些铁棒十分之大，以至于一条里面能塞下一整头牛。这笔礼物花去了她十分之一的财产。希罗多德说，在他所处的时代（公元前450年左右），人们还能看到这些铁棒，它就位于希俄斯居民所建造的阿波罗祭坛后面。

这笔礼物的意义一直不为人所知，直到德国学者瓦尔德斯坦在阿格斯的赫莱昂找到一捆长度相同的铁棒之后，人们才知道了答案。这些铁棒的两端由铁箍紧紧环绕，被存放于雅典的国家博物馆，在那一放就是数年，也没人留意。最终，希腊考古学家西佛洛诺斯对这一积满灰尘的遗物进行了详细考察，才发现了其中的秘密。有32条铁棒得到了完好保存，每条差不多长1米，但这一捆铁棒一开始有180条之多，由勤奋的洛多庇斯从诺科拉蒂斯送往德尔斐。这是她为神庙的建设所做出的捐赠，就和阿玛西斯王所赠送的价值1000塔伦特的明矾，以及埃及的希腊人所赠送的20米那一样。所以说，上面的这一问题就有了答案。这些铁棒是一种历史非常久远的货币，德尔斐人发现它们派不上用场，就把它们堆到了祭坛后面。

我们之前已经说过，公元前373年时的一场大地震摧毁了神庙，德尔斐人又盖起了另一座阿波罗神庙，同样也是靠捐款而建起的。在罗马人来临之后，这座神庙幸免于难，并由多米提安皇帝下令修缮，而德尔斐的大部分财富则被苏拉所收缴。哈德良皇帝曾尝试让这座神庙重新拥有古时候的尊贵地位，尤里安皇帝在抛弃基督教之后，希望能往这里注入生命力。但神谕所给尤里安所提供的唯一一条预言却是它自己大难将至，在390年时，狄奥多西乌斯以尊崇基督教为名义，将这里关闭了。皮提亚们从此缄口不言，这座神谕所的威名曾经远传希腊和整个世界，各处的国王、政治家和贤者们曾远赴此地，以求神谕，但现在，这里只剩下了断壁残垣。人们在德尔斐的废墟之上建起了一座叫卡斯特里的村庄，这座村庄小而破败。希腊政府促进了这里的发展，并摧毁了破旧的房子，法国人为此地的居民在别处修建了新房。霍莫莱教授指导雅典的法国考古学校进行了数年的考古工作，发掘出了德尔斐，并让其庙宇、宝库、雕塑和5000多份铭文再次重见天日。

为什么德尔斐这个希腊最神圣的地方会土崩瓦解呢？其中有许多原因，比如古代信仰的衰落，信徒的流失，传统道德的松懈，思想的启蒙以及雅典和斯巴达之间的伯罗奔尼撒战争等等。在伯罗奔尼撒战争中，德尔斐站在了伯罗奔尼撒人这边，向斯巴达提供金钱援助，让雅典人头一次猜忌起他们来——伯利克里为了让雅典人形成这种态度，可谓是费尽心思。随着时间推移，时代的风向发生了变化，纷争甚嚣尘上，才思敏捷的喜剧演员们不停地嘲笑着神谕，总而言之，人们对神谕所产生了怀疑。埃及人在很久之前就证明，怀疑和猜忌是末日的先兆；这是因为一个文明若要生存，则其成员必须要能够为信奉的神明建造金字塔、庙宇或者大教堂。

在神谕所的黄金时代，人们对德尔斐的阿波罗崇敬有加，我们之所以这样说，是因为在其遗址内发现了来自希腊各部落和各城市的财宝，当然，还有来自世界各处的其他宝物。这其中有许多铜锅，它们是阿波罗神的圣物，有许多相互竞争的部落和国家在此立起了一系列雕像。虽然罗马皇帝尼禄收缴了其中的500多尊，但仍有3000多尊雕塑未被拿走。

人们一般会请求德尔斐的神明为他们提出建议，其中没多少是涉及未来的。德尔斐神谕所遇到的问题包括新城该建在哪儿，或者应该在哪儿重建被毁的城市。皮提亚们所要回答的问题包括战争的结果，包括疾病和身体衰弱方面的问题，还包括与农作物歉收、饥荒、流行病和战争失败等一系列大灾难相关的问题。

最重要的一点在于，德尔斐的阿波罗经由皮提亚之口传递信息，掌管并裁决一切宗教事务。人们来到德尔斐之神的面前，来到世界的中心，向安坐在三脚祭坛上的处女寻求神灵的见解。他们希望得知神灵就庙宇的建立、贡品的选择、给死者的祭品、坟墓、宗教仪式、恶魔和英雄等方面的意愿。

这样一来，负责管理这一切重要的问题、争议和紧急事件，并做出裁决的权威神灵就应运而生了。他会回应任何人的请求，任何人的恳请，但需要通过一位传声者来让自己与人类直接沟通。

基克拉迪群岛上的锡弗诺斯盛产金和银，这里的居民十分富有，他们曾前来求神谕，询问自己的财运什么时候会终结。皮提亚回答说他们应该“在他们的市政厅和市场发出白光时，提防一个由木头组成游牧部落和红色的先锋官，做好防御他们的准备。”锡弗诺斯人便用波斯的白色大理石装饰了他们的市场和市政厅，但他们不明白这个神谕到底是什么意思。直到有一天，萨摩斯那涂着一层红铅的船只来到这里，在海边停泊下来之后，他们才明白那是什么意思。一位萨摩斯使节前来，要求锡弗诺斯人借给他们一笔钱，锡弗诺斯人拒绝了，萨摩斯人便摧毁了这座岛屿。

德尔斐和希腊其他的神谕所一样，也都预言克里萨斯会获得战争的胜利。克里萨斯是一位无比富裕、运气极佳的吕底亚国王，在前560—546年间统治该国。公元前546年之秋，克里萨斯本人以及他的首都萨迪斯都落到了波斯的居鲁士手中。克里萨斯风度翩翩，喜爱希腊文化，他和他的王国所遭遇的崩溃，给后世的所有希腊人都带来了巨大影响，让他们思考起命运的无常，命运对人的一视同仁，以及诸神对人的嫉妒。德尔斐神谕所在解读克里萨斯的问题时出了错，在一百年之后，他们尝试着重新解读历史，以消除他们对克里萨斯命运的错误理解所带来的不良影响。这一回他们觉得波斯人是无敌的，于是便借皮提亚之口，要求希腊人不要抵抗他们的入侵。神谕所所犯的错不是胆小如鼠、不是优柔寡断、也不是偏袒波斯，尼尔森一针见血地指出，这是神灵对未来了解“太详细”所导致的一个典型的坏结果！

斯巴达人在被忒格亚人击败之后，派了些宗教使节去德尔斐询问如果要征服忒格亚人的话，他们该做些什么。皮提亚们建议斯巴达人找到俄瑞斯忒斯的遗骸。斯巴达人不知道俄瑞斯忒斯的墓地在哪，于是便就这一问题寻求神谕。皮提亚人回答道：“在阿卡迪亚的忒格亚，有一片巨大的休耕地，那里刮着两股狂风，一物敲打另一物，后者抵抗其敲击。阿伽门农之子俄瑞斯忒斯就葬身于此。”斯巴达人们没能解开这个谜题，最终解开它的是利卡斯，他发现俄瑞斯忒斯的坟墓位于一家铁匠铺的后院里，里面有两个风箱，还有锤子和铁砧。

查勒丰是苏格拉底的一位追随者，也是他的忠实学徒，他从皮提亚那获得的神谕可能是古往今来最诡异的。查勒丰来到德尔斐，询问有没有人比苏格拉底更聪明。皮提亚给出了斩钉截铁般的回答：“没人比他更聪明”。对此感到最为惊讶的是苏格拉底本人。他深知自己了解的东西还太少，根据这一神谕，他推导出了这个结论：其他看上去博学多才、智慧超群的人懂得东西肯定比他少。于是乎，他逐一审视了体育馆、学院、会堂、市场和工匠商铺中的佼佼者们，这些人是苏格拉底的同代人，都觉得自己完美无缺，苏格拉底驳斥了他们的这种想法，他说：“只有神是聪明的。如果神谕说我这个一无所知的人是最聪明的人，那就意味着人类根本没掌握什么知识。但话说回来，最可怕的事情应该是精通于自己一无所知的东西。”

查勒丰如果在今天再提一次“谁比苏格拉底更聪明”的问题，又会收到什么样的回答呢？任何一家现代机构都没法指出在世者中最聪明的人，倒不是说世上再没有聪明人了，而是因为我们基本没法完全掌握现在的整体情况，同时也很难将未来纳入进来做分析。

回答了“谁比苏格拉底更聪明”这个问题的神灵凌驾于一切尘世的标准和条件之上。他对苏格拉底有着清楚的了解，而狭隘的人们却强迫这位最伟大的雅典人喝下了一杯毒药。

希腊

奥林匹娅斯、宙斯和亚历山大

据说年轻的腓力在了解到神秘的萨莫色雷斯和该国公主奥林匹娅斯，便爱上了这位公主，在她的叔叔阿林巴斯许可下将其娶为妻子。婚礼前夜，被锁在婚房之中的新娘做了个梦，梦中风雨大作，一道闪电刺穿了她的身体，一股狂焰旋即升起，照亮各处，却又转瞬即熄。

——普鲁塔克，《希腊罗马名人传》

有一位女性曾经对人类的历史产生过巨大影响，但她并没有直接参与到国际事务中去，而是靠着女性独有的手段，以一种隐秘的方式向他人施加着她的影响力。

古罗马时代刻着奥林匹娅斯像的金牌

这位世界史上安居幕后的独特人物便是奥林匹娅斯，尼奥普托列墨斯国王之女，马其顿国王腓力之妻，亚历山大大帝之母。亚历山大是一位伟大但英年早逝的人物。他战功赫赫，征服欧亚诸国，却不幸在33岁时去世。他的大军一路前进到了远东地区，将希腊文化传播到了这些地方。犍陀罗的希腊艺术家对佛陀的画像样式有着深远影响，时至今日，这种影响依然存在。

当奥林匹娅斯还是个小女孩的时候，人们管她叫密尔塔勒。她出生于伊庇鲁斯王国，可能生于帕萨隆城内。摩洛希亚的国王们就是在这里加冕为王的。该城位于群山之间，期间点缀着深而狭窄、但土地又十分肥沃的峡谷，景色十分壮观。附近还有阿维隆纳，布特林托和阿尔塔湾，它们深深地“嵌入”到了陆地之中，周围的山地也离阿尔巴尼亚边境不远。吹向这里的风和雅典或者伯罗奔尼撒半岛上的风十分不同。

我曾经造访过加尔迪基村，这里是奥林匹娅斯的出生地区，周围有一种难以言喻的静默感。这曾经是伊庇鲁斯的皇家城市，但如今，皇城的痕迹已经完全消失，只剩下一座长着青草的圆形丘陵，这座丘陵曾经是帕萨隆的城堡或卫城所在之处，控制着周围的郊野地区。此间的废墟仍待考古学家探寻。

奥林匹娅斯十分虔诚，并且十分相信超自然世界的存在，因此认定她的儿子亚历山大是她与宙斯所生的后代，也就是神之子，这使得她对历史产生了深远影响。她坚信亚历山大身上有着神力，在她死后，这种信念也在亚历山大内心深深地扎了根。

亚历山大镶嵌画（局部）

耶稣称自己是神之子，在他出生前350年左右，同样有人把自己称作神之子，这就是亚历山大。由于奥林匹娅斯和超然之物间的关系过近，所以亚历山大之父腓力一直在躲避她，而亚历山大则感觉自己和神灵之间有着紧密的关系，终其一生，他都沉醉于这种感受之中。历史出自历史学家而非心理学家之手，要不然的话，就会有许多人发现亚历山大坚信自己是神的孩子，并陶醉于其中了。

这样一个只活了33岁的年轻人，将希腊文化带到了整个东方世界；深入印度河流域和非洲的荒原；让人们看待世界的方式产生了巨大变化；还间接地帮助人们将耶稣基督的言语翻译成了希腊文，借此让基督教走向世界。如果这样一个年轻人不是神之子，那他怎能完成如此伟大的功业?

当某人站在帕萨隆城的孤山之上，发现亚历山大之母奥林匹娅斯就生于这里时，定会觉得这一切看上去都难以置信。这里一片寂寥，只有开阔的天空，广袤的草地和沼泽，以及一堆饱经风霜、显然毫无意义的石头。

奥林匹娅斯为何觉得自己的儿子具有神性？我们能否搞清这背后的故事呢?

密尔塔勒（即奥林匹娅斯）公主在小时候就被带到了萨莫色雷斯岛上，这里位于爱琴海的东北角，她要在这接受宗教教育。萨莫色雷斯对神秘事物的崇拜是出了名的，岛上有处为卡皮里神所建的神庙，这位神灵可能来自于弗里吉亚地区。人们在这里举行各种神秘仪式，并为神灵献上贡品。

我们对这些秘密仪式的了解不多，因为参与者一辈子都不能谈论这些神圣的内容。人们也会参与到宗教仪式中去，年轻的马其顿王子腓力就是在这遇到奥林匹娅斯公主的。他对这位公主一见钟情。密尔塔勒当时还很年轻，但其眉宇和嘴唇似乎已经有了伊庇鲁斯乡间的野性美和孤独气质。她全心全意地侍奉着萨莫色雷斯的神秘事物和神灵们。

年轻的密尔塔勒十分神秘。她极度敏感，天赋异禀，能够察觉无形无影的神灵，并和他们进行精神交流，就如同神灵托梦一般。这种才能肯定让才干出众的小男孩腓力神魂颠倒，他当时正处于特别容易受影响的时间段，也是首次接触超自然世界。

密尔塔勒的父亲是尼奥普托列墨斯，他死于公元前360年，将密尔塔勒托付给了她叔叔阿里巴斯，阿里巴斯同时也继承了伊庇鲁斯的王位。阿里巴斯爽快地答应了腓力，让他娶了自己的这个侄女。他意识到腓力会成为马其顿的国王，这个国家是伊庇鲁斯的领国，大而混乱，他可能还意识到，年纪轻轻的腓力已经显露出了大政治家般的才干，因而感到高兴。

婚礼举行的前夜，按照希腊传统，密尔塔勒被关在了婚房里，做了一个改变她余生的梦。梦中风雨大作，一道闪电击中了她，引起了一阵大火。普鲁塔克说，火焰随后突然熄灭了。希腊人认为这只可能象征着宙斯降临：暴风雨、闪电和雷鸣声都代表着宙斯。

在帕萨隆以南32公里外，坐落着德拉米索斯这处惹人喜爱的谷地，多多那神谕所就位于这里，这是专门祭拜希腊主神宙斯的神庙，荷马、希罗多德以及柏拉图都说这里是希腊最老的神谕所（柏拉图是在自己的《斐德罗篇》里提到这点的）。这里供奉着欧洲各异教中最重要的神灵，那就是宙斯。罗马人管他叫朱庇特。其中“Ju”代表宙斯（Zeus），而piter（或pater）则代表“父亲”。“宙斯”这个希腊语词演变成了印欧语里的“dieus”。拉丁语里面的“deus”和法语里面的“dieu”（它俩都是“神”的意思）都来自于“Zeus”的所有格形式。“Zeus”也是拉丁语里“天”（dies）这个词的来源。日耳曼人的神灵吉乌（Ziu），立陶宛人信奉的神灵狄瓦斯，列托人的神灵德乌斯（Dews），哥特人崇拜的神灵蒂乌斯和英语里的“星期二”都来源于印欧人所崇拜的主神宙斯。

持迈锡尼双刃斧的宙斯

人们一直对宙斯的起源争执不休，不过有许多证据显示他可能来自于北部，在希腊中部传播开来，然后到达了多多那。这位神灵也可能在云游四方之时来到了迈锡尼，因为迈锡尼的双刃斧就是宙斯的徽标之一。

宙斯并未创造过任何人类或者神灵，不过他却是奥林匹斯山众神里的族长。他的女儿雅典娜和德尔斐神谕所祭拜的阿波罗与他之间的关系很近，其他大多数神灵也都是他的孩子。

早在英雄时代之初，多多那神谕所就在向四方传颂宙斯的威名了，古代的许多伟人也曾不远千里，顶着车马劳顿来探访此地。富有的克里萨斯王向这里和德尔斐神谕所求过神谕，品达尔也为多多那所崇拜的宙斯写过一首赞美诗。埃斯库罗斯和索福克勒斯在谈到这里时，用的是敬畏有加的语气，连斯巴达人都会在遇到大事的时候向多多那寻求神谕。

当从帕萨隆出发，来到多多那的人站在谷地中的神谕所前，仰望托马鲁斯山的高峰时，能够想象出孩提时的奥林匹娅斯仰望这座山的场景。她会看到无数来自世界各地的朝拜者，听到他们放在三脚祭坛上的大锅发出的声响，也会看着祭司们来来往往，进行工作。密尔塔勒公主肯定会用好奇的双眼仔细审视这一切，并感受到宙斯的全知全能。宙斯对她而言一点都不陌生，相反，他日日夜夜都处在密尔塔勒的身旁。她婚前所做的这个梦不光对腓力和亚历山大接下来的人生有重大影响，也对人类整体的历史有着巨大影响。如果她没做这个梦的话，那亚历山大可能就不会成为“大帝”，他治下的王国也不会有如此辽阔的疆域。

伊庇鲁斯真可说得上是国王与神灵之地，这里的群山深入天际，特别适合多多那这种在天人之间来往沟通的地方。

多多那是否彻底消失了，且一点痕迹都没留下？恩斯特·基尔斯滕和威廉·凯科尔这两位大学者在一份1957年发表的关于多多那的报告里说道：“没有找到一点神庙或者神圣橡树丛的痕迹”。但就算宙斯永远不会再开口，宙斯的崇拜者消失殆尽，这位曾统治欧洲的神明也随历史大潮而离开，我们现在还是可以看到多多那神谕所。

法国人戈尔捷·德·克劳布里在很久之前就正确地预测出了多多那的正确位置。克里斯多佛·华兹华斯在1868年时指出，帕拉奥卡斯特伦的废墟和多多那的宙斯神庙之间存有联系。帕拉奥卡斯特伦的意思是“旧城堡”，这个名字是相对近代的人们所创造的，指的是一座带有围墙和卫城、处于山顶上俯瞰宙斯神庙的城市。

1876年时，希腊考古学家康斯坦丁·卡拉帕诺斯开始挖掘多多那神庙所在的地方，发掘出了很多东西，其中值得注意的是铅和铜制的小金属片，上面刻有文字，这意味着他可能找到了神谕所的正确位置。人们破解了上面所刻文字的内容，发现它们是朝圣者对神谕所提的问题，涵盖了一大批主题，范围很广。一位叫作里萨纳斯的提问者想知道他老婆将要生下的孩子到底是不是自己的，还有个人想知道购买某些土地是否能带来利益。虽然祭司们一般只会做口头回答，但有时候也会把回答刻到金属片的后面。这些金属片十分重要，通过研究它们，我们得以对神谕有多一点点的了解，而神谕往往又多是以口头形式做出的。祭司们往往会在回答问题时打官腔。比如说，有块小金属片上刻了这样的回答：供土地问题参考：此事有利可图。某位明显担心自己健康状况的人则收到了这个回答：供健康问题参考：向宙斯进贡。还有些问题和失物有关，或者该不该把房子的顶楼租出去。

虽然卡拉帕诺斯找到了神庙的实际地点，但他却没能正确地辨识出来。上面所说的这些小金属片已经是足够重要的发现了，但卡拉帕诺斯也发掘了一座基督教大教堂的部分遗址，由于他在教堂的附属建筑物里找到了一些前基督教时代的人们为了还愿而献上的供物，所以便误以为这座教堂是多多那神庙。

多多那神庙

直到1929—1935年之间，人们才逐渐揭开了多多那神庙神秘的面纱。埃文格里德斯教授发掘出了三座小型神庙，两座罗马式建筑物，一座坟墓和无数托着还愿用供物的底座。他还找到了些铜制小型雕像、手工陶器、铜制容器的碎片和其他还愿用的供物，这些都显示多多那至少起源于公元前2000—1000年间。

1935年时挖掘工作停止了，在不久之前才重新开始。现在的负责人是索提利斯·达卡里斯，这是一位年轻、才华出众且土生土长的考古学家，对这里的每块石头，每座山丘和每条峡谷都了如指掌。

为了探明这些古代建筑物有多重要，我们需要研究宙斯和他的圣橡树之间的关系。人们对橡树的崇拜始于很久之前，当时许多印欧民族认为橡树是神圣之物。

瑞典的马丁·尼尔森是希腊宗教领域的权威人物，他认为橡树的果实是人们食用的首批食物，这能解释橡树在宗教史上的重要性。公元前700年左右，赫西奥德提到了可食用的橡子，奥维德在公元前后则说这是属于“黄金时代”的食物。他们显然觉得在人们成功种植谷物之前，橡树这甜美的果实供养了整个北半球的人们，是他们的主要食物来源之一。传说橡树是世界上的第一棵树。普林尼（公元23—79年）在他的自然史著作中提到了橡树，说它与大地同岁，也提到了一个古老的传说，说人类是从橡树上长出来的芽。

不过橡树的神圣性还有些别的理由，它们要简单易懂得多。橡树可以活很久。德国法兰克福附近的施万海姆有棵橡树的年轮足足有630圈。海姆斯德特东边16公里处的比索斯瓦德有棵直径超过3米的橡树，差不多有1000岁了。当殖民者们踏上北美大陆时，他们发现了一些历史悠久的橡树，印第安人们对这些橡树一直崇敬有加，将其视作地标和聚会地点。美国历史上有两棵橡树起到了重要作用，其中一棵是康涅狄格州哈特福德的“宪章橡树”，还有一棵是位于纽约州热内斯附近的华兹沃斯橡树，它的周长有8米，令人望而生畏。罗伯特·莫里斯就是在这棵树下与塞内卡部落的印第安人签署了和约。

另外，橡树特别容易遭到闪电袭击，可能是因为它们相比别的树要更高一些，人们很久之前就将天空和橡树联系了起来，就是因为它们常被雷电袭击。在利佩–德特莫德附近有片树林，里面70%是桦树，13%是云杉，11%是橡树，还有6%是松树。人们在16年间对此处树木遭雷击的情况进行了分析记录，结果如下：310棵橡树、108棵松树，34棵云杉和33棵桦树遭到过雷击。人们又做了进一步的检查，又发现了34棵遭到过雷击的橡树，还多发现了12棵遭到雷击的落叶树，9棵针叶树和一棵山毛榉树。橡树实在太容易被雷打了，这不由得让人感到奇怪，但在远古时期，这并没有影响到它的威名，因为当时的人们觉得被雷电所击中的树是神圣的。

橡树中最神圣的那棵挺立于伊庇鲁斯的多多那的树林中。对橡树的崇拜既然是古印欧文化的一部分，那将这种崇拜带到伊庇鲁斯的就应该是第一批移居此地的希腊人。希罗多德在公元前450年左右的著作中说，多多那神谕所是希腊最老的神谕所之一。

宗教中包括许多层相互交织的文化，往往代表着老旧之物和新事物之间的交融，基督教中就有很多古代异教的习俗，这就是一个例子。橡树和大地之间有着紧密的联系。因为多多那神庙祭拜最早出现的大地女神盖亚（或称"格"），所以这里的祭司会直接睡在土地之上，与这位大地女神做最紧密的接触。他们还有个奇怪的习俗，就是从不将自己脚上的尘土擦掉，因为如果这样做的话，就是在亵渎神明。

所以说，多多那最早信奉的宗教由大地和橡树组成，直到前13世纪左右才得到更替。宙斯是后于橡树崇拜出现的，但和大地女神盖亚和她的圣橡树比起来，他这个神灵要更新颖，更强大，更具威力。狄俄涅是他的女性配偶，她伴随着宙斯到来，代替盖亚坐上了大地女神的宝座是"Dios"（神）这个词的阴性形态）。

新来到多多那的宙斯得到了"奈奥斯"这个新名字，它可能是"住在橡树里的人"这句话的缩写。之所以这样称呼宙斯，是因为人们常觉得他和狄俄涅都住在橡树里，人们也同样认为宙斯会靠投掷橡树那巨大的枝条来表达自己的意志。当荷马在公元前750年左右写下他的史诗时，多多那肯定已经有了很长一段历史了，这是因为荷马在他的《奥德赛》第14卷中说，奥德修斯向多多那宙斯神庙的大橡树索要它神圣的叶片，目的是得到有关他归乡之旅

多多那宙斯神庙的橡树

的建议，他的家乡在伊萨卡。

但这处圣地到底是怎么诞生的呢?

哈利卡尔那索斯的希罗多德十分热衷于研究早期西方史，他曾亲自造访此处，就这一问题询问了女预言师。她们回答说，曾经有两只黑鸽子从埃及的底比斯地区飞走，一只飞去了利比亚，另一只飞到了多多那。据说后者栖息到了多多那的一棵橡树上，然后开始用人类的语言说话，要求在这儿建造宙斯的神谕所。人们照办了，橡树的枝条也成了宙斯的圣鸽们常去造访的地方。飞到利比亚的那只鸟儿要求利比亚人建造一座阿蒙的神谕所，利比亚人也照办了。阿蒙神谕所位于埃及西北部的西瓦绿洲内，根据希罗多德的《历史》来看，这里也是宙斯的神谕所。所以说，亚历山大大帝向多多那捐赠了1500塔伦特的巨款（相当于900万雅典德拉克马或1500～1600万美元）也就不是什么巧合了。同样，亚历山大还不畏艰险，亲自造访了埃及的西瓦沙漠，目的就是为了来探望自己的“父亲”宙斯–阿蒙。亚历山大还计划在多多那建造一座巨大的宙斯神庙，但在他英年早逝之后，这个计划就被取消了。

当人们来到多多那时，会和造访雅典卫城的帕特农神庙时一样，忘记了自己处于圣地之间，也忘记了自己站在圣地之上。这里是大地女神盖亚的古代居所，这里的橡树成了宙斯和狄俄涅的住处。宙斯在此地的统治延续了2000多年，在公元350年左右失去了统治地位。但时至今日，在这绚丽而开阔的谷地之中，仍有一股神圣的气息飘荡在沉寂的废墟之间。时至今日，这些废墟仍在讲述着它们过去的故事，这些故事奇异而又引人入迷。

希腊

古老而神秘的多多那

别人在多多那告诉我说，一开始皮发斯基人会向神灵进贡各种贡品，进行各种祈祷仪式，但不会给这些神灵取名，因为他们还不知道这些神灵的名字……过了很长一段时间后，他们从埃及人那了解到了这些神灵的名字……然后，又过了一段时间，他们找到了多多那神谕所，让它来解决自己的问题，这是因为多多那是希腊最老的神谕所，当时全希腊也只有这么一家。皮发斯基人便问，该不该用野蛮人所使用的神灵名来称呼自己信奉的这些神，神谕的指示是这样的："汝等且用之！"自此之后，他们在祭祀时就会用埃及人的叫法来称呼这些神灵，并会向这家希腊神谕所进献贡品。

——希罗多德，《历史》

索提利斯·达卡里斯一辈子都在研究多多那这个全希腊最神秘的神庙，他带我在整个多多那转了一圈。这里的生机在很多年之前就已经减退了。这样一个人类最早、最重要的宗教活动场所却没几个人造访。

多多那拥有全世界完整程度和壮观程度都数一数二的露天剧场，在这座剧场旁边还有一座作用不明的建筑物。它的外墙已经露了出来，但研究者才刚进行了一些试探性的发掘工作。这里可能是座内殿，朝圣者们在此睡下，得到神灵托梦，获得神谕。埃皮达鲁斯就有这么一座建筑物。离这座不明建筑物只有几米的地方是神庙的基墙，这里是希腊历史最悠久的神灵所掌管的神谕所，周围分散着几座神庙的废墟，这些神庙相对较小，另外还有一座基督教教堂的遗址，这座教堂的历史相对较短些。

大约在公元360—370年间，基督教徒将宙斯赶下了神坛，摧毁了它的神庙，让神圣的橡树再无机会说出神谕。然后，他们建起了教堂，祭拜自己所信奉的神明，然而在好战的部落再三抢掠之下，他们最终见证的是这片谷地的第二次衰败。公元550年左右时，教堂被彻底摧毁，只剩下了指向天空的断壁残垣，这些断壁残垣接下来也彻底倒塌了。洪流冲刷着岩石，大地遮盖了废墟，最终，一切都归于尘土。

当然，圣橡树并不位于哪座神庙中间。最早期的祭拜宙斯仪式都是在树边的露天地带进行的，祭拜场所周围环绕着一圈三脚祭坛，它们头上撑着一口口大锅。当人们一并擦拭或击打这些锅的时候，它们就会震动，继而发出巨大的声音。

希腊人会用“多多那的铜锅”这个俗语来形容吵吵嚷嚷的人，因为这些铜锅一旦被敲打，就会震动上很久。不过这些金属制的“鼓”所发出来的声音并非一成不变。只要敲击方式、风向、温度和湿度发生变化，那它们的声音也就会有变化，男女祭司们通过解读它们多变的声音，分析出了神谕，并将其转换为文字。

我们觉得多多那的神谕所是这样工作的，但我们并不能保证这一结论的正确性。因为亚里士多德在公元前335—323年间撰写的著作中表示，神庙里面的三脚祭坛没有大家想象的那么多。他描述了来自科孚的还愿者所进献的贡品，其中包含了两条柱子，其中一条的上面有一口大锅，另一条上面是一尊男孩的铜像，男孩手上拿着条鞭子，鞭子上又悬挂着几条链子。每当起风时，这些链子就会敲击大锅，发出声音，人们认为这声音就是神谕。

在发掘多多那遗址时，人们找到了许多铜制三脚祭坛的碎片，这些铜屑来自于公元前8世纪，通过分析这些碎片，达卡里斯下结论称当时神庙四周摆放着许多铜制器皿。这和雅典史学家德蒙撰写的一份报告（约写于公元前330年）不谋而合，德蒙表示宙斯神庙一开始没有围墙，充当围墙的是三脚祭坛。

公元前420年的一块印章，人们在多多那神谕所附近的约阿尼纳南部找到了它。上面刻着的是俄瑞斯忒斯和他的母亲克吕泰墨斯特拉，后者的心脏挨了一刀，正躲藏于祭坛处。俄瑞斯忒斯想把她拽出来，报仇雪恨（她杀死了俄瑞斯忒斯的父亲阿伽门农）。

荷马笔下的多多那是它在公元前13世纪时的样貌，当时正是迈锡尼时代。过去的人们都认为他的文字只是一种诗意的想象，但考古学研究又一次证明了荷马的正确性，因为人们在多多那挖掘出的很多遗迹都属于这个时代。它们一般都是还愿者送上的贡品，比如瓶罐、鹤嘴锄和迈锡尼式武器。人们还挖掘出了比这更为古老的物件，目前研究者确定早在公元前1900或2100年时，这片圣地就是某种宗教的根据地了。

研究者在这里发现的各种物件都是宗教物品，但发现的所有建筑遗址都

这些石制鹤嘴锄有3500多年的历史了。人们在多多那神谕所发现了它们，证明在公元前2000年左右时，神谕所就已经存在了。

不早于公元前4世纪。不管怎么说，他们发现了很多东西，最重要的是发现了众圣之圣，也就是神庙本身，这就很激动人心了。

最老的那座神庙建造于前4世纪，长6米，宽6米。里面有座内殿，还有个凸出的，没有柱子的结构。在公元前350—325年左右，人们在这盖了一道石头矮墙，选用的各块石头都差不多。于是圣地周围便有了一圈宽敞的院子，在这之前环绕圣地的还是三脚祭坛。研究者在其东南角也有些重要发现，可以说它们是整个多多那的考古成果中最重要的。有一回，索提利斯·达卡里斯来到了一个大坑附近，这个坑位于自然形成的石头旁边，里面有些打磨过的石头，看上去就知道是某个祭坛的一部分，里面还有些还愿者送上的贡品。这地方就是曾经容纳了圣橡树根系的地方！历史上肯定真有过圣橡树存在，基督徒们急于将它摧毁掉，所以就把它的根系也一并铲除了，而其根系象征着的是宙斯的住所（也就是橡树）和大地之间的联系。达卡里斯准确地找到了圣橡树的具体位置，而在不久之前，人们还以为这棵树只存在于神话故事里。达卡里斯的研究结果被《皮尔索斯百科全书》所收纳，多亏了他的研究成果，我们对这个崇拜古希腊主神的祭祀场所有了更深刻的认识。

伊庇鲁斯的皮拉斯是公元前297—272年间的摩洛希亚国王，享有盛名，也是最后一个成功抵御了罗马人入侵的希腊领袖，他在橡树周围建了一道更高的墙，代替了之前的围墙。这堵新墙组成了一个长20米，宽19米的长方形院子，院子的东侧敞开着，给圣橡树留出了位置，而院子中间则有一座大厅，里面有爱奥尼亚式柱子。

差不多在同一时间时，人们建起了一座小型多里安神庙，其中包括了四条柱子。这座神庙可能是祭拜赫拉克勒斯的，其门廊则可能归一家爱奥尼亚神庙所有，它所祭拜的是多多那宙斯之妻狄俄涅。

旧城区位于神谕所北边的一座丘陵上，它现在的名字是帕拉奥卡斯特利恩，最高处是一座由整齐的石块所搭建的卫城，它的围墙上有10座塔楼，角落还有2座高塔，面向神庙的那道墙只附有一座长方形塔楼。这面墙所在的方向分布着一些谷地，谷地中的人们可能会仰望这座比他们的所在之处高30米的塔楼，为了让他们所看到的卫城更为美观，当时的人们才选择了这种设计方案。

这里的戏院和卫城一样，也都是皮拉斯国王在位时候兴建的。这座戏院是建筑学上的奇迹，比埃皮达鲁斯的戏院更大，是希腊的同类剧院中保存最完好的。

建筑者们无视了所有挑战，在坚硬的岩石之间凿刻出了这座半圆形的巨型建筑物。它的两条过道十分险峻，整个戏院分为三层，各有21、16和21排石制座椅，一共是58排。戏院最下边的半圆形的看台。在它和“舞台”之间是一道只有1米宽的狭窄过道，里面有条沟槽。这是收集戏院各处雨水（包括舞台雨水）的管道，然后肯定会将它们排走。排水沟下方的排水室里有2米多长的钟乳石，要想长到这么长的话，那至少需要花费2200年才行。

舞台离观众的座位有10步远。这里可以容纳18000名观众，如果将所有座位挨个排起来的话，那它们差不多会有7公里长。观众们可以俯瞰舞台，也可以放眼望向更远处，远方有全世界壮美程度数一数二的谷地。舞台背后有一座宽敞的大厅，由13条八边形柱子所支撑。后来人们又添加了一座石制的前舞台，支撑它的是八条爱奥尼亚式半柱。需要留意的是，戏院有宗教和戏剧两大起源，人们曾经在祭坛旁边载歌载舞。实际上，希腊语里的“choros”就是“跳舞”的意思。

在奥古斯都统治期间，罗马人修改了戏院的形状，将它改成了一座圆形竞技场。不过他们并没能破坏能工巧匠们赋予这座建筑物的美感和坚固性。为了增加舞台大小，罗马人拆掉了前5排座位，在舞台和新月形的观众席之间修建了一堵9米高的围墙，目的是保护观众。这样一来，这里就能举办决斗和角斗士竞赛，或者让人们与野生动物捉对厮杀。现在，人们还能在这座竞技场周围找到一些石头牢笼的痕迹，这些牢笼就是关押得到驯化的动物，或者关押野生动物的，这些动物最终都会走入竞技场，并被杀死。人们在这里找到了许多骨头。另外，舞台下方的白垩层之间有许多自然形成的空洞，不过其形成原因仍属未知。

巨型半圆戏院的两头各有一块巨大的扶壁，另有三座巨大的塔楼压阵。第一座塔楼和新月形戏院的中部和上部之间相通，它们之间只隔着一段阶梯，戏院上部和卫城一样高。于是乎，戏院、卫城和神庙就组成了一个统一而华美的建筑综合体，外部有一块巨大的庭院保护。这里守备齐全，面积巨大，亲眼见识过的人肯定都会对公元前3世纪的人们产生一种艳羡之情。

我曾经站在戏院的高处俯瞰下方，感觉头部一阵眩晕。我也曾经坐在过最高层的最边角处。目力所及之处皆是一片和谐的优美景色。站在舞台上，朝上方看去的话，能看到层层叠叠，直入蓝天的无数排座椅，实在是令人屏息的美丽奇观。

出于某种原因，组成观众席的大石块散落到了各处，这可能是某场大地震导致的。达卡里斯在现代工程设备的帮忙下将它们摆回了原位，但这一工作仍然十分累人。

当一位渺小的凡人站在多多那巨大的露天剧场前时，会感到啧啧称奇，无比羡慕。西方的剧作家们现在仍然在从2500多年前的一个小国中吸取永世不竭的灵感，我们今日仍然沿用的许多基本戏剧主题就来自这儿，这个小国是这座戏院的主人，因此我们也能理解它的戏剧成就为何如此之高了。和它们的前辈相比，世界各地的剧院和舞台不仅没有变得更漂亮，反而像是破破烂烂的小屋。

保塞尼亚斯是希腊的一位旅行家和地理学家，他在150年左右造访了多多那，当时圣橡树还巍然挺立，神灵还在提供神谕，罗马的皇帝们在征服伊庇鲁斯时破坏了这里，但他们也修复了自己造成的破坏。而就在这之前200年，这个世界上最早的朝圣之地还是一片废墟，生活于神庙上方的山丘中的人不得不逃到约阿尼纳。

约阿尼纳就位于多多那东北部几公里之外的一座湖旁边，是座梦幻般的巴尔干城市，与世隔绝，房子都拥有白色的墙壁和灰色的屋顶。

这个崎岖、繁荣、喧闹而热情的地方汇聚了四方的优秀工匠、地毯编制者、纺织工、刺绣匠和全希腊技艺数一数二的银匠。只要有人登上俯瞰该城的山丘，造访阿斯兰·阿加清真寺（现在是座博物馆）的话，那他就能在博物馆的遗迹中发现曾属于多多那的神奇事物。

如果我们能以上帝视角来观察我们所处的这个渺小的世界，并忽视掉时间因素的话，那我们就会发现，世上的生灵都在以几乎无法察觉的速度缓慢蠕动着。当人们抛弃了多多那之后，就逃到了约阿尼纳，并让这里大放光彩。约阿尼纳成了伊庇鲁斯的首府，也拥有了许多位高权重的主教。接下来，塞尔维亚吞并了它，然后又被土耳其的苏丹所占领，此后基督徒又在这发动了许多次决绝的起义。在特佩里尼的阿里治下，它成为闻名世界的学术中心，有教授希腊文学、拉丁语、法语和其他知识的学校。然而历史在这之后却遗忘了约阿尼纳，它的统治者为了控制整个希腊而竭尽所能。法国、英国和俄罗斯的使节也在这齐聚一堂，在拜伦勋爵所赞叹的这座城市间穿梭。

土耳其政府意识到一位帕夏大权独揽会带来严重的后果，于是将阿里围困在了城市高处的城塞内。他最终选择了投降，在1822年2月22日，他在一座湖中岛中遭到刺杀，他的遗愿是杀死自己的妻子，以防她落入他的敌人手中。人们将他的头砍了下来，在约阿尼纳示众。城里的居民从前任统治者的头颅边经过，一言不发。91年后的同一天，希腊人光复了约阿尼纳。

约阿尼纳编织着象征自己命运的锦缎，用的是永世不衰的丝线，但就在19公里外的，地处谷地、充满孤独的德拉米索斯，人们却只能看到一片枯黄的山峰，它们指向天空，一言不发，充满疑虑。是谁将那棵古橡树拔起，使它和大地母亲分离开来的？为什么静止的大锅会传出悲怆的声音？祭司们去了哪里，女祭司们的命运又是什么？

西班牙

亚特兰蒂斯：真实还是虚构？

所以说，这些泥泞的浅滩和三角洲显示出柏拉图觉得亚特兰蒂斯位于西洋沿岸。他还十分热心地满足了我们的好奇心，指明了它到底是在利比亚、伊比利亚半岛还是凯尔特的沿岸地区。他说，波塞冬有个叫优麦洛斯的二儿子，又名加德伊洛斯，这个儿子分到了亚特兰蒂斯岛的东端，他的领地离赫拉克勒斯之柱不远，深入加德斯地区。这是他对亚特兰蒂斯唯一一处较为精确的地志描述，但却有着不可估量的巨大价值。

——阿道夫·舒尔腾，《塔尔特苏斯》

亚特兰蒂斯可能是所有消失了的人类文明中最让人好奇的。它可能仅存在于神话故事中，也可能有着真实的基础，古人就已经为这个问题争辩不休了。比如说，亚里士多德就认为所有关于亚特兰蒂斯的记录都是虚构的，而波希多尼则坚信亚特兰蒂斯曾经存在于这个世界上。

亚特兰蒂斯一直让人们神魂颠倒，这是因为他们渴望获得一片气候宜人、土地肥沃的未知领地，找到一片远离俗世打扰的世外桃源。希腊诗人赫西奥德生活于公元前700年左右，他是第一位写到了布雷斯特岛的人。罗马的著名诗人贺拉斯处于战乱不休的年代，他建议自己的同伴们去寻找“受祝福的土地”。公元前83年西班牙的裁判官塞多留从加德斯（今西班牙卡迪斯）的几位船长那听来了这么一个传说：大西洋里有“财富之岛”。他们说的这些岛屿可能是马德拉和加纳利群岛。西西里作家狄奥多罗斯更进一步，将马德拉群岛吹得天花乱坠。他对这儿的了解可能来自于马西利亚（今法国马赛）的皮提亚斯，这位探险家在公元前325年左右环游北欧，到达了设特兰和奥克尼群岛，写了数篇关于马德拉群岛的报告。皮提亚斯是《海洋》一书的作者（可惜的是这本书彻底绝迹了），他可能记载了马德拉群岛那无比宜人、冷热有度的完美天气，也说到了它那极端肥沃的土壤。荷马、丹尼尔·笛福、托尔·海尔达尔等无数诗人、探索者和水手们所魂牵梦绕的，都是地处偏远、危机四伏、或者如同人间仙境一般的岛屿。他们的读者们也有这样的梦想。

亚特兰蒂斯究竟是座岛屿，还是一块遥远的大洲，又或者说是大陆的一部分，只是看上去比较像岛屿?

直到我们这个时代，有关这片土地及其居民的谜题才有了一丝线索。自哥伦布1492年远航大西洋，发现新大陆以来，就有很多人将亚特兰蒂斯和美洲画上了等号。虽然目前有成百上千册研究亚特兰蒂斯的著作问世，但现今的科学研究仍和之前一样，是在地理学角度为亚特兰蒂斯及其文化下定义，这是因为有充足的证据证明亚特兰蒂斯着实存在。如果没有人成功找到并发掘特洛伊古城的话，那它也会成为人们心中的“亚特兰蒂斯”！

柏拉图像（罗马复制品）

有关亚特兰蒂斯城和亚特兰蒂斯岛的最著名文字出自柏拉图之手，他生于公元前427年5月，诞生于一个雅典贵族家庭，受到了一流的综合教育。他对希腊的政治事件做了一番研究，研究结果让他深信，如果不让拥有政治才能的哲学家来管理某国，那这个国家的社会和政治状况就决不会进步。当然了，“哲学家”这个词在这儿就只对应着真正意义上的哲学家。政治技巧和政治智慧都不仅仅是知识之树上的某条特殊枝干，它们也深深地扎根于人类智慧之中，有许多事例证明着这一点。

柏拉图的创作内容包括诗歌、警句、酒神赞歌和悲剧等，但他与苏格拉底之间的友谊才是他永垂不朽的真正原因。他得到了苏格拉底这位绝世天才的教导，并将它与自己所接受的其他教育结合起来，他所接受的其他教育更为广泛，也更详细。苏格拉底在公元前399年遭到处决，柏拉图在这之后游览了梅加拉、南意大利和叙拉古，当他访问叙拉古时，他造访了狄俄尼索斯一世这位专制君主的宫殿，并在余生中与这位国王建立了亲密的友谊。

柏拉图是西欧高等教育之父，他在雅典城的城门外建立了一所哲学学院，这个名字来源于阿卡德莫斯这位英雄。可以说柏拉图是后世一切大学的奠基者。他在学院内教书育人，不收一分钱，直到前347年去世为止，这显示出了他在追求真理的永恒道路上所具备的无私和自我牺牲精神。简单地讲，柏拉图是“理念”这个概念的发明者，他意识到人和人生的重点都集中在理念层面，而非物质层面，故而承认了“理念”的存在。这是一项很简单但又十分重要的发现。柏拉图相信灵魂是不朽的，尝试为这一信念找到证据。他认为美德是切实存在之物，且永不消逝，虽说这一诞生于基督降临400年前的思想在当时并未得到广泛接受，但他意识到物质是会消散的，只有无形之物和理念能幸存下来。他同样明白，某个人一时兴起的想法并不能决定永恒不灭的道德价值，这些道德价值其实是在向我们指示一个更为完美的世界，这个世界脱离了徒有其表的客观世界。于是乎，苏格拉底和柏拉图便有资格同孔子、佛陀、穆罕默德以及使徒保罗一起，成为人类历史上真正可称伟大的天才，只有耶稣基督一人能处于他们之上。

柏拉图在《普罗塔戈拉》中为苏格拉底做了一番激情洋溢的辩护，此书聚焦于美德的可传播性，柏拉图也在其中讨论了虔诚、爱情和永生等主题。

这本书里还收录了柏拉图写的两篇文章，这两篇文章讲述了失落的岛屿、消失的城市和亚特兰蒂斯这个国家。两篇文章的标题分别是《蒂迈欧篇》和《克里提亚斯篇》。

柏拉图本来想就这一问题撰写一套三部曲作品，但出于我们所不知道的原因，这位哲学家一直没有下笔撰写第三篇文章来进行收尾，他连《克里提亚斯篇》都没彻底写完。在他写这些文章的时候，雅典正处于风雨飘摇之中，他可能是想为自己的同胞们描绘一个世外桃源，继而安慰他们，这是个十分大胆的举措。柏拉图讲述了有关人类起源的故事，描述了人的本质，还有人的物质和精神构造，这着实是个涵盖不少东西的大计划。《蒂迈欧篇》和《克里提亚斯篇》也实在无法和柏拉图最伟大的作品相比较，其中就包括了《会饮篇》。这些杰作并不是纯文学作品，它们往往充满了枯燥无味的说教，所以说也不具备戏剧元素。总而言之，在整个古代文学世界中，他的这些作品算是极难读透的，可这些佳作里蕴含的知识与真知灼见却又数不胜数。

一代代的学者们都曾被柏拉图未完成的“亚特兰蒂斯三部曲”所困扰。索邦大学的阿尔伯特·里瓦尔德教授在1956年时宣称，柏拉图这一未完成的三部曲中不仅包含古老的传说，同时也有他那个时代最新的研究成果。这位里瓦尔德教授研究柏拉图的作品已有几十年，他能得出这种结论意义重大，因为这一结论增加了柏拉图这两部作品中所提到的地理和人文内容的分量。

柏拉图的作家生涯可谓高产，他在步入老年之后可能会产生种想法，希望自己这辈子的最后一部作品能把自己带到布列斯特群岛。

柏拉图笔下的亚特兰蒂斯真的只是充满诗意的想象吗？他笔下统治世界的欢乐小岛难道也只是得到过他打磨，源自于古代世界的传说而已吗？还是说他真的了解到了某个失落的亚特兰蒂斯王国或帝国的信息？在这位大哲学家故去之后，后来者们完全认可了柏拉图的说法，认为确实有这么个地方存在。生活于公元前335—275年间的克兰托尔在柏拉图的学院里教授哲学，他是第一个对柏拉图的《蒂迈欧篇》撰写评论的人。波西杜尼斯是一位哲学家、科学家和历史学家（大约生活于公元前100年左右），他也觉得柏拉图应该是根据真实事件和事实来撰写这两篇文章的。

在这之后，各国的学者和冒险家们都不停地尝试弄清亚特兰蒂斯的位子，从美洲到澳大利亚，从斯匹次卑尔根到英格兰，从赫尔戈兰岛到非洲南部的海滩，从印度到远东，都有亚特兰蒂斯的寻访者所留下的足迹。

1611年时，意裔多美尼加人托马斯·坎帕内拉描述了一座“太阳之城”，其中包含七个由墙壁和沟渠所分割开来的圆圈，这和柏拉图笔下亚特兰蒂斯地区的首都十分相像。之后，坎帕内拉由于散播“异端邪说”而坐了30年的牢。弗朗西斯·培根认为柏拉图说的亚特兰蒂斯肯定是美国，但他在开始撰写《新亚特兰蒂斯岛》之前的1628年就去世了。瑞典学者奥尔夫·鲁德贝克在1675年写道，在整个地球上，最符合柏拉图描述的就是瑞典，尤其是乌普萨拉和其周边地区（鲁德贝克是乌普萨拉大学的校长）。德国维滕堡的格奥尔格·卡斯帕·科克迈尔在1685年宣称亚特兰蒂斯位于南非，而伦敦的让·希尔文·拜利则在1779年宣称古老的亚特兰蒂斯大陆其实是北欧的斯匹次卑尔根群岛。虽然这一群岛处于海底，但拜利坚称斯匹次卑尔根只是“被冻住了”而已，没被海洋吞没。同一年，让·巴普蒂斯特·克劳德·德里斯勒·德萨莱斯表示亚特兰蒂斯就是撒丁岛。1762年，F.C.巴尔“发现”它位于巴勒斯坦，巴尔托利则在南非“发现”了它。1838年，著有多部对柏拉图作品之评论的哥特弗雷德·斯塔尔鲍姆宣称，埃及和其亚洲领国有个神秘的传说，这个传说与一块西方大陆相关，也就是和美洲相关，美洲也就是亚特兰蒂斯。法国学者卡德特猜测加那利群岛或者亚速尔群岛上藏有沉没之岛的痕迹。

美国的奥古斯都·勒·普朗格恩提出的理论是最疯狂，最具幻想色彩的，他宣称玛雅人早在公元前2500年左右就记录下了亚特兰蒂斯的灭亡，这一事件比玛雅人写下记录的时间早了11500年发生。里奥·弗罗贝尼乌斯是研究非洲的一位著名学者，他根据自己的科学研究成果和无数次旅行得出结论，认为这座消失的城市肯定位于尼日利亚的贝宁地区附近。教授波尔查德特博士认为亚特兰蒂斯曾经在突尼斯。阿尔伯特·赫尔曼教授在突尼斯南部的索特·杰里德进行过挖掘，发现了一些定居点的遗迹，他认为这些遗迹

“特别像是柏拉图的亚特兰蒂斯城的遗迹”。

最后，不能不提的是马尔堡的赫尔曼·威尔斯教授和尤尔根·斯帕努斯牧师。前者在冰岛附近发现了一处石器时代的北欧文明遗址，认为亚特兰蒂斯就藏在赫尔戈兰附近的北海之中。后者相信自己在该岛东北部的浅海潜水时看见了一些废墟，这些废墟位于水下9～12米处，属于某座古代城塞。斯帕努斯从废墟中捞出了12块打火石，认为它们显示出了人类手工打磨的痕迹，将它们交给了基尔大学的地质学院。但这里的海洋地质学部门在检测完毕之后却认为是自然力将它们切割开来的，而非人力所为。

在给任何想要解决亚特兰蒂斯之谜的人提建议时，人们基本都会让他们仔细研读柏拉图的著作。柏拉图在前往埃及旅行之后报告称，埃及人记录了许久之前的历史，这让梭伦大为惊讶。显然，有位埃及祭司向他透露了某些特定秘密。我们在《蒂迈欧篇》中读到了如下文字：

> 当时人们可以直接航行穿过这片海域。在海峡和赫拉克勒斯之柱（直布罗陀）的前方有座岛屿，这座岛屿比利比亚和亚细亚加起来都要大。当时的旅行者可以从这座岛屿出发，前往别的岛屿，然后再从这些岛屿出发，去往整片大陆，并到达位于大陆远端的海边，这片海洋（大西洋）着实与这片大陆的威名相匹配。我们刚才说的海峡内部似乎只有一座港口，入口很窄。而在另外一边则是这片真正称得上“海”的大洋。它所环绕的土地着实算是片大陆了。统治亚特兰蒂斯岛的国王们建立了一个大而繁荣的帝国，这一帝国统治着整座岛屿，也统治着其他许多岛屿和部分大陆。另外，在我们所处的海峡这边，该国还掌控着利比亚（埃及西边的非洲地区）以及伊特鲁里亚（西意大利）以南的欧洲地区。最近，亚特兰蒂斯遭到了大地震和洪水的袭击，一天一夜之间，亚特兰蒂斯岛就沉到了海底，消失不见了。深邃的海沟和消逝之岛沉没海底的遗物都在阻挠人们，使得人们现在很难在这片海域航行，也很难探索此地。

柏拉图在《克里提亚斯篇》中继续说道，“岛上的首位君主名叫阿特拉斯，他是这座岛屿乃至整片大洋的命名者。他将岛屿的最边缘赐予了自己的孪生兄弟，其中一个得到了赫拉克勒斯之柱旁边的土地，另一个得到了加德里安地区对面的土地，后者的名字在当地语言中就叫加德里奥斯，故得此名。”

所以说，亚特兰蒂斯肯定位于赫拉克勒斯之柱前面的某个地方，也就是说位于直布罗陀西边，大西洋沿岸的加德斯（今西班牙卡迪斯）地区，而非处于地中海内，“加德里安地区”肯定也就位于它北边的某个地方了。

古代的作家们拥有非常优秀的地形学素养，所以他们基本不会去编造某地十分详细的一套地理特征，也不会写下和事实完全相反的地理描述。当谢里曼发掘特洛伊、埃文斯发掘克诺索斯时，现代考古学已经多次证明了古代作家所写之物的正确性，就连受过润色、富含诗意的地形记录也并非完全捏造的。所以说，如果我们对柏拉图的记载嗤之以鼻，认为它纯属虚构的话，那就会有很大的问题，更何况今天很多惊天动地的考古发现都是以古人所留下的证据为基础的。除此之外，古人一般也不会为纯虚构的地点撰写巨细靡遗的地理资料。“加德里安地区”，赫拉克勒斯之柱和“在其之外，尽是这片真正意义上的海洋”这句话都指代着真实存在的地方，理查德·赫宁和阿道夫·舒尔腾这些一丝不苟的德国科学家们正是处于这一原因，才会坚称柏拉图对亚特兰蒂斯的描述有着确切的事实作为基础。

已故的舒尔腾教授花费了五十几年的时间，对西班牙进行了历史学和考古学的研究。1940年时，巴塞罗那大学在其70大寿期间授予了他荣誉博士学位。他也得到了西班牙在文化服务方面最大的荣耀，那就是阿方索十世大十字勋章。

在1901—1902年交接之时的那个冬天，舒尔腾正在哥廷根，有天晚上他正在阅读阿皮亚的《伊比利亚》，其中对普布利乌斯·科尔内利乌斯·西庇阿（大西庇阿）在133年对努曼提亚的围攻做了详细描写，这让舒尔腾大吃一惊，他随即前往伊比利亚半岛上的杜罗河，详细观察了河岸边的一座山。1905年8月12日下午2点，他和6位劳工一起开始了发掘工作，4个小时后发现了失落的伊比利亚城市努曼提亚，前人花费了数百年来搜寻这座城市，却一直没有成功。1908年秋天，舒尔腾又挖掘出了西庇阿的7座营地。他将自己的考古发现编成五册书，并将之出版，还撰写了伊比利亚半岛的地理、人文以及历史调查记录，以及一份有关伊比利亚风俗的研究。他还编纂了一套12册的丛书，其主题是古典文学中提及伊比利亚的地方，并配有西班牙语的注释，他还撰有一本关于伊特鲁里亚城市塔拉戈纳的书籍。另外，他还认为亚特兰蒂斯就是塔尔特苏斯这座城市。

如果要证明这两者是对等的，那我们就得先搞清楚塔尔特苏斯是什么，弄清楚这个名字所指代的城市或者国家可能在哪儿。

所有的证据都显示塔尔特苏斯位于西班牙南部或者西南部，也就是说位于今天的安达卢西亚地区。这里一直都是伊比利亚半岛最富裕的地方。古典作家们也把它认作全世界最富裕的区域。安达卢西亚原名贝提卡，普林尼在公元100年左右赞美过这里肥沃的土地。在斯特拉博撰写的第三本书的第一和第二章中，波西杜尼斯对塔尔特苏斯做了一番描述。

他说，贝提斯附近人口众多，这条河流可航行的部分有1200斯塔迪安（217公里）长，也就是从入海口开始，一直延伸到离科尔多瓦稍远的地区。河边的土地农业十分发达，波西杜尼斯说人们会在上面种植橄榄树丛，还会建设大型种植园。他还对我们说，“图尔德塔尼亚”生产贸易品，比如说蜂蜡、蜂蜜、沥青和赭石。人们会用当地砍伐的木头来造船，该地区也盛产牡蛎、贻贝和鱼类。图尔德塔尼亚和其附近地区的金属储量很高，在金、银、铜和铁方面都要远胜于当时的其他大多数地方。波西杜尼斯又描述了挖掘金、银、铜和铁的过程。虽然我们所看到的是斯特拉博引用的二手资料，但他引用的文字充满生机，反倒让他自己的作品更添了一份光彩。塔尔特苏斯的财富主要集中于安达卢西亚的群山之间，也就是莫雷纳山脉，即使到了现在，那里的矿产资源仍未枯竭。斯特拉博极度详细地描述了伊比利亚的黄金之城，腓尼基水手会在这座城市中拿他们的铜制船锚换来银质船锚，这里产出的贵金属最终会来到奥林匹亚和德尔斐的宝库之中。西班牙南部是西方历史最悠久的矿业地区之一。人们很有可能是在靠近力拓河铜矿的贝提斯谷地内发现了将铜与锡铸成青铜的方法。塔尔特苏斯应该是一座位于瓜达基维尔河入海口附近的大城市，是塞维利亚的前身，也是和里斯本、波尔多、安特卫普、汉堡或者伦敦一样的国际大海港。

这座城市建于公元前1150年左右，是由来自吕底亚古城图尔萨的人们建立的。请不要将图尔萨与提尔混为一谈，后者是地中海上的腓尼基名港，位于今日的叙利亚境内。加德斯现在是西班牙的卡迪斯，这座城市是腓尼基人建立的，是在西班牙西南部海岸的贸易站。

这个腓尼基头像雕塑差不多创作于公元前500年，出土于卡迪斯附近的圣费尔南多。雕塑上的人明显是腓尼基人，但也夹杂一些努比亚人的特征，可能是迦太基人带到西班牙的。

但图尔萨本身却消失了。这实在是个巨大的遗憾，因为如果我们能找到并挖掘图尔萨的话，那就能对伊特鲁里亚人的起源有更好的了解，这是因为斯特拉博告诉我们，第勒塞尼或者第勒尼安人就是伊特鲁里亚人，但“伊特鲁里亚人”这个称呼是后世的罗马人赋予这个民族的。斯特拉博又补充说道，第勒尼安人有吕底亚血统，来自小亚细亚。吕底亚的领土包括了现在的土耳其南部海岸中段，位于爱琴海沿岸。这样看来，作为第勒尼安殖民地的塔尔特苏斯也就应该是伊特鲁里亚的一部分。第勒尼安有位叫作阿加索尼乌斯的国王，根据已故的舒尔腾教授研究，这个名字和伊特鲁里亚人的“阿尔詹蒂”有关系。更重要的是，安达卢西亚地区有许多伊特鲁里亚地名，这些名字都来自于第勒尼安人的吕底亚老家。《旧约》中提到了他施的诸王和他施港的船只，这座港口是全天下最尊贵的港口。《圣经》也写道：“他施的船只接连成帮为你运货，你便在海中丰富极其荣华”。

公元400年时，卢夫斯·费斯图斯·阿维尼乌斯这位罗马贵族和作家受朋友委托，撰写了一篇记述地中海沿岸各地区的文字，范围从西班牙一直到黑海沿岸，他的这一作品十分重要。阿维尼乌斯研究的是古代地理，所以在描述各片海岸，各个国家和各座岛屿时，他所参考的资料并不仅仅是同时代的人创作的，而且包括了上古时代的各种记录。所以说，他在描述西班牙海岸的时候，就用了一位马西利亚（今法国马赛）的希腊水手所写的报告，这位水手是在公元前530年从塔尔特苏斯前往马西利亚时撰写的这份报告。他对始自直布罗陀，终于极北地区的西欧沿海地区做了一番细致且价值连城的描述，另外，当时的人们也觉得这些地方就是世界的尽头。他是第一个以书面形式提及阿尔比恩（英格兰）的人，同时也提到了奥斯特米尼斯（布列塔尼），爱尔恩岛（爱尔兰）和因为琥珀而闻名的北海诸国。

马西利亚的希腊水手也描述了传奇般的塔尔特苏斯城，这座城市无疑位于西班牙西海岸的某处，靠近瓜达基维尔河的入海口。希腊水手描述塔尔特苏斯河时，说它一直从入海口延伸到了“银之山”中。塔尔特苏斯统治着西班牙西海岸的大片土地，其影响力远达富含矿藏，深处内陆的莫雷纳山。塔尔特苏斯的居民们所拥有的文化，可能是同时代的西方地区中最为发达的。

时至今日，当某人走在安达卢西亚的乡间时，就会发现这个南西班牙的地区过去有着一批辉煌的城市，现如今也有着巨大的财富。另外，神秘的地方在于，当地也出土了许多代表塔尔特苏斯文化的遗物，它们在博物馆里展出着。

塔尔特苏斯这座仍未被发现的古城是否真的位于瓜达基维尔河的入海口处，还是说它就是今日的塞维利亚？柏拉图笔下声名远扬、富甲一方的亚特兰蒂斯城是否就是塔尔特苏斯？

我们将尝试在下一节中找出这些问题的答案。

西班牙

沙下之城

于是，亚特兰蒂斯的居民们调集了全国上下的一切财力，建起了神庙，王宫，港口和干船坞，并且发展了国内的其他所有地区。他们在环绕亚特兰蒂斯城，蜿蜒曲折的水湾上建造了许多桥梁，修建了通往王宫和外边的道路。新国王会从前任国王那接过王宫的控制权，前任们已经下了大力气来建造这一奇观，他自然也会对这里进行改善。

——柏拉图，《克里提亚斯篇》

在约公元前500年之前，瓜达基维尔河的入海口旁都有座湖存在，它叫里古斯蒂努斯湖，当时湖水会通过三条河道流入瓜达基维尔河，在入海口处形成了数个小岛屿或者一座大岛屿。根据斯特拉博和保萨尼亚斯日后的旅行游记来看，在公元前500—100年期间，河流只剩下了两个入海口，因为中间那条被封住了。

现如今，里古斯蒂努斯湖已然成为沼泽，瓜达基维尔河北边的入海口也已遭到堵塞，并且除开一连串的泻湖之外，也不剩什么痕迹了。如果瓜达基维尔入海口处由河流造就的岛屿就是柏拉图在《克里提亚斯篇》和《蒂迈欧篇》里提到的亚特兰蒂斯，那有很多谜题就能水落石出了：柏拉图提到的洪水，亚特兰蒂斯或其大部分地区“沉入海中”，“深厚的泥土”，“岛屿沉没下去的遗迹”。人们苦苦搜寻了2000多年仍一无所获的原因也很容易理解了。瓜达基维尔河现在只剩下了一条入海河道，岛屿也自然就不复存在了。

阿道夫·舒尔腾教授灵光一闪，提出了这样一个绝妙的想法：失落之城塔尔特苏斯就是古代的亚特兰蒂斯。他认为这座城市就位于瓜达基维尔河中间的岛屿上，河流环绕四周，而且这座岛应该不位于海岸地区，而是在距海洋2到3公里的内陆地区，靠近现在的科托德多纳安娜的猎场。

舒尔腾指出了柏拉图笔下的亚特兰蒂斯和塔尔特苏斯之间的一系列相同之处。

柏拉图笔下的亚特兰蒂斯远达加德斯，所以说塔尔特苏斯肯定位于卡迪斯附近。

根据《克里提亚斯篇》所言，亚特兰蒂斯的都城位于一座岛屿上，周围有三圈水流环绕。塔尔特苏斯正好位于一座岛上，周围是贝提斯河的三个入海口（现在的瓜达基维尔河）。

亚特兰蒂斯并不位于海岸边上，而是位于一个沟通各大陆的海峡或者河口处，距离海岸9.65公里远。塔尔特苏斯也正好位于圣卢卡尔这座城市以北9.65公里处，后者位于瓜达基维尔河入海口处，是一处进口中心，专门进口曼扎尼拉享有盛名的红酒。亚特兰蒂斯岛可能延伸到了更远处，到达了大西洋，但失落之城亚特兰蒂斯本身或许就离海岸有9.65公里远，同时因为沼泽地的形成，周边地区也有了巨大的变化。

《克里提亚斯篇》里记载了一条宽度相当于一座体育场（约182米）的“城壕”，这条壕沟产生了两条分叉，环绕着一块狭长的平原。瓜达基维尔河此时的平均宽度恰好是182米，它正好穿过一处较长的平原，在塔尔特苏斯这里分叉，然后流入海中。

《克里提亚斯篇》里还说这片平原交织着多条运河，斯特拉博也表示瓜达基维尔河的谷地中有一套错综复杂的运河系统，与之颇为相似。柏拉图所记载的内容极度详细，所以说不太可能是编造出来的。靠近河口的古地中海城市一般不会建造这种运河系统，但大西洋海岸却有很多这样的运河。

据说亚特兰蒂斯有着巨大的财富，可谓前无古人，后无来者。塔尔特苏斯不仅是西方最富有的城市，在当时的全球财富榜上也处于领跑地位，并且肯定储存有无数贵金属。《克里提亚斯篇》里记载道，金、银、铁和铜是亚特兰蒂斯人主要的财富来源，这也适用于塔尔特苏斯这座位于西班牙沿岸的城市。

柏拉图还说这里的人们认为公牛是神圣的动物，这同样符合塔尔特苏斯城，因为古代伊比利亚半岛的人们正好认为公牛是圣洁的。这种对公牛的崇拜可能是从克里特传过来的，克里特岛上的“跃牛”习俗后来也就变成了斗牛。

亚特兰蒂斯是个强盛的海洋帝国，其影响力远及埃及和第勒尼安（也就是西意大利）。塔尔特苏斯在当时也应该拥有最强大的海权力量，因为它的船只可以远航地中海内部，最远可以航行到苏格兰，甚至能航向更远处。

根据《克里提亚斯篇》来看，亚特兰蒂斯人会利用上当地通往大海的河流，将它们当作港口。塔尔特苏斯的居民们住在岛上靠陆地的一侧，贝提斯河是他们前往海上的途径，塞维利亚现在也是这么干的，这座城市位于瓜达基维尔河入海口上游61公里处。

亚特兰蒂斯人和“海上的岛屿”有交流，并通过这些岛屿和“大陆对面的人”交流（记于《蒂迈欧篇》）。我们不清楚柏拉图指的到底是布列塔尼、英格兰乃至美洲，但当时的人们只能靠一些古籍里提到的他施帮忙，乘坐他们的船只，才能航向各大陆和各个海岛。

亚特兰蒂斯的主神庙位于海边，是供奉波塞冬的。神庙里有一根黄铜柱子，上面刻着波塞冬的律法和其他许多官方条文。地理学家斯特拉博说塔尔索斯保存着拥有6000年历史的诗词、散文和律法。舒尔腾和在他之前的涅布尔都觉得塔尔特苏斯文明十分先进，似乎是前1100—500年间欧洲人民中最博学多才的。

亚特兰蒂斯是个王国，也是座大都市，其工业、贸易、日常活动、码、规模巨大的铜产业、仓库和波塞冬神庙都让它成为古代世界皇冠上的明珠。消失了的塔尔特苏斯肯定也是由国王统治的，因为我们知道其中两人的名字，他们分别是格伦和阿加索尼乌斯。根据阿维尼乌斯所说，塔尔特苏斯曾经有一座名叫阿科斯格伦蒂斯的皇家城堡，柏拉图也提到了一座类似的城堡。

最后，根据《蒂迈欧篇》和克里提亚斯篇的记载来看，曾长期兴盛的亚特兰蒂斯岛在一场地震期间突然沉入到了海里。人们对柏拉图的这个故事有两种解释。他可能指的是公元前500年时被迦太基摧毁的塔尔特苏斯，或者说他指的是整片地区被水彻底淹没，瓜达基维尔河三条河道干枯了两条这样一个事实。

阿道夫·舒尔腾相信亚特兰蒂斯就是塔尔特苏斯。当我在1956年前往德国埃朗根探访这位老者时，他建议我要么亲自前往科托德多纳安娜地区，在曾经是座岛屿的地方展开挖掘工作，要么就鼓励别人这么做。他的声音里有一种悲伤感，因为他自己在那进行的挖掘活动遭遇到了失败，另外，虽然他深爱着西班牙这片土地，但当时86岁的他年事已高，没办法回到那里再尝试一次了。

1922—1926年间，舒尔腾与拉梅埃尔将军一起探索了广阔的科托德多纳安娜的狩猎保护区。在活动接近结束时，拉梅埃尔写道："毫无疑问，上古时代的瓜达基维尔河入海口前方存在一座多沙的岛屿，这座岛屿有18公里长，呈倾斜姿态。当时瓜达基维尔河要比现在更宽，更像是个湖。另外，附近的村庄也能清楚地看到瓜达基维尔河的两条入海支流。"

舒尔腾是第一个来这寻找塔尔特苏斯遗迹的人，他在1910年时已经来过一回了，当时他检查的是海岸线附近的地方。1922年时，他在特里戈山（CerrodeTrigo）发现了一个罗马定居点，这座山差不多在马里斯米拉以北6.5公里处，他找到的是数道墙壁和一些罗马土罐。1923—1926年期间，他又主持进行了规模更大的发掘工作，证明这个罗马定居点有183米长，685米宽。1923年10月4日，舒尔腾在一座罗马房屋下边发现了一块石头，上面有个铜环，环的内外部刻着一行希腊文字，大意是"此环之主将走好运！"或"保护好这个环！"。舒尔腾与雷姆教授一样，都认为这行字的历史十分悠久，应该刻于公元前6甚至公元前7世纪，当时正好是希腊人航向塔尔特苏斯的时候。

这个罗马定居点大概是公元200—400年间建立的，住在这里的都是渔民。研究者在这发现了20座坟墓，此外还有晚期罗马陶器和装着红酒与油的土罐。这里的一切都是罗马式的，只有那个铜环除外。当挖到地下1.5米深的地方时，土层里就出现了地下水，所以不能再往更深的地方挖了。挖掘者在土里打了几个深达6米的孔，但并没有发现任何历史更为悠久的遗物。在舒尔腾看来，这个罗马渔村中的部分石头应该是从维尔瓦大区运来的，还有一部分石头来自卡迪斯。当罗马人建起这座村落时，圣卢卡尔城已经诞生了，渔民们为什么不直接从这座城市里运来石头呢？人们自然而然还会想到一种可能性：在离渔村更近的地方就有可供使用的建筑材料了。这个“更近的地方”指的就是塔尔特苏斯的废墟。塔尔特苏斯的居民们可能是用船将石料从维尔瓦和卡迪斯地区运过来的。最终，当他们的城市消亡700年之后，罗马的渔民们又找到了这些石料，回收利用了它们！

舒尔腾相信这座渔村就位于塔尔特苏斯古城的原址上，是用塔尔特苏斯废墟中的建材建造的，这座村落也应该吸收合并了这座古城，至少合并了其中的一小部分。有许多古代城市会从更古老的定居点废墟那“借”来碎石和瓦砾，把它们当作建材，这一点是众所周知的。无论如何，柏拉图笔下的亚特兰蒂斯城在方位上与舒尔腾挖掘了的这片区域极度相似，不过舒尔腾的这一尝试却以失败而告终。

塔尔特苏斯的辉煌持续了600多年，从公元前1100年开始，一直到公元前500年遭到彻底破坏而告终。舒尔腾和我说，他们在罗马定居点处打了一些钻孔，这些钻孔至少有4.5米深，它们或许可以提供重要的信息。虽说在定居点下方清出一片空地将费时费力，而且还要用强劲的水泵来抽走地下水，但我们仍要在最新技术的帮助下展开进一步的挖掘。舒尔腾坚称塔尔特苏斯就位于马里斯米拉的沙丘下方某处。如果这些沙丘确实覆盖着、保护着这座古城的废墟，那我们将很可能在未来某一天发现规模宏大的塔尔特苏斯遗址。

如今，马里斯米拉有着一种古怪的静寂之感。这里一片荒凉，长满了松树，到处都是沙丘和大片大片的沼泽，沼泽中栖息着鹿、野猪和野兔，对于拥有此地狩猎权的人来说无疑是一片天堂。塔尔特苏斯在这里孤独地沉睡了2500多年。宽阔的瓜达基维尔河像丝带一样，穿过一片广阔无垠的沙丘，被沙子染黄的水缓缓流向远处浩浩汤汤的大西洋……

但塔尔特苏斯并不是这世界上唯一一座消失了的河口名城。卢卡尼亚的海岸线上有一座叫锡巴里斯（Sybaris）的城市，这座城市被埋在了克拉蒂河的冲积平原下方，这条河流历史十分悠久。这片冲积平原很不适合开展挖掘工作，因为地下1.8米处就已经有地下水存在了。然而这座城市却十分富有，居民们贪图享受，所以便有了骄奢淫逸（Sybaritic life）这个成语。

舒尔腾没能将塔尔特苏斯从千年的沉睡中唤醒，这实在是个巨大的悲剧。舒尔腾是位真正的学者，发现并挖掘了努曼提亚、西庇阿的营地和其他无数西班牙的遗迹，这都证明了他的脚踏实地。

但塔尔特苏斯不仅仅是一座城市，它还是一国之都，在过去的20年间，世上最伟大的单个考古发现就是这个国家的文化。塔尔特苏斯王国包容了整个西班牙南部，特别是安达卢西亚、格拉纳达和穆尔西亚。舒尔腾教授在去世前就意识到了这一点，他说这个国家和其文明都是“一个了不起的历史现象”。

塔尔特苏斯是前罗马时代西方最早诞生的城邦，统治着伊比利亚人的城市，所谓伊比利亚人指的是前腓尼基和前罗马时代的当地居民。塔尔特苏斯的贵族们将他们的伊比利亚臣民叫作图尔德泰尼人。

塔尔特苏斯人应该和今日生活于这片区域上的西班牙贵族们一样，拥有一种贵族般的气质。他们热爱打猎、饮酒和划船，和他们那些来自意大利的伊特鲁里亚亲戚们一样蓄养奴隶。贾斯廷告诉我们，塔尔特苏斯的加尔格里斯国王是养蜂技术的创始者。

当某人云游于西班牙南部，走过赫雷斯、卡迪斯、塞维利亚、科尔多瓦、格拉纳达和卡塔赫纳时，他仍可以感到这个古老而自豪的航海民族所遗留的精神气质。伊比利亚人、伊特鲁里亚人、腓尼基人、凯尔特人、希腊人和罗马人都为创造独特的塔尔特苏斯文化出了一份力。这里的艺术作品或多或少都体现着其中一个或多个文化的影响痕迹，但占主导地位的仍是独特的“塔尔特苏斯”特征。时至今日，塔尔特苏斯的文化遗产依然有着一定影响。西班牙南部的人民生活在海洋附近，因此有着一种欢快的气质，并且充满活力。塞维利亚继承了塔尔特苏斯的风骨，这里的夏天是全欧洲最炎热的，春天是最美好的，秋天是最温暖的，冬天则是最宜人的，哪怕到了10月份，这里的亚热带棕榈树和华丽的花园仍然焕发着夺目的光彩，为房屋外的庭院增添了一分生机，庭院里有着小喷泉，树荫下充满了平静的气息。一座哥特式教堂雄踞塞维利亚，这座教堂是现存的同类教堂中最大、最华丽的。来到这座城市的人们会发现这里有一座基督教钟楼，但这座钟楼原来却是一座大清真寺的宣礼塔，曾经属于摩尔人，它就是93米高的吉拉尔达。此外，人们还可以去塞维利亚大教堂拜访哥伦布之墓，他是欧洲最伟大的探索者，新世界的发现者，传说他的遗体躺在一座石棺之内，这座石棺于1898年从古巴运回塞维利亚的。

西班牙南部狭窄的街巷两边到处都是商店和工匠铺子，同古罗马和迦太基的那些颇为类似。赫雷斯的小杂货店和餐厅售卖的干葡萄酒就和3000年前人们喝下去的那些一模一样，南西班牙还有最美味的龙虾、墨鱼、贻贝和其他各式各样的珍奇海鲜，人们烹饪它们的手段和2500多年前的塔尔特苏斯人别无二致。

海浪拍打着卡迪斯周围突兀的岩石，发出的怒号传遍四周。这里曾经是铜和锡的贸易中心，城墙直入云天，足有15米高。如果您细细地聆听咆哮的波涛，那几乎可以听到古代的歌曲，吟唱者正是消失的亚特兰蒂斯。

西班牙

塔尔特苏斯文明

外国贸易者们会不远万里来到伊比利亚半岛，根据书面资料所言，他们的目的是获取塔尔特苏斯的财富，这里是通往整个伊比利亚半岛南部的门户，从葡萄牙的阿尔加维到马斯提安都与其相通，日后的布匿人就是在马斯提安建立了新迦太基这个殖民地的。塔尔特苏斯所在的区域富含矿产，牛群以及农业资源，这座城市是这一区域的中心。塔尔特苏斯曾有着巨大的吸引力，安达卢西亚海岸线上的腓尼基殖民地所处的位置，以及希腊人曾想在麦纳克建立殖民地的计划都体现了这一点。过去几年间，人们在这里发现了很多物品，比如说瓦尔德伽玛斯水罐，卡里亚佐铜器等等，它们向我们提了一个令人着迷的问题，如果能解决这一问题的话，多半就能准确判断出古代作家笔下的塔尔特苏斯究竟是什么样子。塔尔特苏斯和其继承者图尔德泰尼的居民们都属于某种古老的文明，这个文明通过文学、城市生活和社会等级展现了自己。

——安东尼奥·布兰科·费杰罗，马德里

约翰·波多林是一位瑞典学者，他在1761年时记载了一段奇怪的经历。

当他在马德里时，遇到了一位名叫弗洛雷斯的神父，这个人是钱币收藏界的重要人物，对这一行有很深厚的了解。他向波多林展示了一些来自亚速尔群岛的珍稀钱币，甚至还将其中几枚送给了他。波多林接下来了解到了其他的一些事情，这些事情为我们了解公元前400年人们的海上航行方式提供了线索。

1749年11月的某天，一场剧烈的大西洋风暴席卷了亚速尔群岛沿岸。科尔沃岛是其中一座遭到打击的岛屿，它只有11平方公里大，波浪将上面的一座石制建筑物夷为平地，房子中藏着的黑粘土制容器也暴露了出来，并被摔成碎片。人们在容器的碎片中发现了一些硬币，并将它们带到里斯本，然后又送去了马德里，这里正是钱币收藏家弗洛雷斯神父的地盘。

当时考古学还没有现在这么发达，科学性也没有这么高，所以这些钱币中的很大一部分都丢失了。实际上，到达马德里的只有九枚硬币，也就是两枚迦太基金币和七枚铜币，铜币中有五枚是迦太基的，两枚是昔兰尼加的。

人们一般认为发现亚速尔群岛的是葡萄牙人，他们在1430—1460年期间首次来到了这里。但人们肯定在更久之前就了解到了这座群岛，之所以这样说，是因为一些早期中世纪的地图上就有了亚速尔群岛的踪影。当然，在阿方索五世统治国家（1416—1458）之前，就已经有水手登上亚速尔群岛了。虽然听上去很离谱，但从迦太基出发的布匿船队在公元前4世纪时肯定已经造访过这里了。众所周知的是，在基督教出现之前的年代里，腓尼基人的航海技术可以说是天下第一的。不管怎么说，亚速尔群岛深处大西洋内部，直布罗陀西边，离后者足足有1770公里远，当时尚显原始的船只能航行这么长一段距离，着实让人们对腓尼基的航海距离有了新的认知。

亚历山大·冯·洪堡等权威推测说，是维京人或者阿拉伯人在中世纪将上文提及的硬币带到科尔沃岛上的，但并没有充足的证据支持这一假说。这些硬币更有可能是作为流通货币来到这里的，要不然的话，它们的主人就不会这么仔细地把它们藏起来了。理查德·赫尼教授在1927年撰写了一份很有趣的作品，他在其中下结论称迦太基人肯定造访过亚速尔群岛。为什么这些布匿—腓尼基水手们要造访这片最偏远，最小，最贫瘠，而又处于西北角的土地呢？他们可能遇到了风暴，然后在海滩上搁浅了，也有可能是想要探索更远处的西方国度，也就是北美或南美。我们不清楚具体原因，但可以假设他们是想回到迦太基，顺便把他们埋藏起来的财宝带走，或者是直接在这定居了，要不然的话，他们不会随身携带着硬币。这附近的洋流会向东前进，流向直布罗陀海峡，所以说从东方而来的弃船不太可能漂到这里，把硬币带到此处的船只自然也就是有人操控的了。它可能是从马德拉、波尔图桑塔岛、西班牙南部的某个港口出发的，甚至可能以迦太基为起点，经过了一段漫长的旅行后来到了这里，最长的航行距离可能有2000公里之多。这就是九枚沉默不语，被人遗弃的硬币向我们讲述的神奇故事。

J・米斯1901年时在比利时根特宣称人们除了硬币之外，还发现了一些神秘的，由不明语言写就的铭文，他说这些铭文与那些硬币有关，但刻有这些铭文的饰板却消失了。波多林在记录这些硬币的时候至少还画了几张硬币的图。

1628年，有人在马德里出版了一本书，书的主题是葡萄牙人在亚速尔群岛的发现。作者是马诺埃尔・德・法利埃・索萨，他说葡萄牙人在其中一座岛屿的海角上找到了一尊骑马者的雕像。雕像面朝西方，似乎是一座异教神祇的雕像，葡萄牙人受到狂热的宗教情绪影响，直接将它摧毁了。或许说，迦太基人以此作为基地，又大胆地朝更西方航去，于是建造了这座雕像以示纪念，并在底座上刻了文字。

腓尼基的提尔人在公元前1100年左右建立了加迪尔城，但这片地区的考古活动并没有发现早于公元前700年的遗物。另外，著名的塔尔特苏斯位于卡迪斯北部某处，那里是金属贸易的一个中心，当时几乎可以说是传奇般的城市，拥有艺术才华极高的居民。这些人的遗物中最老旧的也就是公元前800—700年间的那些。这两座神秘的城市所处的位置很是耐人寻味，其原因在于卡迪斯是一个腓尼基的商业中心，而消失了的塔尔特苏斯则是伊特鲁里亚和提尔人的大都会。这两个文化截然不同的国际贸易中心离得很近，卡迪斯和瓜达基维尔河的入海口之间只有96公里长的海岸线相隔，人们认为塔尔特苏斯就位于这条河的入海口附近。

在我们真正确认塔尔特苏斯的城市、港口和市场的具体位置之前，都无法确定“塔尔特苏斯”所指的到底是什么。它指的可能仅仅是某个市场或者位于瓜达基维尔河入海口的港口，真正的都城位于内陆地区，但它也可能指的是一整个王国。不管怎么说，塔尔特苏斯的文化十分光辉灿烂，体现其悠久历史的证据仅有人们书写下来的传统故事，当地的考古发现相对要新一些，它们并不能否定塔尔特苏斯王国的存在。

西班牙的专家安东尼奥·加西亚·贝利多强调，即使没有考古证据支持，古代文献也值得人们相信，缺乏考古证据并非对书面传统嗤之以鼻的理由。比如说，人们从未发现荷马笔下坐落于伊萨卡的奥德修斯宫殿，但这并不能说明荷马的结论是错误的。我们没能在安第斯山脉、巴塔哥尼亚和亚马逊丛林里找到16世纪的西班牙远征者留下的痕迹，但我们知道西班牙人当时进行了多次远征。洛埃萨、奎罗斯、门达纳和托雷斯等西班牙探索者没有在太平洋群岛上留下任何痕迹，但我们也都知道他们造访过这些地方。维京人在11世纪时横渡太平洋，来到了美洲，虽然留下的考古学证据屈指可数，但他们向西的旅途确实符合史诗。所有的定居点都要熬过日晒雨淋，都要在地底找到躲藏之处，都要尽可能逃离时间那难以躲避的侵蚀，只有这样，它们才能被考古者发现。无数人类活动的痕迹都已然被磨损殆尽了，洪水、大潮、地震等自然灾害更是会将整座城市夷为平地，让后人彻底失去重新发现其遗址的可能性。

所以说，腓尼基人着实有可能在公元前9—8世纪左右来到了远东、西班牙乃至亚速尔群岛，第勒尼安人则可能在更早之前来到了塔尔特苏斯城和同名的王国。

说到这一点，我有必要提一下和塔尔特苏斯接触过，并且疆域远至冰岛和挪威峡湾的一群人，他们就是奥斯蒂米安人，是塔尔特苏斯的第二大贸易伙伴（仅次于腓尼基人），也是弗里斯兰人、萨克森人、维京人、荷兰人和英格兰人在精神世界方面的先祖。阿维纽斯说奥斯蒂米安人是个海洋民族，坚忍不拔，胆大过人，并且善于经商。

值得注意的是，奥斯蒂米安人所使用的船只很大，覆盖着皮革。这种船只可能是全世界历史最悠久的船。南至葡萄牙，北至北海，大西洋沿岸的人们似乎都知道这种船。朱利叶斯·波科尔尼这位凯尔特学家告诉我，在前凯尔特时期，爱尔兰的居民们也会使用这种覆盖着皮革的船只，凯尔特人将这些原住民称作“firbolg”，意为“兽皮船里的人”。罗马帝国时代的史学家迪奥·卡西乌斯表示，在他那会儿，西洋沿岸的人们会使用覆盖皮革的船只（第四十七册，第18页）。塔尔特苏斯的人们所乘的船是不是这种呢？我们不清楚，因为在经过了2500年之后，船只上的木头和皮革早就被分解完了。当然了，人们在埃及发现过比这还早的船只，但那是因为它们属于陪葬品，被放在了巨大的石室里，用于祭拜之用。相反，“他施之船”在彼时有成百上千公里远的各地区建立了商业联系，但这些船只都彻底消失了，它们不是沉到了水里，就是在古代世界各处的未知港口里被焚烧殆尽，或者遭到摧毁。前人告诉我们，这种船只可以在24小时内行驶1200斯塔迪安（217公里）远。这不仅表明塔尔特苏斯的居民们拥有可以进行远航的船只，同时也和阿维纽斯的话相对应，他说如果某艘船要进入塔霍河湾，那就得先借西风帮忙，后借南风之力。

这是塞维利亚考古学博物馆存放的一座陪葬品石碑。上面的棕榈树和带着幼崽的母鹿都有着塔尔特苏斯的艺术风格，不过它也可能出自更晚些时候的罗马。

过去几十年间，人们已经找到了塔尔特苏斯文明的这类遗迹，它们反映出了塔尔特苏斯光辉灿烂的过去，这一点尤其重要。任何见到过这些文物的人们都会发现它们来自于一个伟大的文明。

1958年9月30日时，塞维利亚附近的埃尔卡南波罗建筑工地上的工人们发现了一些项链、臂环、胸部饰物和一些金属片，这些金属片曾经是腰带或者头冠上的一部分。这些物品价值连城，总共有21件，均由黄金制成，很显然出自资深金匠之手。安东尼奥·布兰科教授认为这些饰物上刻着的一些图案类似于迈锡尼的花瓶，梅吉多的象牙制棋盘，霍尔萨巴德、亚尔斯坦塔什和塔尔巴尔西布的亚述及叙利亚宫殿中的壁画。但这些珠宝本身在全世界范围内都是独一无二的！

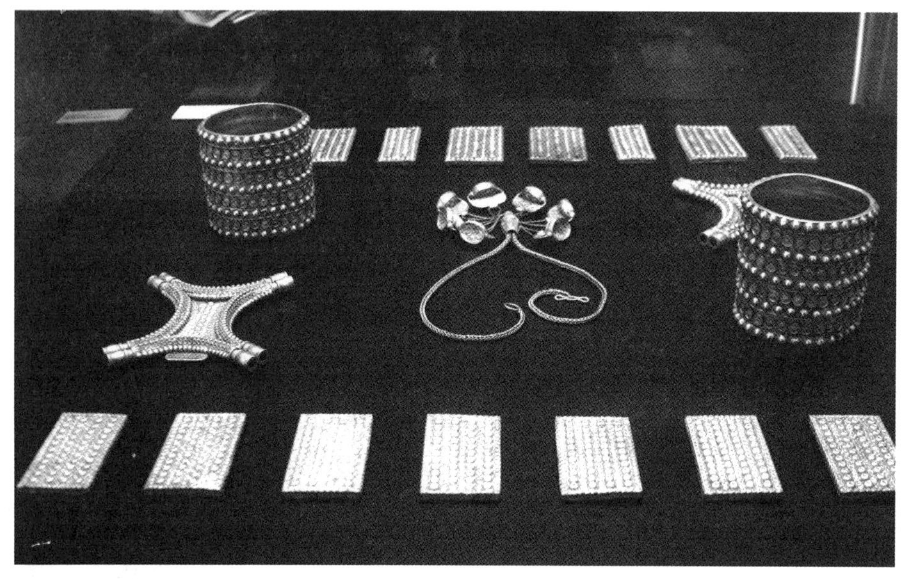

这是埃尔卡南波罗著名的宝藏，出土于1958年9月30日，其中包括21件纯金器皿。布兰科教授认为其中的盘子不是腰带的组件，而是头冠的一部分。这些宝藏是价值连城的考古发现，体现了塔尔特苏斯工匠们的卓绝技艺。

库卡恩和布兰科认为其中的金盘子更像是头冠而非腰带的一部分。人们之前在塞浦路斯的一座古墓里找到过类似的部件，所以研究者觉得这种装饰物应该是来自那里的。项链上有一系列凿击敲打后留下的印痕，具有腓尼基—布匿文化的特点。虽然埃尔卡南波罗所储藏的这些物品有着上述文化的痕迹，但它们很显然是伊布利亚南部的金匠们独立完成的杰出作品。根据刚才提到的西班牙杰出学者所言，它们“是塔尔特苏斯文化看得见摸得着的标志”。埃尔卡南波罗的这些饰物来自于公元前6世纪，某个人在山腰挖了个洞，将这些饰物放进了某种容器里，然后将这个容器埋在了洞里。西班牙教授J.马鲁奎尔也认同这种说法，他觉得在前基督教时代期间，有一座小屋矗立于人们发现这些物品的地方，后来这座小屋被烧毁了。

1953年时，人们在唐贝尼托附近找到了一个铜制酒壶，安东尼奥·布兰科也对它给出了很高评价，认为这是伊比利亚目前出土的同种器皿里最为精美的。发现这个酒壶的是位农夫，他某天正在唐贝尼托附近的瓦尔德伽玛斯庄园耕作，突然挖出了一个壶。他自己不知道这个酒壶价值几何，所以便将它丢到了一个柴火堆附近，然后继续进行耕作。结果他又发现了一座房屋的废墟，这座房屋有4间大小各异的房间，仅位于地表下方46厘米处，与之一道出现的还有墙壁废墟和陶器碎片，于是他意识到这里曾经是个定居点。瓦尔德伽玛斯庄园的主人是多诺索·科尔特斯一家，他们将这个铜壶保存了起来。布兰科教授对其进行了鉴别，认为它兼具希腊和腓尼基风格，应该是公元前6世纪的产物。但它到底来自哪里？它是出自加迪尔的腓尼基匠人之手吗？还是说进口于西班牙之外的某个铜器重镇？或者说这种酒壶都诞生于意大利的伊特鲁里亚？

圣卢卡尔德巴拉梅达附近的瓜达基维尔河流域边分布着埃武拉的田野。有些西班牙学者认为这里就是失落之城塔尔特苏斯的遗址，我们也都知道，埃朗根的舒尔腾教授认为塔尔特苏斯位于科托德多纳安娜以北仅10公里远的地方。不管怎么说，埃武拉的田野下方可能埋藏着古罗马的伊波拉城，这座城市和其他数千座埋于地下的定居点一样，到现在都没有得到人们的发掘。一位叫作弗朗西斯科·贝加拉诺的8岁小孩在当地刚刚犁过的某片田间找到了一些金制饰物，将它们交给了自己的父亲。这些饰物很快被卖了出去，但那片田地的主人通知了警察，警察为了考古利益而收缴了这些饰品。不幸的是，其中的6份金属饰物已经被人熔掉，重新制成婚戒了，剩下的则被一位银贩以2565比塞塔的价格买走。西班牙考古学家托雷西拉斯报告说，这一批饰品现在还剩下47件，它们都十分精美，而且都是纯金制成的。有几件在周围土壤的压迫下变了形，大部分饰品内嵌的石头也都丢失了。它们似乎来自于公元前5世纪，包括了臂环、耳环、戒指、头冠的部件、项链和坠饰。这批视频和之前说的那些一样，也都受到了希腊和东方/腓尼基文化的影响，而且研究者也不知道它们到底是进口来的呢，还是说出自于当地金匠之手。托雷西拉斯认为它们甚至可能来自塔尔特苏斯的阿加索尼乌斯国王的宫殿。

托雷西拉斯如是说："如果某人确定塔尔特苏斯就位于埃武拉庄园的中心，那他在这展开的发掘工作就会有很重大的发现。虽然塔尔特苏斯这座城市仍然掩盖着一层神秘的面纱，但人们最近在埃武拉附近发现的这批物品再次确认了过去提出的一种猜测，那就是塔尔特苏斯曾经光辉灿烂，拥有先进的文化。距离我们发现塔尔特苏斯城墙遗迹的那天已经不远了。"

1920年2月29日，在圣佩德罗山脉北坡的拉·阿里塞达工作的劳工们，在地下1米深的地方发现了一个罐子，罐子里装着一些珠宝。这些劳工很显然是挖开了某位伊比利亚女贵族的坟墓，因为他们发现的物品中包括了194件用于装饰裙子的小饰物，证明这里也曾埋着裙子本身。这些物品都体现出了制作者的才华，其中最值得注意的是一条金制头带，它起的作用是固定住面纱，同样值得注意的还有金制头冠、金耳环、金臂环、一条包含53个部件的项链以及一条做工精湛、包括62个部件的腰带。现代珠宝匠若是能做出这般精致的珠宝，也都会让他特别有面子。

托雷西拉斯是卡迪斯考古博物馆的馆长，他向我展示过一尊石棺，这尊石棺给人们提出了一系列考古学问题。它是大理石制成的，形状类似人体，里面容纳着一位大贵族的遗骸。这种棺材名为人形石棺，而西班牙人将这件考古遗物称作西顿石棺。P·博世·金佩拉表示这一石棺确实出自腓尼基人之手，但也有一定的埃及和古希腊风格。其主人是一位蓄有胡须，充满威严的王公，有股皇家的霸气，并带有一定的闪米特人特征。他的遗体仍位于大理石棺材的内部。他是在死后被放到石棺里，然后从腓尼基出发，由他施著名船只中的一艘运过来的吗？他是不是一位想要让自己葬于故乡的加迪尔国王？我们或许永远无法了解到这些问题的答案，但我们至少得以观赏这一公元前5—4世纪的杰作，这一腓尼基匠人的杰作将卡迪斯那四面环海的城塞和古代的东方世界连接了起来。

南西班牙最耐人寻味的考古学发现至今仍是“埃尔切夫人”，这也可能是人们在整个伊比利亚半岛上发现过的艺术品里价值最高的。埃尔切（古伊比利亚的伊里奇）位于阿里坎特附近，气候比后者温暖。这里虽然离地中海只有16公里远，但夏季却异常炎热。这里也拥有欧洲最大的棕榈林，一共有17万棵棕榈树，其中许多超过30米高，用阿拉伯的一句谚语来说，它们“立于水中，在火焰般的天空下挺立”，这是因为人们从3公里以外的地方引来了水，对它们进行人工灌溉。

埃尔切夫人出土于1897年。它是一座极度精美的半身像，是用白垩质石灰岩雕成的，有6厘米高。上面还有些颜料的痕迹，证明它过去应该整个都得到过上色。雕塑的瞳孔里曾可能填满了熔融的玻璃。人们发现这尊雕像的地方是块墓地，所以研究者一开始假设埃尔切夫人（西班牙语里又将其称为“摩尔夫人”）这座雕像刻画的是某位身穿仪式用华服的死者。不过布兰科教授却说“她的表情体现出了人性和神性的交融”，认为这个独特的形象可能属于一位女神。

我自己在马德里普拉多博物馆下层的小房间里仔细端详过这尊雕塑，在那之前，某位法国人将它买了下来，然后又送回给了西班牙。越是凝视这位前基督教时代的女士，人们就越能感受到她的美丽和宁静，逐渐被她所迷倒。她头部的装饰和胸部悬挂的沉重链子据说代表着铜、银和金链。我又去拜访了巴伦西亚德东胡安研究所，这个研究所同样位于马德里，但没什么人前来造访。我来的目的是为了将埃尔

“埃尔切夫人”雕像，来自西班牙东海岸的埃尔切。这一蒙娜丽莎般的艺术作品体现出了公元前5世纪的艺术家们所拥有的超群技艺。雕塑的头部装饰、发型、耳部挂件和链子都体现着消失了的塔尔特苏斯文化。

切夫人雕像上所雕刻的装饰物和这里展出的金制耳坠和珠宝做比对。它们实在太相似了，以至于我坚信这座雕像上刻着的珠宝原型应该是金制的。

虽然这座雕像具有一定的希腊和布匿风格，但它仍是西班牙版的“蒙娜丽莎”。它创作于2500多年前，体现了古西班牙的女士佩戴珠宝的方式，和斯特拉博的形容不谋而合。布兰科认为，其头部两侧的圆形装饰物是一些银制的装饰性碟片，和埃斯特雷马杜拉出土的其他一些饰物碎片类似，他是在马德里考古学博物馆发现这些碎片的。只有当女士们要留起需要人工增补的发型时，她们才会使用到这些饰物，所以这些饰物的一部分可能是头发。当现在的巴伦西亚女子们穿上传统服饰的时候，会梳起一种与之类似的精细发型，头部的两边各有所谓的“涡旋”。纵观人类历史及史前史，2500年可谓转瞬即逝。今日在南西班牙热舞的女子们和2500多年前在塔尔特苏斯热舞的女子或许有着相同的激情。

加那利群岛

关契斯人

我希望对萨蒂尔有更深入的了解，所以就跟很多人讨论了他们。卡利亚的欧佩诺斯告诉我，他在坐船前往意大利的时候遇到了一阵风暴，船只漂流到了无人敢去的外海。他说那里有很多荒凉的岛屿，剩下的都居住着野蛮人。这些野蛮人之所以不想前往大陆，是因为他们之前到访过那里，遇到了当地居民，但被赶回来了。水手们把这些岛屿称作“萨蒂尔群岛”。居民们通体赤红，跟马一样的肢体后部长着尾巴。他们见到船只就会靠近，虽然不说话，但是会伸出手触摸船上的女性。水手们十分害怕。最后挑出了一个蛮族女子，把她赶下了船，任凭萨蒂尔们处置。

——帕萨尼亚斯，《希腊志》第一卷，第二十三章

加那利群岛位于大西洋中，是火山爆发而形成的，空气清新，并且还有来自西北方的海风吹拂，最高的山峰有3350米。这里遍地皆是天竺葵、百合、大丽花、玫瑰、无花果、橄榄、甘蔗和香蕉，终年阳光充沛，拥有纯净的泉水。该群岛总共由13座小岛组成，分散于大海各处，两端之间有300公里远，而马德拉群岛则位于它的北方，距其同样有300公里。

加那利群岛在古时候被称为布雷斯特群岛，这一岛屿，以及有幸居住其上的居民，都成了历史学家、地理学家和诗人热衷研究的对象。普鲁塔克可能将他们指认成了亚特兰蒂斯人，不过我们也无法确认他说的就是加那利群岛上的居民们。盖乌斯·普利尼乌斯·塞古都斯（小普林尼）出生于公元23年，在79年的维苏威火山大喷发中丢掉了性命。他在自己的著作《自然历史》中提到了这个群岛。他说自己掌握的相关资料来自于一个名叫斯特拉提乌斯·赛博苏斯的人，毛里塔尼亚的努米底亚国王朱巴的作品也是他的资料来源。朱巴生于公元前50年，卒于公元23年，他在恺撒获得非洲战役的胜利之后，跟随着凯旋的队伍来到了罗马城，并在这里接受了教育。他用希腊语撰写了很多有关利比亚、阿拉伯、叙利亚、文献学和植物学的作品，可能还写过考古学著作。

庞波尼乌斯·梅拉来自直布罗陀附近的廷根特拉，他在公元40年左右撰写了一套分三册的丛书，主题是有人居住之地的地理情况，他在其中也提到了一座可怕的群岛，他在书中将其称为赫斯珀里得斯群岛。荷马可能认为这里是极乐世界的所在地，在人们死后，灵魂就会到达这里，在这里就一生的所作所为而接受审判。这位大诗人觉得极乐世界的大草原就是世界的尽头，大英雄拉达曼提斯居住于此，居民安居乐业，并且终年无雪，海上总会飘来和煦的微风，风儿轻轻吹过，让居民们更为凉爽。

为什么死者的灵魂要向西前进，来到这里呢?

布雷斯特群岛曾经是死者群岛，世界各地历史最悠久的民族们都认为，从这再往西前进，就到了无人居住的世界了。这是因为死者应该跟随太阳的轨迹前进，而太阳又会从西方落下，带来夜晚。古人觉得天堂肯定就位于某个真正存在的岛屿上。在赫西奥德以及荷马所处的时代，人们认为它位于西班牙属西非（也就是奥罗河）的北部，到了罗马共和国晚期以及帝国初期，人们又认为它位于马德拉和加纳利群岛上了。

地名往往跟历史和民族因素息息相关，加纳利这个地名也一样。有些专家认为它来自于“迦南”，普林尼在《第五册》的第十五章里将奥罗河北部的人们叫作加纳利人，大约去世于公元330年的非洲作家阿诺比乌斯则用这个名字指代整个群岛上的人们，将他们称作“加纳利岛民”。

最常见的一种有趣的猜测是这样的：“加那利”（Canary）来自于拉丁语里的“canis”，也就是“狗”的意思，因为这里的岛民会将无毛狗喂肥，然后以之为食，这跟中美洲的某些先进文明一样。

拉丁语里的“canna”是管子或者芦苇的意思，但“加纳利”这个名字应该跟甘蔗没什么关系，因为古代世界还不知道甘蔗的存在，是阿拉伯人将这种作物引入西班牙南部的，并且要到很久以后才会来到加那利群岛。但当这座群岛被征服之后，甘蔗就成了它最重要的收入来源。征服者们在这里建立了甘蔗种植园和炼糖厂，靠着这些东西赚了大钱，不过在种植园主们大胆地将甘蔗引入西印度群岛之后，加纳利群岛所生产的糖就在世界市场的竞争之中败给了西印度群岛所产的糖。

在欧洲人当中，是否有人比维京人更早踏上过美洲大陆？目前尚无理论支持这一假设。不过保萨尼亚斯写的一篇文章确实透露出一些端倪，显示出一场风暴可能把某人吹到过美洲大陆上。保萨尼亚斯是一位出生于小亚细亚的希腊人，他在公元175年左右撰写了一套分10册的《希腊地理志》，囊括了古代世界的生活、宗教、地理和艺术等各方各面，包括很多有价值的资料。保萨尼亚斯在《第一册》的第二十三章的5、6页里提到的那位卡利亚人到底是在哪儿上岸的？这个人遭遇到了一场风暴，被吹过了直布罗陀海峡，漂流到了大西洋，然后遇到了萨蒂尔群岛，上面居住的都是皮肤如同火焰般赤红的野蛮人。这听上去跟美洲的印第安人颇为类似，但欧佩诺斯遇到的更有可能是加那利群岛的居民。岛民们对外人抱有很大的敌意，垂涎于搁浅船只上的女人，以至于船上的水手们在丢下一位蛮族女性后方可安然逃离这一群岛，所谓蛮族也就是希腊人之外的民族，而岛民们也会不顾廉耻地折磨这位女性。

阿拉伯人可能是在相对较晚的时候首批踏上这一群岛的人。他们在999年时来到了大加纳利的甘多湾。本·法鲁克司令发现这里的岛民愿意跟他们做交易，谈价钱。这些岛民说之前也有陌生人在此上岸，但我们不可能知道他们的身份，虽然阿拉伯历史学家伊卜·法蒂玛表示自己探访过了群岛中的其他几座岛屿，但我们仍无法了解阿拉伯的这位海军司令是怎么跟这些岛民交流的。阿拉伯地理学家伊德里斯生于公元1099年，卒于1164年，他说非洲沿岸的瞭望者们看到过远处两座山峰冒出浓烟，亚历山大·冯·洪堡也确定当地发生过这种事情。

其他一些早已被遗忘的航海家和探索者也到访过这里，其中就有热那亚人，他们的舰队在1291年来到此处，却再也没有回归。葡萄牙的阿方索四世听说一条法国船只在1330年到达这个群岛之后，在1334年派遣船队前往此处，船员们却被戈梅拉岛上的土著们赶回了船上。

葡萄牙人在1341年又造访了加那利群岛一次，这回带来了许多重要信息。1344年，居住于法国阿维农的克莱芒六世教皇找到了一位有着西班牙血统的法国贵族，命令他前往这一神秘的群岛，尽可能让岛民改信基督教，这位贵族名叫路易斯·德拉塞尔达。1360年时，又有传教士来到了大加纳利，让数位土著信奉了基督教，并向他们传授了一两门手艺，不过这些勇敢的传教士多半死在了岛上。1393年，西班牙向这里派去了一只远征军，这支部队在兰扎罗特大肆抢掠，除此之外没有造成什么影响。

开创加纳利近代史的是一位诺曼贵族，他叫作让·德·贝腾科特，于1402年航向大西洋，目的正是征服这一群岛。他在弗尔特文图拉北端建起了一座要塞，但由于敌人相对己方有数量优势，所以没办法让这整个岛屿俯首称臣，于是他让一小股人留下驻守，自己前往卡斯提尔王国，会见该国的国王亨利三世，向他索要资金和水手。于是乎，这位卡斯提尔国王便成功地占领了弗尔特文图拉、兰扎罗特、戈梅拉和耶罗岛。

当某地遭遇外来入侵的时候，当地人开始往往会对征服者以礼相待。加纳利的岛民们也是一样，直到他们意识到这些白人征服者满脑子都是烧杀抢掠之后，才逐渐变成了后者口中的“野蛮人”。贝腾库特在戈梅拉岛上得到了无比友好的对待，当他乘船离开的时候，岛民们纷纷在后头恳求他留下，甚至还跟在他的船后面游了数公里。

耶罗岛上现在还流传着一个历史悠久的传说故事，它的内容是这样的：当约尔国王的遗体化为尘土时，白色的房子会从海的那边漂来，拯救岛上的人民。当贝腾科特的船队头一回来到岛屿附近的时候，白色的船帆在远处闪闪发光，大祭司便匆忙赶到了约尔国王的坟墓边上，发现他的尸骨已然分解殆尽，于是就立刻向众人宣布来自海上的救赎者已经到了。耶罗的土著们开始虽然十分友好，但这种友好很快就转变成了敌意。岛上现在的首府是巴尔韦德，它的附近有一棵树（后人将它称作加洛之树），水会从这棵树的枝叶上滴下来，足够全岛居民饮用。这棵树或许长在一座泉水附近。土著们用枝条和干草盖住了这棵树，或许也把旁边的泉水盖上了，他们这样做的目的是让外来人以为岛上没有淡水水源。结果有位土著少女爱上了一位西班牙绅士，把这个秘密透露了出去。于是双方展开了激烈的争斗，不少土著被充为奴隶，这位少女也被族人处死了。

拉帕尔马的岛民们也有一个古老的传说：一块名叫埃达夫的巨石会在岛屿遭到征服时破碎，岛民们的一句祷词就是“请埃达夫饶恕我们”。当西班牙人尝试攻打岛屿腹地时，岛民们祈祷这块巨石坠下，结果石头果真碎成多块，碎片沿着陡坡滚动，碾过了岛上最后一批英雄般的御敌者，将他们的遗体永远埋到了大地之下。西班牙人活捉了土著们的国王塔纳苏，将他带回了西班牙，但这位国王最后因为绝食而死。

西班牙人跟岛民们展开了多场流血冲突，在这期间，许多岛屿反戈一击，帮助西班牙人奴役了周围的其他岛屿，最终让西班牙人获得了整个群岛的控制权。加纳利的土著们在作战时十分勇敢，也进行了顽强的抵抗，但在战况激烈之际，西班牙一方涌现出了许多优秀的征服者，其中包括迭戈·德·埃雷拉、迭戈·德·席尔瓦以及唐·阿方索·费尔南德斯·德·卢戈等人，这些人帮助西班牙最终占领了加那利群岛。

1595年时，弗朗西斯·德雷克爵士和约翰·霍金斯爵士带领一只规模巨大的英国舰队攻打西班牙，在拉斯帕尔马斯遭到阻截。多年过后，到了1797年时，一枚炮弹击中了海军上将纳尔逊，让他丢掉了自己的一只胳膊。当时他正率领舰队攻击特内里费的圣克鲁斯。

加纳利的土著背后隐藏着一个人类学和早期历史学的问题，这个问题十分令人着迷，并且又让人感到困惑，到今天也没有得到完全解答。

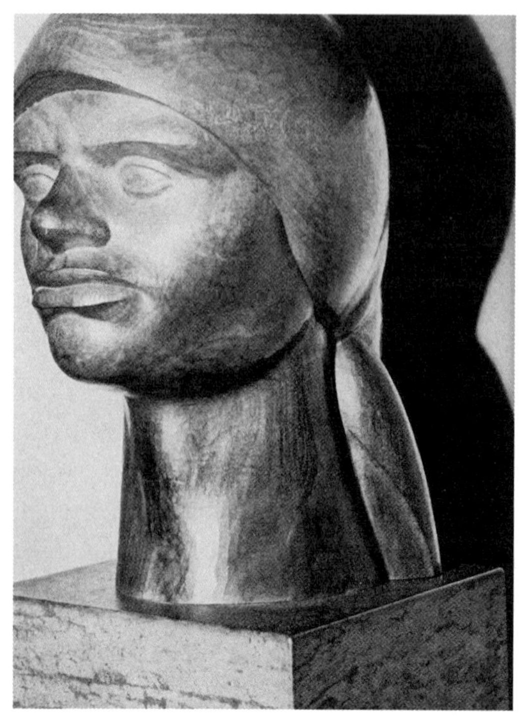

关契斯民族已经灭绝了，但通过观察这座关契斯女子的木质半身像，我们也能对他们的种族类型有所了解。他们可能跟北非的柏柏尔人有关联，西班牙人说关契斯人身材高大，孔武有力。

关契斯人多半比较高，身材比较健壮。与那些靠近非洲的岛屿上的居民相比，这些居住于极西之地的人们发色要更浅，前者头发是黑色的，嘴唇也厚一些。人们都说这个群岛上的女性是出了名的漂亮，但这或许是出自水手之口的，要知道，这些水手在海上航行了数周，已经陷入了看到任何女性估计都会说“好看！”的地步了！人们还说关契斯人力大无穷，但这或许也是旧时代的探索者们吹的牛，他们很容易夸大其词。

关契斯人并没有被屠杀殆尽。其中绝大多数是寿终正寝的，但入侵者们逐渐开始跟其中的女性成员交往，一些男关契斯人也娶了西班牙或葡萄牙妻子。虽说征服者的种族特征逐渐掩盖了原住民们的一些种族特征，但现代西班牙人的身上往往也有着一丝原住民的血脉。

在16世纪之前，岛民们一直维持着一种古老的生活方式，使用原始的木质、骨质和石制工具，但研究者也在大加纳利岛地下的大型建筑里找到了一些证据，显示当地曾存在一种先进的新石器文化。这个文化让我们想到了古地中海文明，因为它们之间在寺庙的平面图、房屋的废墟、道路和复杂的葬礼仪式上都很相近。

许多关契斯人住在山间开凿出来的洞穴里，其他一些生活于自然形成的洞穴之中，不过当没法开凿洞穴的时候，他们也会建造小型圆屋和防御工事。

他们的衣服是由山羊皮或者植物纤维制成的，大加纳利岛上有很多这些材料留下的痕迹。他们还会佩戴木头、骨头和珠母制成的项链和其他饰物，男女都会佩戴。关契斯人还会将自己的身体涂成亮色，用的是烤制过的泥土所制成的印章状工具。研究者在当地挖掘出了黏土制成的器皿，其中有一些没有装饰，另一些上面有用手指摁出来的原始装饰，与之一同出土的还有木质的矛、棍子、长枪和盾牌。关契斯人没有接触过铁、陶轮和弓箭。他们会用火来烤矛尖，将它弄硬，或者在上面安上尖刺。

关契斯人一直不会航海，这让人大惑不解。他们本可以在各岛屿之间航行，但西班牙人报告说各个岛屿之间完全没有交流手段。当然了，各岛屿之间确实有可能会进行往来，只不过时间间隔很长，为完成这一任务，岛民们可能也会建造一条筏子，或者修条原始的船只。

这是关契斯人所建造的一座石头建筑物的模型，显示出他们的文化十分先进。这座建筑物四周有一道围墙，可能是宗教建筑。

这是关契斯人用来磨玉米的臼和杵。人们在加纳利群岛的许多地方都找到过这种手磨。

来自克雷莫纳的意大利旅行家莱昂纳多·托里亚尼在1585年造访了加那利群岛，五年后撰写了一本讲述这一群岛及其原住民的书，这本书非常有意思。他认为关契斯人拥有独木舟，上面还有席子及棕榈叶制成的船帆。他认为这些船只都是当地文明的产物，在西班牙人造访之前，岛民们也已经知道怎么航行了。如果他的假设是正确的，那为什么人们在岛上找不到这些船只的残骸呢？这就很难理解了。不管怎么说，这个问题仍然是未解之谜。

实际上，关契斯人为了克服距离所带来的沟通障碍，还发明了一种仿鸟声，用“哨叫语言”来在各座山峰之间传递消息。有趣的是，现在还有些岛民会用哨叫技术来传递各种信号，甚至能传递姓名。

关契斯人的财富取决于他们所拥有的绵羊、山羊、狗和兔子的数量，这些都是他们的食物。他们认为其中最美味的是肥胖的幼年犬。他们在吃东西之前会将食物煮熟，主食是海边的浅水中捕来的鱼。加纳利群岛的岛民跟其他很多原始民族一样，会用一根木棍钻另一根，或者让它们彼此摩擦，借此来生火。

当某位关契斯人年老体衰，或者染上了致其无法工作的重病的话，那他就可以求得一死。亲戚们不能拒绝这种请求，他们能做的就是把这位将死之人带到一座遥远的山洞里，给他留下一点点食物，然后让他独自一人安息。

岛民们希望在去世时保留全尸，因为他们觉得身体的分裂会让灵魂不再不朽。人们在岛上找到了无数经过防腐处理的木乃伊，但有很多已经破败不堪了。令人震惊的是，其中没有一具的重量超过3公斤。

防腐处理的第一个步骤是将死者的内脏掏出来，人们对这一工作十分鄙夷，会将它交给贱民们处理。真正进行防腐工作的是男女祭司，他们的社会地位很高。男祭司处理男性尸体，女祭司则处理女性尸体，他们会用龙血树的红色树脂来保存尸体。群岛上一直都有龙血树生长，它们可以存活3000年。现在幸存的几颗植株正处于政府保护之下。它们的树脂确实有很好的防腐作用，不过是谁一开始发现这一功效的呢？我们就不知道了。

接下来，人们会用稻草垫裹住木乃伊，还会套上缝在一起的六块山羊皮或者绵羊皮。如果死者是位国王的话，那他的尸体就会被藏在一个难以到达的岩洞之中，或者在山脚下匆忙地下葬。这种葬礼不允许公众参与，祭司们会小心翼翼地守护坟墓所在的位置。

关契斯国王在下葬时呈站立姿势，两侧是他们的妻子。国王的尸体往往会过上许多年才会被下葬，而且要等到他的继承者死了之后才行。这样一来的话，岛上就会同时存在一位故去的国王和一位在世的国王，前者居然要充当后者的顾问!

普通的死者也会得到防腐处理，他们的木乃伊是层叠起来的，男性的胳膊放在身体两侧，女性的胳膊交叠着。陪葬品包括了装在碗里的牛奶、黄油、干无花果和其他水果。

我们大可以猜测这种对死者进行防腐处理的习俗来自于埃及，一些权威更是进一步假设岛上最早的居民就是埃及人，这些居民又在日后跟努比亚人进行了通婚。但埃及的尸体保存法跟加纳利群岛的又非常不同。更重要的是，当西班牙人登陆的时候，岛民们还没有发展出文字。如果他们来自埃及的话，那他们很可能会将文字系统一并带到这里，但这里跟埃及在语言也没有任何相似之处。不过耶罗岛上的人们不仅允许兄妹通婚，甚至还习惯这么做，这跟古埃及的皇室一样。

原住民们肯定在很久以前就在这个群岛上站稳脚跟了，可能是在公元前2000年乃至更久之前。“关契斯”（Guanches或Vanches）这个名字可能来自于特内里费的奇内特（Chinet）山，“guam”则是“人”的意思。Guam-Chinet的意思就是“奇内特山的人”，来到这里的西班牙人曲解了这个名字，就将他们称作“关契斯人”了。

地中海南部和东南部的闪米特水手们肯定知道这个群岛的存在，这些闪米特水手也就是腓尼基人和他们的迦太基表亲，而且在罗马人占领西班牙前很多年时就应该知道了。迦太基航海家哈诺在公元前480年左右被派往西非，他发现这座群岛似乎没人居住，但在上面找到了一些大型建筑物的废墟。由于岛上显然空无一人，所以原住民显然是绝灭了，新的移民也还没到来。哈诺也可能正好登上了无人居住的岛屿，或者说只查看了海滩，没往里走。不管怎么说，迦太基人跟东征西讨的西班牙和葡萄牙人一样，都不会向其他人透露岛屿和贸易站的位置，这样做是为了将不受欢迎的竞争对手扼杀掉。所以说在数个世纪内，整个世界都没有得到关于加那利群岛的任何新消息，直到阿拉伯人再次发现这里之后，人们才了解到了岛民们的最新情况。

从人类学角度看，加纳利的岛民们属于克鲁马努人，他们跟欧亚大陆的奥瑞纳文化开创者颇为类似，后者在5—3万年前雕刻出了举世闻名的维纳斯雕像，过了很久之后，他们可能跟北非的柏柏尔人融合到了一起。

西班牙的入侵者们报告说关契斯人相对较高，其中某些男女长着蓝眼睛和金色头发，力大无穷，把他们比作“高贵、英俊、充满勇气，但文化十分原始，还住在洞穴里”的人。多梅尼克·约瑟夫·沃尔费尔在1939年强有力地驳斥了这种说法，让人难以反对。有许多探险家在撰写未知国度的报告时特别喜欢戴上一副有色眼镜，19世纪的探险家更是这样。

岛民们相信灵魂是永生不朽的，大加纳利的岛民认为世上存在一个至尊而无影无形的存在，它叫阿克兰（Acoran），特内里费人将它称作阿卡曼、耶罗岛人将它称作埃劳兰汉（Eraoranham）、拉帕尔马人将它称作阿波拉。考古学家们在群岛上找到了一些大型神庙的遗迹，这些神庙四周都有一道坚固的外墙。传说群山之中还生活着一位男性和一位女性神明，他们会下山倾听人民的祈祷。岛民们也同样普遍地认为世上存在恶魔。这个恶魔在特内里费人的口中叫作瓜约塔，他居住在特尔德山的山峰，那里有3276米高。在大旱时节，关契斯人会将他们的畜群赶到圣地中，然后将羊羔和母羊分开，希望它们的痛哭声能打动神明。在宗教节日期间，人们要放下一切个人纷争，停止所有战争。

群岛上很显然有一套等级制度，该制度以一套复杂的神话体系为基础。岛上有从奴隶一直到祭司和王公贵族的诸多等级。某些岛屿上的国王拥有绝对权力，其他一些岛屿上的决策者则是酋长和贵族组成的议事会。有一两座岛屿上散居着无数小部落，这些部落各自为政，不向任何统治者效忠。“国王”或者“亲王”这个头衔会由父亲传给儿子，逝去的国王的上肢骨是权威的象征，也有人说象征权威的是他的头骨。在加冕仪式上，新登基的国王要对这些遗物发下誓言，在王国召开议事会时，它们也会被摆出来当作权杖使用。

虽然群岛上有许多种方言，但这个由七座岛屿所组成的群岛在语言上也有着统一之处。其中有些表达方式和姓名跟柏柏尔语的类似，还有一些通行于群岛各处。兰扎罗特和耶罗岛都会用“aemon”来表示“水”，其他岛屿可能也这样说。兰扎罗特、大加纳利和特内里费岛上的“牛奶”都是“aho”。

有很多岛屿出现了人满为患的状况，于是乎，这些岛上的男人如果去接触陌生女人，或者在大路上跟陌生女性搭讪的话，就可能被处以死刑。很有趣的是，特内里费和大加纳利岛虽然很小，但是山间都开辟出了两条道路，一条给男性使用，另一条给女性走，其原因正是为了避免这种情况发生。岛上的人口密度时不时地会达到一个峰值，这个时候，统治者就会发布政令，要求人们杀死所有新生儿，能幸免于这一残忍政策的只有头胎的孩子。这些都证明，在西班牙人征服此地的时候，岛上已经生活着很多关契斯人了，在那之前，岛上的总居民人数甚至可能会更多一些。

兰扎罗特岛上有个大坑，人们会把死刑犯放到这个坑里，然后往洞里放些水或者食物，具体放哪样取决于死刑犯自己的选择。不过有位囚犯要到了牛奶，靠着喝牛奶活了很久，让这种刑罚失去了意义，于是人们就把这个死刑坑废弃了。

拉帕尔马和耶罗岛上有一些奇怪的符号，这些符号仍然是一个未解的科学谜题。学者们没办法从中辨识出任何文字的痕迹，它们似乎不是关契斯人弄出来的，而是一个历史更为悠久的民族所创，在西班牙人夺取群岛时，这个民族已经绝灭很久了。

我们发现了这些深处大西洋之中的美丽孤岛，找到了上面的原住民，尝试“教化”他们，消灭他们，但这一切仅发生于500多年之前。这群原始岛民们在遭到灭绝之前，能从所谓的“外来援助”中吸收到什么样的帮助呢？这个问题很重要，但却没有人能进行解答。当发达国家的国民一厢情愿地认为自己的生活方式是全天下唯一值得羡慕的，并且坚持不惜代价推广这种机制铺就的舒适生活时，他们可以说是犯了一种幼稚病。莱昂纳多·托里亚尼报告说，在加那利群岛上，人们能“健健康康地生活很久，不会遇到重大疾病，也不需要找医生”。

关契斯人灭绝了，而我们还没来得及对他们进行详尽的研究。他们那立于岩石、埋于地下的建筑物永远离去了，随之而去的还有他们的木器、绳索和皮革制品，从树液中提取回春神物的秘方，以及用草和棕榈叶编织的渔网，关契斯人能用这种网熟练地捕鱼。他们是这个世界上最优秀的掷石者，但他们再也没有机会用黏土制成的弹丸来击打敌人了，他们不仅会在打仗时用到它们，也会拿它们进行游戏，只有最敏捷的人才能躲开这些弹丸；他们之中优秀的长矛手也再不可能将长矛投掷出去，长矛以后也不会在岛上纯净的空气中颤动。

这些岛屿上的居民热爱生活，孤处一方，相信至尊之神的存在。他们拥有自己的音乐，他们的歌谣也沿大西洋播散到了四方。

时至今日，能将他们绝迹的生活方式告诉我们的，就只有发出雷鸣之声的海浪了。

印度

犍陀罗与佛陀的形象

人们之所以会创作这些雕塑，是为了让佛陀的形象更为光辉。他们的具体手段是重现佛陀的各种生平事迹，以及他的前世形象，有时候也会包括后来的一些佛教事件，但这种类型的雕塑很少出现。早期雕塑基本上全都和他的前世故事（《本生经》）有关。接下来，人们的兴趣转向了他在俗世的最后一世，然后又转移到了他的形象上，而佛陀的形象也注定将成为佛教艺术的核心。

——约翰·马绍尔爵士，《犍陀罗的佛教艺术》，第7页，剑桥，1960年

古老的犍陀罗位于印度西北端，就在印度河以及喀布尔之间的地方，后者臣服于犍陀罗王国。犍陀罗王国的领土覆盖了现在巴基斯坦的北端，以及与之相邻，一直到喀布尔为止的阿富汗地区。这片地区文化发达，风景优美，亚历山大大帝在公元前327和326年征服了这里，他当时率领35000人从咸海南部的索格底亚那和巴克特里亚出发，带领这支军队征服了犍陀罗。亚历山大当时正在寻找世界的最东端和最南端，而他麾下的军队也早就不是纯由马其顿人组成的了。随他行军的是一整个帝国，其中有各个国家和民族的成员、携家带口的马其顿人、学者、各个领域的大师、医生、地理学家、工

程师、建桥者、弹道学专家、历史学家和民族学家，另外，还有一大群后勤官、辅助部队、海员、甚至有印度王公们的随员，一共有12万人之多。

亚历山大深入喀布尔山谷内，击退了山地部落发起的强攻。他率军围困住了这些部落的要塞，用重型投石车轰击他们的城塞，最终到达了印度河畔。有些印度哲学家对那些叛逃亚历山大一侧的印度王公们大加挞伐，于是，亚历山大便十分讨厌这些哲学家，还绞死了其中几位。犍陀罗的得叉始罗城国王和其他一些部落酋长一起拜见了亚历山大，向这位外国入侵者表达了敬意。印度士兵不断叛逃到亚历山大一边，为他的部队带来了增援，他在公元前326年春天跨过了印度河。就我们所知，波鲁斯王子率领着军队在希达斯皮斯河（东岸等候着，准备迎击他的军队，结果在进行了一番激烈交战之后，波鲁斯一方遭受惨败，他的两个儿子沦为囚徒，他自己也受了伤。亚历山大问他想受到什么样的待遇，这位皇室俘虏回答道：“我想受到国王般的待遇！”亚历山大一般都会接受这种请求，这回也不例外。波鲁斯成了亚历山大的盟友，他的统治也得到了大幅度强化。

当摩揭陀国王率六十万大军，战象和骑兵前来迎战时，马其顿一方的军心才真正出现了动摇。亚历山大觉得希达斯皮斯河就是世界尽头，也是他独特的这场征服之旅的终点。他手下的军队离家千里，周围的环境又十分陌生，发生兵变也就不奇怪了。亚历山大和阿喀琉斯一样，在自己的帐篷里待了三天，等着军队重获理智，但他的手下已经远征到了世界尽头，因此而精疲力竭。亚历山大又转而向神灵求助，他立起了十二座祭坛，然后下令全军撤退。他撤走后没几年，印度的旃陀罗笈多就在其中一座祭坛上进行了献祭，这件事情特别重要，因为它象征着希腊文化和印度文化之间产生了精神交流。

入侵印度的军队撤走了，伟大的马其顿人亚历山大也离开了人世，剩下的希腊人发起了动乱。欧德谟斯背叛并谋杀了波鲁斯，亚历山大的继任者们对帝国领土的分配产生了争执。旃陀罗笈多这位来自低种姓的印度冒险者在恒河上游施展了许多诡计，因此恶名远扬，他觉得现在正是实现远大理想的时机，于是开始攻打外来者，在公元前316年取得了旁遮普的控制权。

不久之后，他的领土已经可以从印度河谷一直延伸到恒河三角洲了。巴比伦的主人，大帝国的国王塞琉古·尼卡托将他的女儿许配给了旃陀罗笈多，也放弃了对印度领土的图谋。印度人朝巴比伦派去了使节，希腊人则往印度的巴连弗邑（现在的巴特那）派去了使者。其中有一位叫作麦加斯梯尼的希腊使节，他写下了自己亲眼所见的印度诸国及其人民，他的作品是西方同类作品中最早写就的。麦加斯梯尼是艾奥尼亚人，他的作品和印度地理、宗教、风俗有关，虽说他所记载的内容并未流传至今，但阿里安的《印度记》一书里引用到了他笔下的各种细节，它们体现出了当时印度的生活方式，当时的人们将印度称为摩揭陀王国。麦加斯梯尼发现印度人民十分强壮、诚实、真挚、节制且和谐，不过遇到挑衅也会积极迎击。

旃陀罗笈多的王朝叫作孔雀王朝，孔雀这个名字来自他的母亲穆拉，是人们误听而成的。他的孙子是古印度最强大的统治者阿育王，他基本控制了整个南亚次大陆。人们对他无比敬爱，无比尊崇，以至于他的威名现在仍然传颂于黑海沿岸、日本列岛、极地地区乃至赤道附近。阿育王就像印度的君士坦丁大帝一样，前者皈依佛教，在580多年后，弗拉维·瓦莱里乌斯·奥勒里乌斯·君士坦丁皇帝选择信奉基督教，并接受了洗礼，成为第一位信奉基督教的罗马皇帝。

阿育王信奉佛教之后，犍陀罗的人们也皈依了佛教。阿育王拥有巨大的宗教热情，他在统治国家的头十三年里将带有宗教色彩的文本铭刻到了石头、洞穴壁和柱子上，这些文字是带有一定历史价值、且得以幸存至今的印度文字中最早写下的。阿育王希望用佛教征服世界，而非动用武力，这

桑吉遗迹的壁画，阿育王驾战车拜谒那伽

位真正意义上的贤王让佛教在印度达到鼎盛阶段，同时也让自己名扬世界，但他在这个过程中并没有用到武力或政治手段，他所借助的是一种精神层面上的洞见，这种洞见也是他选择追随佛陀的原因。旃陀罗笈多开创了孔雀王朝，在孔雀王朝统治期间，犍陀罗得到了自治权力，但在孔雀王朝之前和之后，它都没能享受到这样的好处。在孔雀王朝出现之前，统治犍陀罗的是阿契美尼德人和希腊人，然后，统治者又变成了巴克特里亚人、萨卡人和贵霜人。贵霜人从远东地区一路攻入犍陀罗，他们是斯基泰人的一支，属于马背上的民族，也是中国史书上记载的大月氏人的一部。贵霜最著名的君主是迦腻色迦，他掌控着一个巨大的帝国，领土从玛尔吉亚那一直延伸到了于阗，从咸海一直延伸到了阿富汗，并且几乎囊括了整个印度。

迦腻色伽和伟大的阿育王都是佛教徒。前者建立了无数佛寺，在克什米尔召集了一批学者，让他们重新对佛教教义进行审阅修订，他还下令建造了一些壮观的舍利塔。印度人很久以前就建起了这些建筑物，它们一开始时属于某种坟墓，当地人对它们敬畏有加。佛教复兴并扩展了人们对舍利塔的崇

舍利塔

拜，这些塔就像被截短的大教堂圆顶一样，中间还有个房间。舍利塔的内层是由未经烘烤的砖头垒起的，外层经过了烘烤，还涂有一层厚厚的石灰，顶端有一个由木头或石头制成的雨伞状结构，四周环绕着一道设有大门的木质篱笆。阿育王下令建造了许多舍利塔，现在其中只有一座的结构依然和建造时相同，它位于尼泊尔。最耐人寻味的三座舍利塔分别是马德雅巴拉的舍利塔，博帕尔邦的桑吉舍利塔，还有基斯特纳河谷下游的阿马拉瓦蒂舍利塔。最大的一批舍利塔位于锡兰，它们的直径有时候可达91米以上。自阿育王时代起，舍利塔的内室就是用来存放佛陀或佛教尊者遗体的地方了。

这一时期的年表代代相传，最终到了我们的手中，因此我们能很准确地测定许多重大事件的具体日期。印度的沙卡年表始于迦腻色伽的登基，人们一般认为这一事件发生于公元78年的3月15日。不过这种说法存在一定的疑点，许多学者都表示怀疑。许多权威人士给出了自己的估算，范围从公元前57年一直延伸到了公元278年。文森特・史密斯认为迦腻色伽是在公元120年登基的。哈拉尔德・因戈尔特根据基尔什曼年表做出了自己的计算，认为他是在144年登基的。这一事件的具体发生时间对于研究犍陀罗艺术而言意义重大。

迦腻色伽统治了贵霜帝国二十七年，他所属王朝的最后一位国王是瓦苏戴瓦，波斯的萨珊王朝击败了他的王国，241年时，阿尔达希尔的儿子沙普尔一世占领了犍陀罗。在大部分时间内，萨珊帝国都会让贵霜的统治阶级继续管理这里的事务，当他们的独立欲过强时，萨珊帝国就会命令自己的代理人维持当地秩序。

中亚的居民们本质上是流浪者。当地拥有广阔的草原，辽远而连绵起伏的山峦和高地，一直是游牧和骑马民族的摇篮。当游牧民们离开自己的世界，遇到了他们一无所知的低地文明时，一般的反应都是准备拔出自己的剑。

460年时，一场大灾难发生了。嚈哒人入侵了包括犍陀罗在内的整个印度西北地区，他们是匈奴的一支，又叫“白匈人”。这些来自中亚的骑马民族的起源地和种族特征到现在仍属未知，直到562年，突厥人和波斯人才消灭了这些部落。白匈奴人对佛教信徒展开了大规模迫害，用最不人道的方式处决了他们。

我们知道犍陀罗艺术是什么时候终结的，但它是什么时候开始的呢？人们又是从什么时候做出大胆创新，开始将佛陀的肖像刻画在石头上的呢？

这个问题很重要，因为犍陀罗是佛陀肖像艺术的开创者，也是佛陀雕像的诞生地。

佛教是在公元前3世纪中叶阿育王统治期间首度传入犍陀罗的，佛教雕塑则是在公元前247—232年期间出现的。希腊和希腊化的波斯雕塑家们肯定和印度艺术家联合到了一起，从而发展出了这套艺术。不过最早的佛陀雕像要到很久以后的贵霜王朝时期才会出现。有些学者认为第一批佛陀雕像是在迦腻色伽统治期间创作的，迦腻色伽是贵霜最杰出的统治者。这位斯基泰国王当政期间所流通的硬币上刻着一些图案，显示迦腻色伽站在一座祭坛边上，佛陀站在另一边。这些硬币似乎是对佛陀所做的最早期刻画，但这些硬币上酷似佛陀的形象也应该是以某座更早之前出现的雕塑为基础的。不管怎么说，我们也大概知道第一个刻画佛陀的人是在什么时候展开了这一尝试的。如果说迦腻色伽真如我们所猜想的那样，是从公元144年开始统治贵霜、公元173年结束统治的话，那最早的佛陀雕像的创作时间肯定比这要早一点，可能创作于公元50—100年之间。

统治过犍陀罗的外来民族十分之多：阿契美尼德人、希腊人、巴克特里亚人、萨卡人和贵霜人。他们一个个来到这里，逐渐给当地带来痛苦和磨难，最终都被迫撤离此地。犍陀罗的人民却一直植根于他们古老的文明、语言和对佛教的信仰之中，这让他们之间团结一致，并让他们和印度的其他民族团结了起来。

犍陀罗忍受了差不多一千年的外国统治，但在文化方面，它和外国统治者之间的往来也带来了一定的好处。亚历山大东征西讨，希腊文化乃至希腊—罗马文化开始影响此地，这些来自西方的元素让犍陀罗国接收到了一种艺术刺激，最终造就了佛像艺术。这是古代艺术史上极度重要的一件事，它发源于犍陀罗人的宗教信仰（当然，位于德里以南160.93公里处的马图拉的人民也可能有所贡献），来自于西方艺术家卓越的技艺和艺术上的刺激，也来自于印度人自己那巨大的创造力和艺术天分。

犍陀罗佛像

佛陀是亚洲最伟大的贤者及圣人，但他的肖像在他诞生600年后才出现，那时候耶稣都已经降生一百来年了。在前基督教时代的印度，没有任何人刻画过迦毗罗卫城这位大哲的容貌。阿育王是佛陀的追随者，但他也不敢在公元前3世纪中叶立起的石碑上刻画他所崇敬之人的相貌。

佛教艺术的第一个阶段始自佛陀去世250年后，其中象征这位伟大导师的部分都是一些抽象的内容。一个时常出现的象征物是狮子。佛陀来自于释迦皇族，这个家族有时又被人叫作“狮子释迦”，佛教经文常常提到佛陀的“狮子吼”。

博帕尔邦的桑吉有一座大而著名的舍利塔，它大约建于公元前2—1世纪，是一座十分美丽的古印度遗迹，它的建造目的是代表整个宇宙。围绕佛龛的墙壁上有四个门，上面刻着佛陀的生平故事，但里面没有一个描绘了佛陀的面孔，甚至压根没出现佛陀本人。这四座大门大约建于公元前1世纪末。位于中心的过梁上刻有菩提树的图案，乔达摩就是在这里悟道的。树下的两侧站满了信众，中间则有一个王座。这是给尊者本人准备的王座，但却没人坐在上面！佛陀这位佛教中的神圣人物得到了人们的崇敬，但没有人将他的圣像刻画出来，端详这一艺术品的人们一下就能看出这一点。在公元前的无数年间，世界各处的佛寺、神龛、舍利塔上都没有出现过佛教创立者的身影和面孔，人们之所以这样做，是因为对他怀有敬意。

这到底是怎么一回事呢？当时印度最兴盛的宗教（抑或哲学）为什么要等到1世纪末才会创作出佛陀的肖像呢？为什么要让外国艺术家来创作佛陀那

传遍了整个佛教世界的理想化肖像呢?

这些问题的答案和“神”这个概念一样古老。旧石器和新石器时代的人们都没有创作出任何代表神的东西，实际上，就连人类自己在那时都没有得到刻画，第一批刻画了人类形象的是奥瑞纳文化下的克罗马努人，这种文化出现于新石器时代后期。这一时期内最早出现的拟人作品是距今5—3万年间的维纳斯雕像，但它们或许只象征着生命的诞生和延续，同时也是永生的标志。圣像的发明相对而言要更晚一些，有人说它是异教徒的发明，当人们往“神明”这个概念里掺入了多神教元素的时候，圣像也就应运而生了。婆罗门教是印度最古老的宗教，它拒绝偶像崇拜，也拒绝任何象征物。这是佛陀去世后600年才有人创作其圣像的主要原因。

直到公元1世纪时，犍陀罗的艺术家们才创作出了一副理想化的佛陀肖像。当佛陀有了人们看得见的形象之后，他就成了人们崇拜的对象，他的哲学也就变成了宗教。

犍陀罗的宗教艺术帮助到了佛教。现藏于拉合尔博物馆的西格里舍利塔的底座侧面就刻着13处不同的浮雕，它们各自描绘了佛陀的一件生平故事，让我们了解到了当时的人们对佛陀生平经历的看法，并将与佛陀相关的传奇故事铭刻在了石头里。

但除此之外，这些具有纪念意义的石制艺术作品还刻画了些别的内容。艺术家们开始创作或坐或站的佛陀形象，并用到了浮雕和圆雕等表现形式。在其他一些雕塑家的刻刀之下，佛陀成为一位帮助众生度疾苦，不惜拒绝涅槃的伟人。

英国考古学家约翰·马绍尔爵士在西巴基斯坦发掘了三座古城的遗址，它们来自于前7世纪—公元5世纪期间，马绍尔爵士也为犍陀罗佛教艺术的研究做了很大贡献。他发现了公元1—2世纪间的一个早期犍陀罗艺术流派，还发现了另一个较晚出现，在公元350—500年期间兴旺发达的流派。这两个流派的艺术风格不同，除此之外，这两个时期的雕塑家们所用的创作媒介也不一样。第一个犍陀罗时期的雕塑家们用的是石头，第二个用的是灰泥。早期流派的艺术家们在白沙瓦山谷以及印度河西岸的郊野里工作，较晚期流派的艺术家活动范围要广阔许多，东至印度河东岸的塔克西拉，西至古代的巴克特里亚以及奥克苏斯河，也就是巴基斯坦、印度和阿富汗。早期学派的作品略显稚拙，而当我们审视较晚期学派的杰作时，我们会发现它们的思想完全凌驾于物质层面之上。

大部分佛陀像都呈祈祷状，一只手包裹着另一只手。也有一些描绘了佛陀授业的肖像画，这些画中的佛陀双手合于胸前，正在冥想。所谓的“佛陀说法图”里佛陀的手印日后演变成了一系列细致入微、变化多样的姿势，它们象征着许多不同的内容，例如专注、授业、激励、祈祷和无畏等。

佛陀的法衣束在腰部，末端几乎垂到了地面，往往会露出他的右肩。他的这件法衣实际上是希腊长袍，更准确地说应该是希腊风格的服饰，甚至有可能是罗马服饰。白沙瓦博物馆里藏有一尊佛陀站像，是最早期的佛陀雕像之一，其中佛陀穿着的是托加袍，就和罗马皇帝奥古斯都穿着的差不多。

较晚期的犍陀罗雕塑和早期基督教雕塑之间实在太相似了，以至于我们可以推测基督教和佛教艺术作品都起源于同一处地方，或者说两者之间存在着联系，后面这种说法可能性更高一些。拉合尔博物馆里存有佛陀祷告像，巴黎卢浮宫里存有早期基督教石棺，布克塔尔发现它们之间有着一些令人惊讶的相似之处。美国学者亚历山大·索普尔在1951年时于《美国考古学期刊》上发表了《犍陀罗的罗马风格》这篇文章，其中讲到，整个西方世界唯一一种在思想和手法上和犍陀罗艺术相类似的，就是西地中海和其中心城市罗马的艺术，这里说的犍陀罗是贵霜统治期间处于极盛时期的犍陀罗。在阿富汗哈达地区出土的经文更是清楚地体现出了东西方之间的联系。哈达位于贾拉拉巴德以南5公里处，在佛教兴盛时期是一处著名的朝圣地。法国考古学家富歇、哥达德和巴索斯在1923—1928年期间对这里进行了发掘，找到了从公元3世纪一直到公元8世纪期间的佛教艺术作品，它们现在还存于哈达的佛寺，巴黎的吉美博物馆以及巴基斯坦的白沙瓦博物馆内。它们当中有一些佛陀的头部雕像，十分精美，几乎可以说是欧式雕像了，此外，还有西勒诺斯的头部雕像，长角的怪物，恶魔以及僧人，这些都和8世纪的意大利以及法国艺术联系紧密。著名的“哈达恶魔”是个驼背的人物，他身披斗篷，戴着

白沙瓦博物馆的佛陀站像

兜帽，面庞明显因痛苦而扭曲了，它描绘的是巨大的诱惑，相比犍陀罗艺术而言，它看上去更像是中世纪西方宗教艺术的杰作。

犍陀罗雕塑不仅刻画了佛教之中的神明，也刻画了因陀罗和梵天等印度教神明，同样还刻画了希腊众神，哈尔波克拉特斯、西勒诺斯、半人马和萨蒂尔。除开这些，犍陀罗的艺术家还创作了很多有关赞助人、捐助者、和尚、苦行僧、摔跤手、武士、大象、狮子、火祭坛以及各种建筑结构的画作。有一些外国艺术家率先创作了刻画佛陀面容的艺术作品，让印度人第一次窥见佛陀的面容，这些艺术家是谁呢？有哪些艺术大师在犍陀罗（或许也在马图拉）上过课？佛陀成为数百万人顶礼膜拜的对象，是谁成功创作出了他的视觉形象的？富有才华的印度艺术家们遵照一定的模式设计出了各种描绘佛陀的雕像、浮雕和绘画作品，全亚洲的人民日后都会在这些神圣的艺术作品面前叩首膜拜，那么到底是谁拥有这么大的影响力，能设计出这套模式呢？

虽然我们永远不可能知道他们姓名，但亚历山大的才华、希腊文化的气质、希腊的艺术、罗马的技艺都影响了这里数百年。正因如此，人们才会先将乔达摩的面庞刻在石头上，也正因如此，整个亚洲才会将敬拜佛像视之为纪念佛陀慈悲教义和追寻通往涅槃道路的方式。

中国

饕餮纹的未解之谜

一代又一代中国学者孜孜不倦地研究他们的上古的青铜器。他们对这些青铜器上的文字记载怀着一种崇敬之情，并且发现把文字刻在青铜器上相比刻在石头上能将记录保存得更好。而更早期人们所使用的更易朽烂的书写材料，比如木片或者丝绸，早已随着岁月消失了。

——斯蒂芬·布舍尔，《中国艺术》，第65页，伦敦，1914年

世上所有文明都处于相互关联之中。人类出现至今已有60多万年，文化也在随之发展。人们将文明所结出的物质和精神财富带到了一块又一块大陆上，散布到了一条又一条河谷之中。在人们学会航行之前，这种活动就已经出现了。不过当人们发明了船只时，文化的交流频率也随之上升，其中有好的成分，也有坏的成分。

有一个国家认为自己是世界的中心，与其他拥有先进文明的国家相比，这个国家要更独立，也更加封闭，她就是古代中国。中国人口庞大，在很久之前，其人口数量就达到了一个让人感到忧虑的水平。我们并不能简单地在国力和人口数量之间画等号。在我们所处的这个世纪，我们大可以把一国的技术发展比作一艘船，而一艘拥有4000名成员的船只，不见得比成员数量较

少，但刚好能维持各项功能正常运转的船只更好。从军事角度上来看，二战结束之后，人力所能带来的军事优势也荡然无存了。

这个东方大国拥有一些常常会被西方人忽视的特质。数千年来，无数陆上和海上商队将各种理念和商品源源不断地带到了中国，但她在过去4000多年来似乎总被一道有形或无形的墙壁包围着。这或许是因为中国在手工业和艺术领域有着异乎寻常的创造热情，这种热情从上古时代起就一直在激发着中国人民的创造力，在汉代和唐代这两个人口较少的时代更是如此。中国人的国家自豪感十分高昂，这是因为他们拥有悠久的历史，即使受到过外界影响，也仍然是完全独立的。这种自豪感以一种内省的态度为基础，这种态度让中国人更加重视自己的先祖，而非着眼于更远的未来。最后，中国在饮食方面也独树一帜，极度精细，并不需要引入外界元素，这也是中国人自豪感的一个来源。

中国从来都不认为其他任何一个民族或国家是世界的中心。事实上，五千多年来也极少有哪个国家能超越她。中国人并不是一个很热爱航海事业的民族，从某种意义上说，他们与其他先进文化之间所进行的往来都是无意识的，他们从来就不愿意加入多个国家所组成的大家庭之中。另外，他们过去对其他民族的文化成就也不甚了解，于是在过去几千年间，他们都过着自己独有的生活方式，拥有与生俱来的优越感，在外国人眼中似乎显得傲慢自大。但如果这真是傲慢的话，那也是一种源于悠久历史而产生的骄傲。

黄河及长江的居民们与其他河谷地区的居民一样都是优秀的商人，他们当中拥有大诗人、天才作家、才智过人的画家乃至全世界最优秀的一批雕塑家。他们是优秀的铁匠、织工、丝绸生产者、建筑师和厨师，但也特别不会放牧。

从夏朝算起，一直到公元220年灭亡的汉朝结束，中国总共有五个朝代，它们也是最早的五个朝代，在这一时间段内，不平凡的中国人发展出了一套青铜时代的文化，这一文化做出了大胆的尝试，希望破解明与暗、日和月以及野兽、凡人和神灵之间无比复杂的秘密。在商周时期，青铜得到了广泛应用，成了当时中国最重要的金属。

公元12世纪时，王黼编纂了《宣和博古图录》，共30卷。1092年时，吕大临编辑出版了一套古董研究丛书，共10卷。1751年时，在乾隆皇帝的命令下，人们出版了一套插图十分华丽的图册，图片都是皇宫里所藏的青铜器，这套图册至少有42卷，然后又增补了14卷。这样一来，中国的艺术史学家和考古学家在研究浩如烟海的铜器艺术时，就有了一座真正意义上的文献宝库可供参考。时至今日，研究这一领域的现代学者还需要不断查阅中国古代的文献和目录，从中获取指点。

周朝的中国人编撰了一部介绍同时代艺术作品的书籍，也就是著名的《考工记》。里面列举了制作青铜器时所需的铜和锡之间的比例。钟、锣、大鼎和其他神圣的青铜物件中铜和锡的比例都是5：1。斧子和鹤嘴锄的比例是4：1。双刃剑和农业工具的铜锡比例则是2：1。书中说制作箭头和小刀的是另一种合金，著名的中国青铜镜是1：1的铜锡合金制成的。

但中国的青铜不止包括铜和锡，里面还有锌、铅、镍、锑、银和一点点金，当这种金属制成的物件被埋入地下时，就会产生一层秀丽的铜绿，并在成百上千年里经受化学变化的洗礼。中国的古董研究者们对本国土壤的化学成分十分了解，他们知道青铜器上那美丽的绿色、青绿色和红色外层是怎么形成的，光靠铜绿就能辨识真伪。人们常常在青铜器上伪造铜绿，但一般而言，只要使用开水清洗，或者用小刀刮擦，就都能将假铜绿弄下来，但真铜绿会深深地嵌入到金属之中。

永乐大钟

人们用青铜制造了很多巨大的器皿。1403—1424年间，永乐帝下令在北京铸造了五口大钟。这些钟的内外层都刻有中文版的佛教经文以及梵文祷词。这几口钟所处的位置就是人们铸造它们的地方，它们被挂在树干上，四周有巨大的木头框架作支撑。人们将大钟下方的土挖走了，在钟的内部悬挂了一条晃来晃去的木梁，当需要敲钟时，只要用木梁敲击就行了，钟会发出洪亮的声响。

最早期的青铜器有着宗教目的，与先祖崇拜有关，皇宫中进行的特定仪式也会用到它们。有用于供奉肉类、谷物、水果和酒的特殊容器。很多器皿上都刻着古老的字体，后人成功解读其含义之后，也就成功发现了有关中国文字发展史的线索。

中国人认为，一旦发现了一尊古老的青铜器，就代表自己走了大运，这是因为他们认为这一器皿身上的神圣气息会以某种方式转移到寻获者身上。所以说，人们要仔细保管青铜器，使其代代相传，这也是项神圣的使命。在公元前116年的第五个月，人们在山西省的汾河南岸挖出了一尊鼎，也就是一种三脚大锅。人们十分看重这件事，以至于当时的皇帝汉武帝将年号改为了“元鼎”。公元722年时，人们在黄河左岸的荣河找到了一尊青铜鼎，当时正是唐朝年间，荣河的名字立刻被改成了“宝鼎县”。直到公元960年时，青铜器才失去了神圣性，宋朝正是在这一年创立的。自那之后，人们便有组织地挖掘各种青铜器，并将它们放到皇宫和博物馆里，对其分门别类，并解读上面的铭文。

当谈到中国古代的青铜器时，我们最先提到的会是钟和鼎。钟往往悬挂于宴会厅的入口处，据说它们洪亮的响声能召集鬼魂，让他们前来参加葬礼宴会。

在三脚鼎之中，最为著名的一尊来自于周朝，是现存于长江边的焦山寺内的无叀鼎[1]，它的内部从上到下刻着一段铭文，其中包括这样的内容：“無叀敢对扬天子丕显鲁休，作尊鼎，用享于朕烈考，用割眉寿万年，子孙永宝

---

[1] 无叀鼎：又名无惠鼎、焦山鼎，西周晚期青铜器，原藏镇江焦山定慧寺，据说曾入藏镇江博物馆，后毁于日军战火。——译者注

用”（大意：我，無叀，在此对天子给予我的巨大关怀和厚礼表示感谢。我制作了用于盛放美酒的器皿，并制造了这口鼎，为的是给我故去的父亲献上祭品。希望我能长寿，也希望我的子孙能继续使用这一器具，在接下来的数万年间将其视为珍宝对待）。

无叀鼎及铭文

铭文中提到了当时的月相，中国学者们考虑到了这一点，并对铭文的风格作了分析，判定这一器皿制造于公元前812年，是周宣王手下的一位亲信所制。

商代鼎的铭文是由一种古老的象形文字组成的，多半会提到某位逝者的名字，正是为了纪念这位逝者，人们才建造了这尊鼎。研究者还没发现刻有铭文的夏朝鼎，而周朝的鼎里刻着的字符多达五百个。

用于祭祖仪式的青铜器形状各不相同，取决于它们具体的功能，有些是酒壶，有些是祭祀时用的杯子，还有些是盛放肉类的容器。其中包括一些喇叭形的美丽酒器，带盖子的酒器，动物形的酒器，还有大的平底酒碗。这些东西都起源于很久很久之前。青铜器皿独特的地方在于它们十分简约，并且具有表现力，还充满了个性。它们在过去数千年间都没有什么变化，所以看

商代晚期的鼎，上面即有饕餮纹

上去可能会有些笨重，但它们又在以某种神秘而奇特的方式传达着自己悠久的历史和神圣的意义。

青铜器上的装饰性图案分为几何图形和对自然现象的非写实描述。后者让我们对中国人最早期的自然观有了更多了解。器物的表面很少有人类出现，一般刻的是象征山峰、云彩、老虎、鹿和其他动物的图案。此外，这些青铜器上还刻画了许多神秘的生物、龙、独角兽、凤凰、蟾蜍、乌龟和样貌华丽的野兽，它们的出现频率极高，令人称奇，其中包含着巨大的想象力，远超西方的所有同类艺术品。只有中国人能想象出那些了不起的奇珍异兽，而这世上的其他人都不可能想出来。

这些神秘的野兽中最重要的是饕餮，汉字“饕”和“餮”唯一的含义就是指代这种生物，这个词直译过来的意思是“暴食者”。饕餮要么是位神灵，要么就代表着某位神灵身上的各种特征，之所以这样说，是因为饕餮纹出现在了无数青铜器皿上，肯定与某位重要的神灵有关。中国人很久以前就开始设计饕餮和其他生物的纹路，并将它们排列到一起，这种行为也成了一项传统。我们不可能探明这些神圣之物的起源，古人们可能在发明青铜器之前的远古时代就把它们刻在了木头之类的易损媒介上。

希腊语里的“肖像”是“eikon”，后来演变成了英语里称呼圣像的“icon”一词。我们在中国青铜器上找到的这些图案实际上完全是一种象征，它们描绘的是人类历史上最早的一个由神圣理念构成的世界。

饕餮的两只角蜷成了两圈，与山羊角差不多，但它的嘴大张着，上颌处常有颗大尖牙凸起，所以说它肯定是种掠食者，可能是狼，也可能是老虎。从另一个方面来看，饕餮纹也与水牛类似。

要想理解器皿和钟上刻着的动物和神秘生物，并对其含义做出解读的话，那就一定要仔细地观察它们。卡尔·亨茨教授可能是中国早期青铜器和宗教图画方面的专家，他是比利时根特大学的一位重要成员，对这个令人着迷的艺术领域进行着仔细研究，对细节更是一丝不苟。所有的饕餮都有新月形的角，最早出现的那些则长着半月形角，“新月”的上半部分形成了饕餮的角，下半部分组成了它的下颌。不过在青铜器时代早期时，大部分饕餮的脸上都有四块明显的新月形。亨茨和一些在他之前的日本学者对这些新月作了分析，认为它们象征着一种对月亮的崇拜。月亮会伴随夜晚出现，猫头鹰则是属于夜晚的生物，于是猫头鹰就和饕餮产生了联系。

饕餮纹的中部特别重要，但这一点要到1937年才为人知晓，发现这一点的正是亨茨教授，他发现纹的中部也对应着某种图像象征法则，觉得这一部分象征着一只蚱蜢，认为这个两角之间的部分代表着更新或重生。虽说听上去有些异想天开，但这或许与印度的摩亨佐达罗文化之间有所关联。后者也拥有一位长着新月形角的神明，这些角的中间也有纹章。饕餮纹的中间是只昆虫，摩亨佐达罗神灵两角之间的则是一株植物。亨茨认为这两者都象征着重生。

饕餮纹来自于少为人知的过去，研究者猜测它们象征着某位历史悠久的至尊神灵，同时也展示了这位神灵的特性和能力。象征夜晚和黑暗的是新月和猫头鹰，象征光明和重生的是太阳和蚱蜢。中国让人赞不绝口的早期青

摩亨佐达罗神灵浮雕

铜器蕴含着明暗相生的思想。4000多年前的中国人无比熟悉饕餮，但现在它却成了一种十分神秘的生物，它来自黑暗，是月亮的造物。亨茨教授用非常完美的方式证明了它是商朝的一位重要的神灵。

商朝人究竟是从那学来青铜器生产技术的呢？这仍是个未解之谜，不过在过去数百年间，人们已经在河南中部的安阳地区找到了很多美轮美奂的青铜器艺术作品，这里也是商代都城的所在地。

有一些证据显示，西方的青铜器文化在很久之前传入了中国。历史悠久的山羊和“生命之树”图案都是苏美尔文化的一部分，刻有这些图案的器皿在中国也有出现。不过就算东地中海地区的青铜器文化早于中国出现，也不能完全证明中国传承了这一地区的青铜器艺术。中国青铜器具有独特的个性，商代的宗教文化也有极强的独立性，很难说是接受了西方元素之后的产物。大多数中国古代青铜器完全没有受到过任何外来影响，证明远东地区曾独立地进行过一次艺术进化。

中国古代艺术与美洲西北部的印第安人艺术之间也有些明显的相似之处，商代的图示法与玛雅以及阿兹特克的图示象征之间也有相似的地方。但中国古代的青铜器艺术历史极为悠久，比玛雅和阿兹特克文化早了两三千年，玛雅文化是公元4世纪形成的，阿兹特克文化更是要到14世纪才会诞生，我们又该怎么解释这一情况呢?

我们永远无法完全了解商朝人神秘的象征法起源于何处，也无法完全了解它所包含的内容。中国青铜器艺术与雅典娜一样，在四千多年前骤然降临，没有经过任何初期阶段，直接走向了巅峰，这是中国青铜器艺术最值得称赞的地方。加拿大的怀特是研究商朝文化的权威人士，在河南居住了很多年，他说人们没有找到关于这一艺术的起源乃至背景的任何线索。这些青铜器的铸造工艺超群，在坚固程度和形态上都得到了仔细考量，装饰精细，在全世界都首屈一指。

商朝祭司常用活人献祭，我们对他们所崇拜的动物进行了猜测，对商朝宗教中的恶魔形象也略有认知，我们研究过他们象征生育的符号，也找到过3000多年前他们用于盛放祭祀用食物和饮料的容器。但他们到底了解什么呢？他们是否知道人类从何处来，又要往何处去？他们对上帝有什么样的了解，他们的思绪又为何永远围绕神秘的自然？

这些沉默不语的青铜器如果拒绝透露它们所掌握的一切秘密的话，那我们也该记住一点：苍白的新月背后，是一大块隐藏于黑暗之中的月面。

中国

敦煌石窟寺

当某个人第一次走进石窟寺时，心里会产生一种难以言说的印象，就如同见到了幻境一般。对于一位虔诚的佛教徒来说，当不远万里、费尽力气来到石窟寺之后所见识到的东西，一定会让他感觉无比兴奋。站在寺庙门外的人所见到的是炫目的光芒，同时还会看到寺庙外各式各样的色彩，它们呈现出一种渐变的状态；同时，人们还会见到金黄色的沙漠，绿色的树木，以及“倒扣”在万物之上、犹如一口瓷碗的蓝天。寺庙内部十分阴凉，走入寺庙后，最先吸引人们眼球的是一尊面对入口的佛陀雕像，这尊雕像十分巨大，似乎是在静静地沉思某事，前面摆放着几块小泥盘，最近来到这里的信徒们在泥盘上焚香供佛，留下了烧剩的香段。这里半明半暗，十分寂静，似乎像是在缓缓消失一样。佛陀雕像表面上只是一座胳膊断掉了的石膏像，但它实际上好似一位在这冥想了无数年的伟人。当我们适应了内部灰暗的光线之后，我们就看到了墙上的图画。

——艾琳·沃格尔·文森特，《神圣的绿洲》，第67页，伦敦，1953年秦始皇是有史以来最强大的君主之一。他统一了度量衡、文字、历法和法律，大修通往都城咸阳的驰道，并命令车同轨；他将自己的帝国分成了三十六郡，给每个郡任命了一位军事长官；他将官员分为二十等爵；他还发动了数场大规模战争，领土最南端达到了广东，同时建造了史上规模最大的防御工事体系，用土质城墙连接起了他的北方堡垒，这就是万里长城的前身，秦始皇修建这套防御体系是为了防范北方的匈奴。这位专制君主精力超人，为河流改道，修建大规模的灌溉工程，把岷江水引入到了山边，建立起了一套运河网络，还给自己修了一座巨大的陵墓，陵墓仿照宇宙布局，拥有河流、海洋和移动的星辰。始皇帝允许全国各地的农民拥有私人土地，但国家若是要展开规模巨大的工程项目，就必须要强招劳动力，于是，农民们被迫离开了他们的小屋，成了和奴隶差不了多少的苦力。在中国历史上，这样的悲剧时常出现。

大权独揽的秦始皇安坐皇宫，发号施令，他深知自己所追求的盛大排场是有代价的，代价就是臣民们所流下的血汗与眼泪。他亲自监督征税、政府运作以及军务，希望将过去的历史彻底抹消，让众人觉得他诞生之前的历史空无一物。秦始皇急于成为全天下最尊贵的帝皇，同时巩固自己作为秦朝开创者的地位，于是便下令众人收集先贤们撰写的所有年鉴、历史记录和书籍，然后将它们摧毁掉。木片、竹片和羊皮纸付之一炬。秦始皇称自己为黎民苍生的庇护者，没有人能批评他，剑士们会杀死所有持异议的人。

不过秦始皇只当了十二年的皇帝，他在公元前221年统一六国，在公元前210年去世。强征劳工的做法让农民们终日担惊受怕，生活艰难，于是便起身反对秦始皇的继任者，秦始皇自己的亲信们也在勾心斗角，最终导致秦朝覆灭。取而代之的是汉朝，这一朝代始于公元前206年，在公元220年灭亡。汉朝统治期间的中华大地一片富饶，无比繁荣。当时世界上有两大帝国，一个是罗马帝国，另一个就是大汉帝国。汉朝给中国打下了难以抹去的印记，现在有许多中国人仍会自豪地说自己是汉人。

汉朝时最重要的一件事情可能是引入了来自印度的佛教，给中国带来了一个全新而神圣的精神世界，其中包括佛陀、菩萨、苦行僧人，同时也有大乘佛教和小乘佛教的宗教世界。第一批到达中国的印度传教者最早可能是在公元前217年抵达的，不过关于这方面的现有资料还不可靠，另外，传说东汉的第二任皇帝，汉明帝刘庄在公元61年时派遣了使臣前去印度，将佛教经文和僧人带回中国，但这件事情的真实性也存在争议。不管怎么说，汉明帝统治期间，中国肯定已经知道了佛教这门外来宗教，“中央之国”里肯定也有了僧人的身影。不久之后，装载着佛教绘画的商队就开始沿着中亚的大路前进，一路将这些画作运到中国了。这些大路历史悠久，将西亚和远东地区连接到了一块，旁边布满了木头、砖头和泥土建成的僧人居所。

敦煌是中国通向西方的门户，它是一座建有围墙的矩形城塞，位于甘肃西端的一座绿洲内，水源来自于阿尔金山，草场肥沃，牛群众多。甘肃到处都是山峰、干燥的草原以及处于高地、土地肥沃的绿洲，连接着东西方的丝绸之路穿过了这些绿洲。那些在这条大道上生活、以物易物、经营贸易的人们都变得腰缠万贯，因此闻名四海。商队来到他们这里，他们将补给品卖给商队，然后再买点自己需要的东西，最后再目送商队离开。

莫高窟

千佛洞（莫高窟）位于敦煌城以北16公里处，处于甘肃省最西端，可称得上真真正正的世界级奇观。它位于通往印度的商路旁边，汉代富有的旅行者会在这里驻足歇脚，僧人决定在这儿将他们心中的佛陀形象画下来，雕刻下来，创作出令人痴醉的艺术品，这些因素共同造就了千佛洞。佛教传入到中国西部之后，印度人在庙宇建造方面的一项理念也传了过来，那就是在石壁上凿出寺庙，沟通生者与逝者的世界，让穿行于这两个世界的旅者们得以在这片绿洲中歇息片刻，怀着崇敬的心情观赏各种佛教艺术，进行冥想。

第一座人造佛窟大约建于公元357—384年之间。中亚地区周边有很多这类型的石窟，比如说云冈石窟，洛阳附近的龙门石窟，楼兰石窟和克孜尔石窟等等。

如果说人们要进入敦煌石窟中的某一个洞穴的话，一般得穿过一条走道，来到入口大厅，大厅后面又有一个或多个厅。位于同一层的各个洞穴由露台状的结构相互连接，访客能够穿过这些露台，从一座佛龛那出发，走向另一座佛龛，洞窟的墙壁上有美丽的图画。

这些佛窟的墙壁上一定涂着一层黏土，黏土外是一层与石灰混合的高岭土，只有涂完这两层土之后，画手才能在墙壁上作画。中亚的这些洞窟壁画都不是湿壁画，所谓湿壁画指的是画在刚涂上墙的湿石膏上，画完后不加任何黏合剂的壁画。我们说的这些佛窟里的壁画与之不同，它们会和一种黏合剂混合到一块，人们会把它涂在干燥的表面上。

中亚艺术家们的这些作品足足经受了1500多年的考验，有许多画作仍然得以保存至今，足可显示它们的耐久度有多高。不过它们之所以能保存这么久，也和其他一些因素有关。绿洲里的居民和僧人们都迫切地希望这里的朝圣者络绎不绝，所以他们会仔细保管这些宗教艺术品，一旦某些作品因为时间推移而褪色或分解的话，就会对它们进行修缮。在元朝，人们就展开了一次修缮工作，但虽说如此，人们并没有在每一面墙上作画。元朝的蒙古统治者们不允许汉人学习蒙古语，娶蒙古女子，会迫害那些持有武器及马匹的汉人，遏制中国的经济和贸易，废除律法，摧残秩序，发行了大量纸币，诱发了通货膨胀。虽说如此，他们并没有对美轮美奂的敦煌壁画下手，而是让僧人们仔细保管它们，甚至还做出了一定努力，争取保护它们无可替代的艺术价值。

自然环境本身也有一定的保护作用。中国人口密集的大城市里也藏有许多同样精美的画作，但它们多半都永远消失了，可敦煌地处偏远，气候特殊，这让敦煌壁画有机会幸存至今。敦煌当地的气候极度干燥，洞窟的入口狭窄，能够帮助遮挡直射的光线。有许多洞窟的入口出现了塌陷，让壁画与外界彻底隔绝。另外，中亚常有沙尘暴，它带来的沙土封堵了其他一些洞窟的入口，在四十多年前[1]才有人将这些沙土清走。巴兹尔·格雷在1957年5月造访了敦煌，仔细考察了敦煌石窟，发现有成百上千位来自世界各地的朝圣者在洞壁上用各种语言刻下了自己的名字，其中有汉语、维吾尔语、日语甚至是俄语名。最早的一批壁画创作于北魏时期，在北宋时人们停止了作画。艺术家们在五百多年间创作了许多敦煌壁画，可以说集成了中国绘画艺术之大成，它们就在洞壁上俯瞰着我们。

夜半逾城敦煌莫高窟第329窟（初唐）

---

[1] 作者大约指的是20世纪20年代左右。——译者注

第一个探索这些洞窟的是奥雷尔·斯坦因博士，他是著名的英国考古学家和旅行者。斯坦因在1862年生于布达佩斯，1943年死于喀布尔。当他在1900—1901年造访新疆的塔里木盆地时，他对丝绸之路上的于阗城进行了探索，在海拔1402米的地方发掘出了某个文明的遗留物，这一文明曾经在这里过着繁荣的生活。他又在大沙漠的边缘检查了其他一系列重要的遗址，然后来到了中国最西端，最终来到了位于甘肃省的敦煌。斯坦因的远征队在1906年从克什米尔出发，在1907年5月才到达了敦煌。

当时的人们知道绿洲附近有几百处神圣的洞窟，斯坦因对“千佛洞”的故事十分感兴趣，他到了敦煌之后，从一位信奉伊斯兰教的商人那听来了这样的事情：绿洲北部的峭壁上密布了数百个洞窟，里面藏有许多珍宝，有个道士值守着其中一个较大的洞窟，他发现了许多经书。

这个道士一直想要让佛窟重获辉煌，但这里不断遭到沙尘袭扰，入口又被天花板上不断下落的碎石给封住了，所以说他所做的是项大工作。当人们将沙尘和碎石移走后，涂有壁画的内墙上显露出了一条裂缝，这条裂缝通往佛寺的前厅。不久之后，人们又发现了一条通往侧室的开口，这个侧室位于灰泥墙后边，是在岩石上开凿出来的，房间里的经书从地板一直堆到了天花板附近。

一道木门将斯坦因与这些经书隔了开来，他一个月后又来到了这里，却发现那位道士费尽力气，在门前建了一道石墙。斯坦因耐心地说服了这位道士，让他先给自己看看其中的几份经书，然后再把剩下的交给他。

这位英国考古学家仔细检查了其中一捆经书，发现里面包含绘于丝绸之上的画作，其中的大部分都成了碎片。他日后说道，这些经书似乎是人们突然得到警报之后匆忙藏起来的，可能是遇到了前来抢掠的鞑靼人或者西藏人。这些经文和图画肯定是在10世纪末起就一直存放在这里的。

一年后，法国学者伯希和来到了敦煌，他检查了这些洞穴，拿走了其他的图画，同时也带走了一大批经书。这些无价之宝现在藏于法国国家图书馆和巴黎的罗浮宫内，还有一部分位于伦敦的大英博物馆里。

研究者在伦敦仔细打开了每卷经书，有些易碎且布满尘埃的丝绸已经成

保罗·伯希和在藏经洞内研究古物。

了几百块碎片，研究者必须清理并复原它们，这项工作十分费时费力。丝绸上的画作丧失了部分色泽，看上去有些发绿，画中的许多人物要么只剩下了轮廓，要么就完全消失了，可是人们却没有展开过任何修复工作。

拉丁语里的“votum”指的是“神圣的誓言”或者“为还愿而提供的祭品”，而还愿画指的则是出于感激和尊重而呈上的画作，是一种礼品。研究者们修复了部分敦煌还愿画，发现它们有1.8—2米高，底部常出现捐款者本人的面容，通过观察他们具有时代特点的着装，研究者能够大致准确地判断画师们作画的日期。

有张图画上甚至还写了个日期，换算过来是公元864年，当时正是中国艺术的黄金时期，中华文化的巅峰年代，李白和杜甫这样的大诗人正云游四方，当时中国的雕塑艺术和绘画艺术都注定无人可比。

画中的人物神情和举止乍看上去几乎千篇一律，但研究者们进行了更深入的研究之后发现他们的多样性很高，并且还潜藏着一种象征意义。

在发现敦煌的艺术品之前，欧洲人对于佛教艺术几乎一无所知，他们只了解日本大师们藏于奈良法隆寺的佛教画作，以及印度阿旃陀的著名壁画。敦煌壁画里有一部分具有印度和尼泊尔风格，一些显露出了西藏风格，其他一些很明显是中国风格的画作，还有些是印度、中国、西藏元素杂糅而成的。

大家都知道佛教是从印度传入中国的，但佛教艺术还有一个中间阶段，也就是东游穿过中亚的时间段，在发现敦煌这些令人震撼的艺术品之前，人们对这个阶段一无所知。

斯坦因1900—1901年时进行了第一次远征，他在于阗这座沙漠城市里找到了一个定居点的遗址，当时的人们在公元3世纪时遗弃了这个地方，塔克拉玛干沙漠吹来的沙尘将这里掩埋了。斯坦因在其中找到了许多书信和文档，它们用的是印度古文字，刻在印有印章的木片上，而木片又被捆在了一起。这些印章起源于希腊，上面有象征雅典娜、赫拉克勒斯和其他神灵的图案。

伊循城遗址出土的“有翼天使”壁画

斯坦因在第二次远征期间来到了罗布泊附近的伊循城遗址，在这里找到了一些佛寺，佛寺里有公元4世纪左右的希腊—罗马式壁画，它们可说是西方文化在中亚沙漠之中结出的硕果，是十分重要的发现。不过造就它们的不仅仅是希腊式文化，同时还有繁荣发展的绿洲文化，它不断延伸，穿越了中国西部的无边大漠，是佛教和印度艺术的重要灵感来源。另外，我们还能从中看到波斯文化的影响，敦煌的某些手稿也是用伊朗的索格底亚那方言写成的。

中亚地区的艺术十分有趣，这是因为它代表了东西方伟大宗教间的联系。公元1世纪的欧洲和亚洲都充满了各种宗教理念，人们极度真挚地寻求着救赎和永生方面的答案，其力度前所未有。基督教和密特拉教当时正为罗马帝国的宗教领导权而争斗不休，佛教则在朝东扩张。

来自印度的这些新教义孕育了大乘佛教，它不仅追求个人的救赎，同时还以度众生疾苦为目标。菩萨们放弃了成佛的机会，选择拯救受苦受难的众生，所以他们就成了敦煌壁画所重点刻画的对象。大乘佛教源于最初的佛教教义，诞生的时间稍晚。菩萨之中地位最高的是观音菩萨。耐人寻味的是，大乘佛教中最常受人膜拜的这位菩萨有时被刻画为男性形象，有时又被刻画为女性形象。

敦煌绢画《净土变相图》

敦煌壁画除了描绘菩萨之外，还描写了本生故事中的场面，同时也描绘了“西方极乐世界”。有关“极乐世界”的画作十分精细复杂，其中包括各种人物、楼阁、亭台、莲花和其他花朵以及载歌载舞的神仙们。

一位叫作摩尼的波斯人在公元3世纪，在中亚东部创立了摩尼教。摩尼在215年出生于巴比伦的色西封，当时那里还是波斯领土，他在波斯传教，也曾远赴中亚东部和印度展开传教。祆教祭司们认定他是异端，将他关了起来，钉在十字架上，斩成两截，往身体里塞满稻草，暴尸示众于君蒂萨布尔的都城。摩尼是一位纯正的波斯人，但他所创立的宗教则是基督教、佛教和波斯宗教的理念所杂糅而成的，里面还有些古巴比伦以及诺斯替教思想。摩尼教徒可以随意宣称自己信奉哪个宗教，具体取决于他们是生活在佛教还是基督教国家统治之下。

在吐鲁番的绿洲之中，摩尼教徒、基督徒和佛教徒曾和谐共处。斯坦因和伯希和将他们从此处发掘的文物带回了欧洲，剩下的大多都消失在了中亚孤寂的大路上，或是被盗匪劫走，或是飘散在风沙之中。

中国

丝绸之路

中国的货物经丝绸之路到达印度、波斯和罗马帝国东部，换来当地生产的货物。这条道路贯通各地，穿行于郊野地带，沿线的城市到处是来自东方各国，忙碌不堪的商人们。我们前往高昌的第二次远征队将一大批书信带回了柏林，它们包括了17种不同的语言，24种不同的文字，它们所用的文字之所以如此多样，就是因为受到了丝绸之路的影响。

——阿尔伯特·冯·勒科克，《中亚东部通往希腊之路》，第29页，莱比锡，1926年

这是全世界最长的道路，是两大帝国间的交通大动脉，沟通了操着无数种语言的各个民族，也连通了地中海和太平洋。它如同梦幻，有如童话故事，是人类最大的壮举，始自远古时期，但也注定要塑造亚洲大陆的未来。这条大道让人们了解到了一个全然陌生的世界，将世上最奢华的一批商品带到了他们的眼前，这些商品着实是皇家瑰宝，蕴含着一种永世不竭的诱惑力，让人可望而不可即。

丝绸之路始于陕西省的省会西安，终于帕尔米拉和安条克，直线距离

《丝路山水地图》（局部）

7500多公里。但这条路本身并不是直线，它翻越了世界最高的山峰，在东西方之间蜿蜒穿梭，总长9600多公里，是地球周长的四分之一。

这条贸易路线可能是人类历史上最重要的交通路线，人们凭借这条路线，展开了一系列重大的经济、文化和宗教交流，也迎来了一系列社会巨变。生活于这条“世界之路”一端的人完全不知道他们交易来的货物来自何方。西安、洛阳、张家口和北京的商人们都在争抢来自腓尼基、希腊和罗马的奇珍异货，丝绸之路的许多中转站里也有一些中间人，他们也能在全球贸易中分一杯羹，赚到吐火罗人、巴克特里亚人、帕提亚人、米底人和叙利亚人的钱财。

丝绸是这条商贸通路的命脉，早在商朝时，中国就有了几种丝绸，也发展出了一种发达的编织技术。考古学者在公元前1766—1123年间的商朝墓穴内发现了一些遗物，显示出当时的中国人曾经在象牙和青铜上书写内容，加热兽骨和龟甲，根据它们所产生的纹路来占卜未来，能够在竹片上刻字，最重要的是，他们已经能在桑树上养蚕了。

丝绸之路可以说是全世界最艰险的一条大路，它给中国送来了马匹、玻璃器皿、宝石、钻石、象牙、龟甲、石棉和羊绒以及亚麻制的华服，中国产的丝绸也会通过这条蜿蜒曲折的道路，向西穿过草地、沙漠和荒山，最终到达罗马帝国。

120年时，一些罗马魔术师来到了洛阳城，一支使团陪同他们走完了这趟旅程的最后部分，这一使团是由许多国家选拔出来的使节所组成，它们都位于中国南部。魔术师们说自己来自西洋的“大秦”国。166年时，又有许多来自“大秦”的旅行者们造访了洛阳，这些风尘仆仆的旅者们宣称自己是国王的使臣。这个国王肯定是罗马皇帝马可·奥勒留。也有些迹象显示中国人曾经在耶稣生前拜访过罗马帝国。

蚕丝可以说和中国历史紧密地编织在了一起。能穿上丝绸衣裳的只有达官贵人，某些时段内连商人都不能买卖丝绸，法律也会管制印有某些图案或颜色的丝绸，因为它们象征着特定的官职，皇帝更是为丝绸的宽度、长度和质量颁布了政令。纵观中国历史，人们常把丝绸当作一种付款手段，中国的一种主要征税手段就是收集一捆捆的丝绸。近代中国的经济一度处于崩溃状态，部分原因正是中国丝绸业的崩塌，以及人工制造丝绸技术的兴起。中国历史上充当赔款之用的丝绸可谓数量巨大。当金军南下，攻打到北宋都城开封之后，金国不仅要求宋朝赔偿500万盎司的黄金、500万盎司的白银、无数头牛羊，同时还要求他们赔偿500万捆丝绸，宋朝接受了这些条件。但在1127年1月9日，金军占领了开封，抓走了历代皇帝里绘画技术最高超的宋徽宗，将他带到了北方的苦寒之地。陪同他一起北上的还有一些重臣，以及众多皇亲国戚，他们被迫朝着荒凉而遥远的满洲走去，还要忍受刺骨的寒风。

中国一直严密保守着丝绸的生产技术，在数百年内都没有走漏一点风声。即使在前基督教时代，地中海地区就有了“丝绸间谍”和各种实验室。丝绸贵为面料之王，有许多人曾尝试用各种方式仿制丝绸，他们忙了数百年，用的手段和炼金术没什么两样。韩国、日本、印度、印度支那和西印度尼西亚逐渐学到了中国饲养桑蚕的机密技术。

丝绸之路遭到过各种人类活动的打击，也是人类的贪欲及虚荣心所觊觎的对象，但它都挺了过来。在这条大路上，有身背多捆生丝绸和丝织面料、朝着叙利亚走去的骆驼，它们会把这些材料送给叙利亚的工场，由这些工场进行加工。在这之后，阿拉伯人成了优秀的纺丝工，接下来，迎来文艺复兴的意大利人又取代了他们的地位。

自奥古斯都皇帝之后，罗马宫廷便流行起了丝绸服饰。罗马贵族和他们优雅的妻女们会用最精美的丝绸来制造长袍，对着镜子整理仪表。丝绸和丝绸服饰是远东地区的人民用一种神秘的方式编织的，并且也是由他们出口到罗马的，不过罗马的女士们完全不知道这些地处遥远，文化发达的人们到底是什么样子。

马其顿的商人马斯·泰坦努斯应该是一位和远东地区打交道的商人，他得到了“提尔的马里诺斯”这个人所写的一些报告，以及其用准确的方式描述了印度洋东部地区和大西洋附近的数个海洋。125年时，克劳迪乌斯·托勒密将他的报告附在了自己的世界地图里，其中提到了一个叫作“卡提加拉”的神秘港口，但它是否和南京、广州、新加坡乃至越南的河静市有关，又或

《捣练图》（局部）

者就是其中的某座城市呢？我们永远都不会知道这个问题的答案。“河静市”这个选项是阿尔伯特·赫尔曼提出来的。

丝绸的价格十分高昂。在奥勒良统治期间（215—275年），一千克丝绸的价格和一千克黄金相仿。这里所说的丝绸是编织过后的丝绸，包括了细致的编织工艺所带来的成本。斯波拉得群岛的科斯岛出产质量上乘，装在罐子里的葡萄酒，还出产一些高质量的药膏，但除此之外，这里还生产质地轻薄的丝绸长袍，也就是普林尼笔下的“科斯岛服装”。这些衣服能够凸显身体线条，受到富有的社交名媛们追捧。巴黎的罗浮宫展出了一尊穿着科斯长袍的阿芙洛狄忒雕像，可能是仿造著名的雕塑“花园中的阿芙洛狄忒”而制的，雕刻后者的是从师于菲迪亚斯的希腊雕塑家亚加美尼。

富贵人家的衣服、被单、垫子和帘子都是丝绸做的，可谓极尽奢华。皇帝的妻子们身披丝绸长袍，虽说规则明令禁止，但还是有一些虚荣且富女子气的男人身披丝绸华服，遭到众人鄙夷。埃拉加巴卢斯曾经邀请宾客参加他那狂欢般的夏季聚会，所有宾客都睡在了丝绸垫子上。

一支支商队按照罗盘的指引，在丝绸之路上朝各个方向前进着（罗盘同样也是中国人发明的），其中包括无数饱经折磨的驮兽，无数劳心劳力的商人，他们的心中有一种对未知的极度渴望感。商队将波罗的海的琥珀、提尔的紫染料、熏香、香料和黄金运到了远东，对于执行这种任务的商队来说，

庞贝古城出土的罗马时代壁画上一位身着丝绸裙的酒神女祭司。

他们至少要花4—5个月来穿过塔里木盆地，这趟旅程可谓异常艰险，因为其中布满了茫茫大漠和盐沼滩，人们有着口渴而死的风险。当途径帕米尔高原时，人们会路过一段高海拔地带，这里空气极度稀薄，前行时必须拼命吸气。旅途虽然如此艰险，可全世界人民都对丝绸有着巨大的渴望，从波斯到君士坦丁堡，从雅典到罗马，再到位于大西洋沿岸的西班牙城市卡迪斯，我们都可以听到丝绸沙沙作响的声音，看到它发出的闪亮光泽，虽说如此，当跨越大漠时，也有无数商队因为口渴而身死其中，他们运送的无数捆丝绸，也自然而然成为价值连城的“陪葬品”。

中亚东部地区总体上看是一块巨大的盆地，里面充满了流沙组成的沙丘，还有一部分地区是位置固定的沙漠，大部分地方都没有水的存在，因此无法通行。中亚人都知道布冷风的存在，它是一种致命的沙尘暴，是大自然的狂怒所带来的后果，不仅吸引眼球，同时又极度危险。当它来临的时候，天空会在瞬息之间变黑，布满了沙尘，让骄阳现出一种血红色来。接下来沙尘会越来越厚，最后彻底挡住了阳光。布冷风不住地呼号，带着一股怒气席卷平原各处，逼迫各路商队停下脚步，寻找庇护所。风暴会将无数沙子和砾石吸起来，让它们呼啸作响，在空中组成漏斗状。许多旅行者都说这里有种奇怪的咔嗒声，这是风暴肆虐之处无数咯吱作响的碎石所发出的声音，它和中国传说故事里的“鬼鹰”所发出的尖啸类似，即使人们不知道“鬼鹰”的叫声，也会觉得这种咔嗒声十分恐怖。

不过各种传说故事都没有提到因这种风暴而死的人们。死于布冷风的人包括信徒、传教士、商人、学者乃至二战期间逃离日本统治区的难民。当然了，人们都知道这种风有多可怕，所以在它面前都会极其小心。当风暴来临的时候，人、马和骆驼都得找个地方躺下来，让狂风在他们头上肆虐几个小时，等到结束后再起身。但布冷风也是冷酷无情的，它会将碎石卷起来，砸在他们身上，让人和动物失去理智，起身冲进无边的沙漠里，最终死在一望无际的沙丘之中。人们在沙漠里找到了许多干尸，不过正如勒科克所说，死于沙尘暴的人一般都会被埋在沙丘底下。

丝绸之路不仅仅是一条道路，中国人管这条国际大道叫“帝国干道”，很少有人知道，组成这样一条传奇之路的还有其他很多元素：由糙石和泥土建起、孤处一地的旅舍，在布满骆驼粪的土地上垒起来的客栈，为保护行人而建的小型要塞，来来往往的部队，骑着马的信使，勇敢的朝圣者，卖给商队的水（当穿行于沙漠中最干旱的地方时，这些水就能解燃眉之急），翻译，海关岗哨和收费站。

在这条道路上，有陷入沙子之中，奋力向前移动的牛车，也有驴子、马匹、骆驼、使者和邮差。他们就这样日复一日、月复一月、年复一年地在这条大路上缓缓前行，一公里一公里地向目的地进发，漫步其中，远比我们这个时代电光火石般的快节奏要舒缓。

丝绸之路是条漫漫长路，位于一端的人们基本不知道另一端的人长什么样。在公元元年左右，圣保罗和巴拿巴斯的也有可能是沿着丝绸之路，从安条克走向中国的。帕尔米拉辉煌的遗迹，阿拉姆的塔德莫和季诺碧亚女王的皇位都在一定程度上受到了远东地区的影响，这位季诺碧亚女王曾短暂地统治过一个世界帝国。再往远处走，我们会来到色西封，这里是帕提亚诸王的大本营，后来成了萨珊国王们的主要据点。离开色西封之后，丝绸之路又经过了埃克巴坦那（现在的伊朗哈马丹）。这个地方是米底王国的首都，全城由一个固若金汤的要塞守卫，要塞下方的山丘上又有几座建有柱子的宫殿，它们的屋顶是由雪松木和柏木建成的。阿契美尼德人和帕提亚人在这里建造了许多消夏居所，这些人家财万贯，在建筑物的木质结构外面套了一层金箔和银箔。《多俾亚传》里提到了埃兰人的雷格斯城，这座城市现在的名字是雷城。它位于德黑兰南方，春季天气良好，帕提亚诸王之所以会在每年3、4、5月造访此处，也正是因为这里有宜人的春天。无数商队在经过巴克特拉时都会稍作停留，在此地购入黄金，原因是巴克特拉出产的黄金在古代就如同中国出产的丝绸一样紧俏。这些商队最终会到达中国新疆的喀什，这里的海拔差不多有1524米，处于一片绿洲附近，这片绿洲的土壤是黄土，而水源则来自于红河。从这儿出发的话，只需要走上几天，穿过3962米高的特雷克小道，然后就能到达声名显赫的费尔干纳了。当冬天结束时，如果当地的山区拥有足够的积雪，灌溉用水的问题就不用愁了，农民们可以用化雪后形成的水来进行灌溉。不过在夏季时，帕米尔高原的高海拔地区也可能会过于凉爽，耽误了化雪进程，海拔较低的喀什地区又可能会遇到酷暑，给这里的人们带来困难。

喀什的绿洲每年大约有200天会遇到沙尘暴的袭扰，它们来自塔克拉玛干沙漠，向西进军，给这片绿洲蒙上了一层无边无际的“面纱”。公元1世纪时中国的著名将领班超就葬在这附近的一座庙宇内。2世纪时，运送外国美酒的商队也会途经此地，将这些异域特产送到中国各地。另外，佛教也是通过喀什传入远东地区的，而将它带入中国的月氏人也把梨和桃引入了中国。亚洲的征服者成吉思汗在1219年时肯定造访了喀什，1275年时，马可·波罗也来到了这里，面对这片土地肥沃，商业发达的绿洲，他的眼神里应该充满了赞叹。地震多发地带一般是沿海地区，不过这个位于亚洲中心的地方也频发地震，人们口耳相传，将过去的地震记录传递给了后代。商队在经过海拔1400米高，位于塔里木盆地的于阗之后，会继续前进，来到敦煌。敦煌这片绿洲地区有建于洞穴中的佛寺，因而闻名各处。有一条往北走的道路通往吐鲁番，当地的海拔是负15米左右，研究者在那发掘出了很多废墟。

德国人格伦威德尔是著名的印度学专家，他在1905—1907年间来到了新疆地区，展开发掘工作，找到了很多古代珍品，包括洞穴中的佛寺和佛经。他还发现了一些衣物的残片，这些衣服很明显是由十分贵重的丝绸所制，除开这些之外，他还找到了一些配有丝绸面纱的帽子。中亚地区的佛寺离北京有2400公里远，这里的人们曾认为只有位高权重、声名显赫的人才配得上穿丝绸服饰。

格伦威德尔报告说，吐鲁番地区在6月到8月中旬期间都处于烈日炙烤下，人们实在难以展开任何活动，卡拉萨尔更是蚊虫遍地，令人头疼，红河沿岸又常有沙尘暴和地震。当地洞窟佛寺里的壁画都有所缺损，雕塑遭到破坏，铭文也被划掉了。但格伦威德尔有着无穷无尽的耐心，他将许多美轮美奂的古老壁画取了下来，给每块碎片分门别类，将它们包裹起来，最后由车队运走。为了在日后重新将碎片拼成完整的画作，他必须将它们临摹下来。当冬天来临时，气候过于寒冷，哪怕往墨水里加入酒精，也没法让墨水解冻。他们的工作地点飞沙走石，沙子跑到了刷子和画笔里，导致墨水变质，画作被毁，让人不得不付出成倍的气力去收拾烂摊子。格伦威德尔说："即使用颜料把主色调混合好了，万一来沙尘暴把沙子带进来了的话，那混合好的颜料又会产生变化。"数百年间，牧民们一直将部分洞穴当作过夜的地方，他们生起的营火把墙壁都熏黑了。还有些洞穴的入口被沙土堵塞，人们不得不一个接一个地将堵塞物移走。当人们在柏林民俗博物馆之类的地方看到这些辉煌灿烂的画作时，绝对想不到过去的研究者们在遥远的中亚费了多大气力，经受了多少苦难，才成功地让它们重见天日。不过人们同样也都知道，丝绸之路沿线的各座绿洲都是亚洲各大文明融合交流的产物，这些绿洲令人印象深刻，让人赞不绝口。

柏林民俗博物馆朝中亚总共派去了四支远征队，第一支由格伦威德尔教授率领，来到了吐鲁番，从1902年11月一直工作到了1903年3月，获得的各种考古遗物总共装满了46个箱子，每个箱子重36公斤，包括破碎的壁画、经文和其他物件。第二支远征队由阿尔伯特·冯·勒科克率领，从1904年9月一直工作到了1905年12月，在吐鲁番的绿洲和摩穆尔地区进行了一系列研究。他们获得了大量的历史遗物，总共装满了103个箱子，每个重约90到160公斤，到达德国所走的路线是缓慢而曲折的陆路。第三支远征队由格伦威德尔和勒科克共同率领，在1905—1907年之间进行考古工作，来到了库特莎、喀喇沙尔、吐鲁番和卡姆。这次他们运回来了128个箱子，每个重68到80公斤。最后一次远征又是勒科克领导的，在1913年1月到1914年2月之间进行，带回了160

个箱子，它们的重量也是68到80公斤。

法国学者伯希和取得了巨大的成果，英国地理学家、语文学家奥雷尔·斯坦因博士代表英属印度政府展开的探险也大获成功，我们之前已经说过了他俩的情况。1926年时，柏林民族学国家博物馆的阿尔伯特·冯·勒科克教授写道：“中亚的这些探险十分重要，自奥斯丁·莱亚德爵士探索完尼尼微遗址之后，没有任何考古项目的重要性能赶上这些探险。”事实上，这几次远征还揭示了一些新信息。丝绸之路途径了中亚地区，但在8世纪之前，统治这里的是伊朗人、印度人乃至欧洲人等印欧民族。考古者在丝绸之路沿线发现了无数书信，里面有一些是用未知的语言所写的，需要进行解密，翻译，最后交由伦敦、巴黎和柏林的专家们进行科学分析。印欧和突厥语方面的权威人士要研究24种不同的书信里包含的17种不同语言，其中许多梵文书信揭露了有关佛教的新事实，这些事实十分重要。研究者还发现了一些叙利亚语的文件，它们是给叙利亚的聂斯脱利派教堂准备的，和礼拜仪式有关。此外，研究者还找到了其他很多用索格底亚那语写成的聂斯脱利派文件。

最后，德国远征队还在吐鲁番附近的一处干旱地区找到了许多摩尼教作品，在此之前，人们一直都认为它们彻底消失了。这些手写作品所用的纸张质地上乘，字体精美，墨水颜色多样，让我们对这个独特的宗教有了许多全新的认知。除开这些作品之外，人们还发现了一些书籍残页，这些书页是属于摩尼教团体的。德国的穆勒教授随后翻译了这些资料，它们多半是用中古波斯语和其他印度方言所写成的，不过基本上是由索格底亚那语写成，还装饰有极度美丽的细密画。除开这些文献之外，其他绝大多数摩尼教作品都遭到了狂热的基督教或伊斯兰教徒破坏，这让它们格外重要。

敦煌至陕西省省会西安之间的丝绸之路只有一条，没有分支，按照伟大的瑞典探险家斯文·赫定所说，所有走完丝绸之路，在路过了建有四方形高墙的大都市西安之后，都会意识到自己一路以来几乎穿越了整个世界，留下了不可磨灭的经历。

中国人习惯把丝绸之路叫作帝国大道，它所穿过的地方占到了古代世界的绝大部分地区。这条大道经过了中国炽热的平原，经过了戈壁沙漠边上的绿洲，经过了敦煌和楼兰之间的废土（这片荒凉的土地现在仍是野骆驼的栖息地），又经过了如同神话一般的米底诸城，最后到达了巴比伦和提尔这两座古代世界的大都市。丝绸之路造就了一个又一个秘密。1900年3月28日，斯文·赫定在干枯了的罗布泊湖附近找到了失落的楼兰古城遗址。

斯文·赫定在中国西北考察时留下的照片

一年之后，斯文·赫定他们在一座泥砖垒起的房子里找到了一堆石块，石块里有破布、羊骨、鱼骨，另外还有一百来份手稿及42条木棍，上面都刻有汉字。斯文·赫定找到的这个“垃圾堆”真可以说是个宝库，其中破碎的那些手稿是一支驻扎在此的中国军团留下的，他们在265年时来到这里，在313年离开，有一部分手稿直接提到了“楼兰”二字。赫定和他的接班人对楼兰进行了研究，直到1920年赫定去世时，研究成果才正式出版。不过赫定本人已经意识到了他所发现的这些东西有多重要。他是这样说的：“这趟考察任务十分累人，但考察期间我所发现的这些文件碎片足以抵消任何辛劳。人们将通过它们了解到罗布泊存在于什么时候，有什么样的人居住在它附近，这些人和中亚的哪个地区有接触，这些人所统治的国家叫什么。罗布泊附近的居民所组成的这个国家遭到了大地吞噬，这些居民所属的民族没留下任何幸存至今的历史记录，也没有任何史书典籍记载了他们的命运，但这一切秘密都将为现代人所知晓。我眼前的是一段历史，我将让它再度焕发生机。”

楼兰的木雕体现出了希腊和犍陀罗文化的影响，证明该地区和西方以及南方诸国都有联系。当研究者把碎成小片的纸制文件再拼起来时，发现上面写有清晰而工整的汉字。奥雷尔·斯坦因在发掘楼兰的坟墓时挖出了一些人体，他们的衣服和面部都完好无损。此外，在一处佛寺遗址中，研究者找到了一些小而精美的木雕、人像、饰物、舍利塔的模型、勺子以及一支供孩子使用的鹤嘴锄，除此之外，他们还发现了方孔钱币，刻有赫尔墨斯的红色石戒指，一条羊毛地毯的残片，一尊栩栩如生的佛陀头部雕像，还有一块图案特别精美的丝绸。

楼兰佛寺废墟出土希腊化艺术风格的木雕残片

奥雷尔·斯坦因还在阿斯塔纳的另一块坟墓中展开了发掘工作，这里差不多离吐鲁番绿洲32公里远，位于它的西南部。斯坦因找到了一些8世纪的雕塑，它们出自于唐朝匠人之手，那正是中国艺术的一个巅峰年代，这些作品也是现存艺术品中精细程度数一数二的。它们是一些陪葬品，里面包括了小型人俑、骆驼俑、色彩鲜艳的马俑、恶魔的头部、身着华服的骑师俑以及华丽的丝绸服饰，上面画有人和动物。

丝绸之路十分漫长，考古学家在沿线发掘出了无数与《般若经》或大乘佛教理念有关的文本，这些文本一般都碎成了许多片。另外，考古学家也找到了10世纪时的藏语文本，讲述的是军事、医疗、商业纪录和治疗马匹的手段，有关最后这个主题的文本异乎寻常地多。

当丝绸之路处于全盛阶段时，来往的商队只会运送奢侈品，将它们从世界的一段带到另一端去。中国一开始并没有发现玉的存在，但这种奢侈品仍沿着丝绸之路来到了远东地区。佛教和西方的摩尼教等精神宝藏也在沿线的绿洲相会，并相互融会贯通。

19世纪时，大规模生产的货物和消费品成了国际贸易的核心，此时人们已经忘记了“奢侈品”的真正含义。在亚洲地区，具有实际价值的财富以及物品都极度重要，可以说带着一股魔力。丝绸之路曾盛行于世，并且为世界带来了巨大的影响。当人类的各种伟大思想穿行其中时，它们的外表也产生了变化，佛陀的双眼变得和中国人一模一样，信徒们将各种经文翻译成其他语言，来自欧洲的旅者也把基督教理念引入了佛教。丝绸之路所经过的地方是世界上最狂野，最荒芜的地区，在人们展开这些文化交流的时候，这里所具有的自然魅力也一直起着作用。

楼兰出土的丝绸碎片，上面可清楚见到“昌”字图样。

现如今，丝绸之路处于最低潮期，它曾生机勃勃，但现在一片死寂，贸易也不复存在。现在，沿线地区局势不稳定，前线地区波诡云谲，贫困现象令人担忧，各国之间更是充满猜忌，这都让丝绸之路处于危急存亡之中。但丝绸之路对于各种变化有着极强的抵抗力，它仍是那条蜿蜒曲折，横穿亚洲腹地的道路，穿过的国家总会进行各种战争，但它们也不会阻断这条路上从东至西，从西到东，充满和平气息的物质和精神交流。

丝绸之路上的驼铃声真的要永远消失了吗？我曾经游历过亚洲，并且永远不会忘记旅途中所见的许多瞬间：沙尘暴“演奏”令人毛骨悚然的歌曲，冬季的狂风卷起千堆雪，在路上遇见，或乘车或步行的独行者，穿裘裹皮的蒙古骑手，脚步轻盈，排成长队，侧影在亚洲无垠的蓝天下显得异常突出的骆驼，马脖子上叮当作响的铃铛，拥有土制城墙，极目所见皆是黄色和棕色，地处偏远的城市，还有大漠间片刻的寂静。

波斯

奥克苏斯的宝藏

当人们发现任何非比寻常的财宝时，自然而然就会猜测是谁将它们藏了起来，又是在什么情况下将它们藏起来的。为满足这些好奇心而采取的考古学手段往往无疾而终，在重建历史的时候，人们也往往会过于强调想象力的作用。

——O.M.道尔顿，《奥克苏斯的宝藏》，第17页，伦敦，1926

很多国家乃至帝国拥有广阔的疆域，但却没给我们留下太多代表其物质文化的遗物。某些国家的遗物遭到流沙吞没，另一些国家所涉及的文化交融到了一块，我们常常搞不清到底哪些遗物属于他们，哪些不属于，还有些国家的奢侈品，实用物件或者宗教器具散落在一大片区域内，要么被埋在大草原下，要么就被河湖淹没了。相比于仍埋藏在大地之下的遗物，我们挖掘出来的那些只不过是沧海一粟罢了。

在100多年前，人们发现了一处宝藏，它为我们研究某些部落的秘密提供了重大线索，这些部落的宗教和日常生活目前仍充满未知。考古学在不久之前才开始研究各种高价值的物件，有时也包括纯金制成的那些，它们的主人属于各个部族，这些部族所拥有的领土涵盖了中东，穿越了整个亚洲，直延伸到了中国边境，他们四处流浪，永不停止脚步，于是也将这些物件带到了各处，其中有一些仍未得到辨识，剩下的绝大部分物件流散到了世界各地。长久以来，中东、俄罗斯南部以及中亚骑马民族的文化都没有得到艺术史研究的关注，然而他们所创造的器皿和艺术品却是人类早期艺术品中珍稀程度、迷人程度和理解难度数一数二的。

人们在巴克特里亚发现了“奥克苏斯的宝藏”，巴克特里亚曾是波斯的总督辖地，同时这笔宝藏也可能来自于前5—4世纪，所以说我们应该先大致了解一下阿契美尼德王朝的情况，这个王朝统治着当时的波斯。

在公元前10世纪之前和之后的数百年里，人们展开了规模巨大的迁徙。东方和西方操着印欧语的部族将史前文明的子民们驱散了开来。印欧部族移入了希腊和旧意大利地区，而东印欧人（或印度—伊朗语系米底人）以及波斯人则赶走了近东和中东的居民们，掌握了这些地方的霸权。“雅利安”（Aryan）一词就来自于梵文里的“arya”，一开始描述的是印欧语族的印度—伊朗语系分支所属的主要部族。纳粹将这个词运用到了种族领域，还将休斯顿·张伯伦所信奉的那套种族主义价值观融入了进来，造成了深重的灾难。

有许多人曾一次又一次地尝试找出印度—伊朗语系民族的老家，这些民族可能来自于中亚的大草原，南俄罗斯宽广无际的原野，甚至可能来自波罗的海沿岸。传说故事里提到了一块叫作阿亚伦—瓦霍的土地，同时也提到了途径布哈拉和撒马尔罕，不断移入波斯和印度的游牧民族。

放眼世界历史，波斯帝国可以说是数一数二的大帝国了，它是以米底王国为基础而创立的，后者是印度—伊朗语系的人民所建立的国家。埃克巴坦那（现在的哈马丹）绿洲是基亚克萨雷斯国王的根据地，他是米底诸王中功勋最卓著的一位。古代的米底王国没有给我们留下任何文字记录，石制纪念碑或者艺术作品，不过他们肯定和波斯表亲们共同占据了位于波斯湾以北，现属于伊朗西南部的土地。波斯都城是苏萨，阿契美尼德王朝的王宫也位于此处，“阿契美尼德”这个名字来自于阿契美尼斯，他大约在公元前700—675年间统治着波斯。

波斯帝国真的是因为一场梦而诞生的。公元前585年时，米底国王艾斯特亚格接过了父亲基亚克萨雷斯的王位。解梦师在埃克巴坦那预测说，他的女儿芒达妮之子将统治整个米底。艾斯特亚格想出了一个自认为天衣无缝的计划，只可惜聪明反被聪明误，艾斯特亚格费尽心思，想要让这个未来注定要掌控世界的人被自己所掌控。任何出身高贵的米底人都可能是篡权者，所以他并不想让自己的女儿嫁给一个米底人，这样可能会留下隐患。他决定将芒达妮嫁给一位来自附庸国的王子，艾斯特亚格觉得，一旦他女儿的后裔真的对他造成威胁的话，那这样一桩婚姻能让他很轻松地除掉这个祸患，所以才决定这样嫁出他的女儿。

当时的米底人对波斯人没什么好印象，那个时候波斯还只是个小部落，所以艾斯特亚格选了波斯王子冈比西斯，让他娶了自己的女儿。当芒达妮为他生下了一位名叫居鲁士的男孩之后，艾斯特拉格命令他的宰相哈尔帕格斯立刻杀了这个孩子。人们难以违抗这个暴君的命令，一般都会遵照他说的去做，但不会百分百照办。哈尔帕格斯把这个孩子带到了高原上，但并没有痛下杀手，而是把他交给了一个牧羊人。居鲁士被牧羊人带大，在风势强盛的高原上长大，他是怎么控制整个米底的呢？米底帝国又是怎么变成波斯帝国的呢？我们对这方面的细节一无所知，不过我们能确定，居鲁士是阿契美尼德部落的一位王子，这个伟大而显赫的王朝正是在他统治时高歌猛进，掌控了世界霸权。

苏萨现在是波斯都城，不过居鲁士在帕萨加达又建了第二座地位同等重要的要塞，“帕萨加达”的意思是“波斯人的营地”，希腊人将其称作帕萨加代，也是居鲁士之墓所在的地方。居鲁士大帝先是占领了埃克巴坦那，然后又打下了米底全境，接下来征服了吕底亚和它那著名的都城萨迪斯，最终攻克了卡利亚、吕西亚和爱奥尼亚。居鲁士的主要敌人是勇敢的萨卡部落（也就是斯基泰人），他们现已绝迹，是一群十分神秘的人，我们对他们的了解也很少。巴克特里亚、马尔基亚纳和索格底亚那成了波斯的省份。公元前539年，居鲁士率军攻入巴比伦，受到了整个东方世界的欢迎，让波斯成为罗马诞生前的古代世界最大的政治实体。

居鲁士死于和马萨格泰落的战斗之中，这个部落受到斯基泰部落的压制，不得不向西移动，从俄罗斯南部的大草原出发，涌入波斯境内。居鲁士将他们视为心头大患，在公元前530年夏季和他们的战斗中战死沙场。

居鲁士之子冈比西斯接过皇位，将波斯帝国的疆土扩展到了尼罗河流域。接下来，在经过了一系列叛乱之后，大流士接过了皇位（他在公元前490年的马拉松之战里败给了希腊）。他在成长期间受到了古典精神的滋养，但我们对他的了解只限于败走希腊之际，对他在东方经久不衰的功绩却没有给予应得的认可。大流士为波斯帝国做了巨大的贡献。他也在抵抗斯基泰人的入侵，最远追到了多瑙河流域。他建立了波斯波利斯城，在去世时正准备进行下一次对希腊的大规模远征，目的是报马拉松之仇。公元前520年，他在贝希斯敦的岩石上刻下了自己的功绩，高挂在道路上方，让后世想亵渎这块刻石的人们无从下手。这位强大的阿契美尼德王室成员也在纳克西—卢斯塔姆的陡峭的山岩之间修建了自己的陵墓，这里离波斯波利斯不远，大流士和他后代的陵寝时至今日仍然保存于此。

这是波斯波利斯的薛西斯大厅某条走廊里的雕带，上面刻画了向这位帝王进献礼物的叙利亚人、巴克特里亚人和斯基泰人。波斯波利斯的皇宫位于波斯设拉子地区的东北部。

大流士的接班人是薛西斯，他在苏萨管理帝国事务，还娶了以斯帖女王。希腊人在萨拉米斯和普拉提亚击败了薛西斯的军队，最终在米卡尔半岛将他们彻底消灭。于是，波斯势力被彻底局限在了亚洲，失去了称霸欧洲的机会。薛西斯的继任者们忙于内斗，争吵不休，导致这个大帝国在政治上陷入停滞，人民血流成河，痛不欲生，国家混乱不堪。西方人觉得亚历山大的波斯战役简直是如有神助，但实际上，波斯帝国在这之前已经摇摇欲坠了，亚历山大只不过是对它发动了致命一击而已。

阿姆河的河口位于咸海南岸，这条河流发源于帕米尔高原南部，穿过布哈拉南部的多山地带，注入都兰平原，流过一片片大草原和沙漠。它长达数百公里的一段河道是阿富汗和俄罗斯南部的分界线，同时也把土库曼斯坦和乌兹别克斯坦隔了开来。阿姆河流经许多古老文明的遗址，例如花剌子模消

这是波斯波利斯的薛西斯大厅某条走廊里的浮雕，上面刻画了向这位帝王进献礼物的叙利亚人、巴克特里亚人和斯基泰人。波斯波利斯的皇宫位于波斯设拉子地区的东北部。

失的领土，还有古老的巴克特里亚。阿姆河就是古代历史中负有盛名的奥克苏斯河，所以说，这条河流里隐藏着成千上万个秘密。现代专家进行的研究显示，奥克苏斯河古时候源于咸海，会沿着一条水道流入里海，泥沙现在已经把这条水道堵塞住了。

1880年五月的某个晚上，英国官员伯顿正安坐于自己位于特辛谷地的警察局办公室里，伯顿也驻扎于赛赫巴巴，从阿富汗首都喀布尔出发的话，要花三天才能到达那里。这一晚和其他所有孤寂的夜晚一样平安无事，但九点多的时候，一位穆斯林突然闯进了伯顿的警局，拉响了警报。

情况是这样的：三位来自布哈拉的穆斯林商人从喀布尔出发，朝着白沙瓦前进，他们情绪高涨，没有察觉到任何危险，于是将车队抛在后面，自己骑马向前进了，这实在是不明智。这三位富裕的穆斯林在希瓦、撒马尔罕和印度之间进行贸易，最远会去印度北部的阿姆利则。他们这趟旅途的目的和以往一样，是要到印度西北部购入大量的茶叶、丝绸和其他货物，然后来到

波斯波利斯的万国门

阿富汗和俄罗斯南部之间的道路上，在路旁的集市里贩卖这些东西。不过他们在这趟白沙瓦之行中一分钱都没带，这也是有理有据的，因为阿卜杜·拉赫曼（日后的阿富汗国王）会在昆都士盘查路过的商队，收缴大量钱财，供自己的军队所用。所以说，这三位穆斯林并没有带钱，而是将一些贵重物品隐蔽地缝到了皮夹里。

一群匪盗在路上袭击了他们，将他们的仆人、商品和他们自己带到了山中。这伙盗匪和他们的囚徒一道穿过了特辛卡科塔尔，来到了卡尔卡特查山脉。匪徒们在山中几个偏僻的洞穴里悠闲地查看了一番他们的战利品，然后分了赃。

冲进伯顿警长警局的是其中一位穆斯林商人的仆从，他逃离了劫匪的看守。伯顿迅速展开了营救，只带了两个士兵随行。当午夜来临时，他到达了劫匪附近，对他们来了个突然袭击，却发现这群劫匪产生了内讧，有四个劫匪还受了伤，倒在了地上。商人们凑在一块，动都不敢动一下，他们的贵重

薛西斯像

物品散落在洞穴之中。

伯顿和劫匪展开了谈判，让这些劫匪交出了大部分赃物，但他刚走没多久，就听来消息说这些劫匪准备设下埋伏，把东西再抢回来。听到这个消息之后，他隐匿行踪，直到第二天早上六点才回到狭小的警察局里。然后，他派了个人去通知劫匪，说他们如果不把剩下的脏物也交出来的话，那伯顿自己就会调集一支大部队攻打他们，结果伯顿果真收到了剩下的赃物。商人们拿回了四分之三的财产，继续朝白沙瓦前行，他们告诉伯顿，自己的皮夹里装着的那些宝藏多半来自于卡巴迪安，奥克苏斯河淹没了许多古代城市，卡巴迪安可能是其中的一分子。当地的居民似乎有挖宝的习惯，能在城市遗址附近时不时地挖出些金子和贵重物品，但没人能确定卡巴迪安的具体位置。它颇有可能位于库阿德，这座小城并不靠近奥克苏斯，而是位于它的支流卡菲尔尼根附近。

不管怎么说，这些商人肯定拿走了一些埋在地下的宝藏，把它们带去了印度，将其视为一种交换手段。他们遭劫时带着的财宝价值8万卢比，在1880年是笔巨款了，而伯顿帮他们找回了52000卢比的财宝，他们在拉瓦尔品第将这些剩余财宝卖了出去。

奥克苏斯的财宝消失了一段时间，不过将军亚历山大·康宁汉姆爵士最终找到了它们，后来，这笔宝藏又落到了奥古斯都·沃拉斯顿·弗兰克斯爵士手里。它们现在已经结束了冒险生涯，藏于大英博物馆里。

印度西北部贩卖这种古董的商人们有时候会购入仿制的金质古手环、碗、圆柱形石头和动物雕像，他们知道西方考古学家对这些东西很感兴趣，所以才会把它们买下来。弗兰克斯很快就发现，他手里的这批宝物中有几件是仿造的金制物件，但他也成功地拿到了原件，并很快意识到相比赝品而言，原件的质量要高许多。拉瓦尔品第的金匠们虽然使出了浑身解数，但还是没法用黄金打造各种以假乱真的赝品，质量上还是比不过那些铜制和银质的古董。不过这些宝物里确实有一些真品是由黄金打造成的。

奥克苏斯宝藏里还包括了1500枚来自波斯总督辖地的硬币，来自雅典的四德拉克马银币，以及来自马其顿和阿坎图斯的硬币，这些硬币里包括了200多枚印有亚历山大大帝姓名的金币，还有塞琉古一世、安条克一世、二世、三世下令铸造的一些硬币。它们分布于公元前5—2世纪之间，但这些硬币一开

奥克苏斯宝藏中的黄金战车模型

奥克苏斯宝藏中的黄金臂环

始可能不属于奥克苏斯宝藏，也不一定出土于同一个地方乃至同一块地层，所以说没办法帮助测定这些宝物所属的年代。学者们展开了一系列比较研究，发现奥克苏斯宝藏属于波斯历史上的阿契美尼德时代，也就是公元前6—5世纪左右，当时统治波斯的是居鲁士二世、大流士一世、薛西斯一世和其他继任者。

是谁把这笔财宝藏起来的？这个问题仍然没有答案。康宁汉姆将军认为，在两千多年之前，这些贵重物品属于一个古老的巴克特里亚家族，当巴克特里亚出现内乱，或者遭到外敌入侵时，其中一位家族成员慌忙地把这些财宝埋了起来。他是唯一一个知道埋藏地点的人，可能会想着有朝一日将这笔宝藏拿回来，结果却注定不能如愿。如果说上文提到的硬币真是宝藏的一部分，那这笔宝藏的最后一位主人至少活到了公元前209年，当时正是欧西德莫斯统治期间，这一时期铸造的硬币也是那些硬币里最新的。

亚历山大大帝夺取了苏萨、波斯波利斯和帕萨加代的皇室宝库，也拿走了里面藏着的巨额财富，亚历山大的继承者们后来瓜分了这些财富。所以

琐罗亚斯德教的法拉瓦哈标志

说，确实可能有一个巴克特里亚家族分到了其中的一部分财宝，拿来充当应急储备了。

奥克苏斯宝藏里有很多物件和西西伯利亚发现的早期斯基泰物品有关，所以说，奥克苏斯宝藏里的西伯利亚斯基泰艺术作品体现出了这么一个现象：阿契美尼德王朝的波斯金匠所打造的艺术品与西西伯利亚人民的艺术和技艺产生了融合。

宝藏中的大多数物品都具有宗教意义，其中有一些是金制的碗，酒壶，金制和银制的宗教雕塑，刻有阿胡拉玛兹达形象的盘子，带有印章，刻有女神、莲花、鸟类或参与祭祀的波斯国王形象的戒指，由一片金叶打造成的鱼儿（这种艺术品在古代有着魔法或宗教方面的含义），战马，象征太阳的徽标，刻有身披斗篷的蓄须者形象的金饰板，头冠和耳环，以及一些长裤，这些长裤是米底人的发明，也是史上最早出现的一批长裤！

这些东西一般是用于琐罗亚斯德教仪式的，创立这门宗教的是琐罗亚斯德，他差不多生活于公元前600年，希腊人管他叫琐罗亚斯德，波斯人则将他叫作查杜斯特，他可能出生于波斯东部的巴克特里亚，这里正是人们发现奥克苏斯宝藏的地方。最新的研究显示琐罗亚斯德出生于公元前630年，他的门徒将“神圣之书”里的诫命和教诲整合到了一块，创造了《阿维斯陀》这本宗教经典，“阿维斯陀”大概的意思是“注解和文本”。当亚历山大大帝摧毁了波斯波利斯宫殿之后，《阿维斯陀》的原本也不幸被烧毁了，幸免于难的只有其中一册，还有几片破碎的书页。《阿维斯陀》中的《迦特》卷幸存了下来，它忠实地记录了赞颂先知的圣歌以及先知们所冥想的内容。

琐罗亚斯德教和美索不达米亚、赫梯、埃及乃至希腊的古代文明都在一定程度上滋养了波斯艺术。英国的一位博物馆馆长道尔顿撰写过一部有关塔尔苏斯宝藏的重要作品，他在其中指出，波斯艺术并没有经历一个初生阶段，而是在阿契美尼德王朝夺权之后一跃而起的。

不管怎么说，卢斯塔姆、波斯波利斯和苏萨的建筑师、雕塑家以及该地区的艺术家们也都创造出了一些永垂不朽的佳作，只不过规模小了一些。我们也不能断定他们的艺术注定要被人遗忘，这些艺术作品有时候和我们的艺术作品之间有着神奇的相似之处，另外，还有一个伟大的宗教永恒不休地激发着艺术家们的灵感，让它们栩栩如生。

欧亚之交

斯基泰人

一百多年前，人们才正式将南俄罗斯纳入到了欧洲，在这之前，相比于欧洲人而言，这里更像亚洲部落的家园。

——埃利斯·米恩斯，《斯基泰人和希腊人》，第1页，剑桥，1913年

“斯基泰人身上只有一种品质冠绝全世界，虽说除开这一点外，我对他们毫不羡慕，但攻打他们的人确实有去无回，他们若是想隐匿自己的踪迹的话，也没人能找到他们，这一点确实无人可比。”

这话是希罗多德说的，他曾亲自造访斯基泰人的故乡，那里位于黑海之滨，现在属于乌克兰。这位前基督教时代的旅行家和“史学之父”出生于公元前485年，他造访的是奥尔比亚这座古希腊殖民地，该地现在是黑海边的尼古拉耶夫城，位于布格河入海口附近，希罗多德甚至北上来到了玻里斯提尼斯河。“玻里斯提尼斯”就是第聂伯河的古称，它穿过了斯基泰领地的中心。希罗多德对这里进行的探索以及他写下的记录都拥有巨大的价值，很少有人比得上，因为斯基泰人十分神秘，在公元前700年左右首次登上世界历史舞台，在公元前200年左右谢幕。

斯基泰人是什么样的人，他们来自哪里，和其他种族有什么关系？这些

斯基泰人金饰品

问题现在仍然充满争议。他们没有发明出文字，也没有留下任何书面记录。那些没发展出文字的民族会迅速消失，比他们要小很多，但是拥有文字的民族又掩盖了他们的光芒，让他们的重要性出现了偏差，人们很少注意到这两点。公元400年左右时，斯基泰人的生活方式、行为和事迹都彻底失传了，直到19世纪时，人们才找到了他们的坟冢，让这些东西重见天日。直到现在，我们才对斯基泰人的风俗、物质文化和生活方式有所了解，在曾生活于这个世界上的各个民族中，他们可以说是非常耐人寻味的了。

“斯基泰”这个词在古时候指的并不是某个种族，也没有任何人类学上的含义，这在某种程度上让斯基泰人更为神秘。希罗多德认为斯基泰人是一股居无定所的政治力量，不过除开他的文献之外，还有其他人向我们提供了关于斯基泰人的信息，这些信息仅次于希罗多德之后出现，提供者是苏格拉底的同代人，科斯的希波克拉底，他是希腊最著名的医师，对斯基泰的地理位置以及它对当地自然环境的影响更感兴趣。

希腊人管斯基泰人叫作“Scythae”，第一个提到这个名字的人是公元前8世纪的赫西奥德，而斯基泰人自己将他们称作“斯克罗蒂”，波斯人把他们叫作萨卡人，“萨卡”这个名字的来源已不可考，但或许和印欧语里代表“追逐”的“sequ”一词有联系。希腊的“Scythae”或许是希伯来语里“亚实基拿”（Ashkenaz）的变体。

斯基泰人曾组成了很多国家，也曾只剩一个国家，曾经显赫一时，也曾隐遁某处。他们出现在众人面前，然后又会再次消失。古人所描述的斯基泰人具有典型的亚洲特征，但古典时代的作家也会用“斯基泰”一词概括俄罗斯地区所有的蛮族居民，公元前5世纪时，人们转而将这个词用于概括所有俄罗斯欧洲部分的居民了。当亚历山大大帝在亚洲发现了类似的部落之后，亚洲各部落也成了这个词所指代的对象。希罗多德的《历史》一书（第4卷，第81节）里有句话很明显地将真正的斯基泰人和无数斯基泰部落区别了开来：“我发现斯基泰人简直数不胜数，人们在估计他们的总人口时提出了很多差别甚大的说法，有时候人们说斯基泰人数目巨大，但有时候又说世上并没有许多真正的斯基泰人。”

若是要想解决这个谜团的话，我们或许可以详细分析一下希波克拉底笔下的斯基泰人形象。他在《论空气、水和环境》这本书里报告说，斯基泰人身形丰满，呆滞又疲软，挺着大肚子，关节被肥肉所遮盖。在他看来，个中原因是他们在婴儿时期没被裹于襁褓之中，同时又养成了只要能骑马就不走路的习惯。由于“他们所处的国家气候苦寒”，所以斯基泰人的面色十分红润，肥胖也降低了他们的生育率。

这和希罗多德对斯基泰人细致的描述并不相同。为什么攻击这些胖子的人都无法安然归来呢？另外，希罗多德说斯基泰人是住在帐篷里、会骑射的游牧民，许多古人将他们视为古代历史上技艺最高超的骑手，如果真是这样的话，那他们也不太可能是身型肥胖的人。

希波克拉底认为，斯基泰人的身体状况和他们整齐划一的生活方式有关。斯基泰男性总是要靠骑马来周游四方，女性总会坐在马车里，他们的国家又总是终年严寒，迷雾重重。斯基泰人那红色或棕红色的面色可能和鞑靼人相仿，在1260年时统治蒙古帝国的忽必烈汗就是这样，他的面色红里带白。成吉思汗治下的蒙古占领了整片中亚地区，让中国一直到奥克苏斯河之间的领土都归于他统治。马可·波罗说成吉思汗的脸是棕色的，但他的家人大多有红头发和蓝眼睛。蒙古王子拔都率

斯基泰人黄金带饰

军征服了俄罗斯，在1235—1246年间摧毁了波兰、西里西亚和匈牙利，传说他长着一张红脸。弗莱芒的圣方济各派旅行家德·吕斯布鲁克按照教皇英诺森四世和法国的路易九世要求，在1253—1255年期间出使蒙古，来到了大汗的哈拉和林宫殿，他在用拉丁文撰写的报告中提到了拔都汗红色的面庞，不过把其中最关键的一句话翻译过来之后应该是这个样子的："他的脸上到处覆盖着红斑"。我曾在伏尔加河河口附近见到过一些鞑靼人，他们的脸是灰色或者橄榄绿色的，但在经过了数百年之后，肤色也存在着变化的可能性，我们一定要注意这点。另外在过去七百多年间，各族群肯定也一直在通婚联姻。

希波克拉底说斯基泰人十分随和，他觉得这仍然归因于他们的游牧生活，不过他所描述的只是统治阶级，因为下层人民的脾气肯定没有这么好。普林尼在他的《自然历史》里将马萨格泰部落纳入到了俄罗斯亚洲部分的部落里。他说那里的每个男人都有位妻子，但他必须要和全部落的男人共享这位妻子。不过这只是马萨格泰人的习俗，不是斯基泰人的。在人们眼中，鞑靼人和斯基泰人往往代表同一群人，马可·波罗报告说这些人认为婚姻上的不忠是一种美德，完全可以接受（《马可·波罗游记》第一卷，第47页）。我们不清楚斯基泰人到底有没有采用一夫一妻制。当斯基泰妇女的丈夫死后，她也要一起陪葬，两个人的遗体会躺在同一个墓坑里，但间隔着一段距离。斯基泰的帕齐里克坟墓里有口棺材，里面躺着一男一女，这是目前唯一一位和男伴陪葬于同一处的斯基泰女性，帕齐里克位于鄂毕河上游的东部。塔玛拉·塔尔伯特·莱斯认为她是那位男性的妻子而不是小妾。虽然斯基泰女性的地位很低，但这种陪葬现象并不是种侮辱，而是种荣誉的象征。

东非的尼罗—含米特语部落和南迪族部落都有这样一个风俗：一个男人带着另一个男人的妻子进入自己的小屋里，在门外的地上插上一根长矛。希罗多德说马萨格泰人也有这种风俗，他们如果想和别的哪个女人共度良宵的话，就会在他们的马车边挂起自己的箭袋，这些马车都有顶棚，而这种行为则有着"请勿打扰"的意思。

虽说有这种情况，但斯基泰人也不太可能在各座帐篷之间到处调情。

那些多配偶制、将女性视为仆从的亚洲部落坚称其成员的妻子都处于深闺之中，只有她们的丈夫能与她们发生关系。

古斯基泰人和俄罗斯人有许多与之类似的现象，这可能是因为俄罗斯人从鞑靼人那借鉴了一系列文化元素，和鞑靼人之间也展开了为期数世纪的通婚。俄罗斯人和斯基泰人之间有很明显的相似之处，这样说来的话，他们之间的“桥梁”很有可能是鞑靼人。俄罗斯的疆域广阔，生活着许多游牧民族，这些民族成了俄罗斯人所学习借鉴的对象，最值得注意的是哥萨克人，他们和俄罗斯人是老冤家了，俄罗斯人从他们那学来了骑马技术和服装样式。俄语里许多和服装有关的词汇都来自于鞑靼语。希罗多德在《历史》第4册的第23页里说，身着斯基泰服饰的阿尔吉帕人长着塌鼻子和大下巴，这和17世纪的旅行者笔下的中亚人十分类似，也和鞑靼人差不了多少。许多克里米亚的鞑靼人也是身材矮壮，面庞宽阔，长着小眼睛，多半较为丰满的人。

斯基泰人过着游牧生活，他们和鞑靼人一样，都不会种植作物，平整土壤或建造房屋，而是会让马车驮着自己的居所四处游荡。这些住房是长方形的建筑物，和大箱子差不多，由柳条编制而成，外面覆盖着一层涂有动物油

斯基泰人的头饰

脂或者羊油的黑毡，涂这些东西是为了防雨。马可·波罗说鞑靼人也有这种习惯，并补充说他们只靠吃肉喝奶过活，因为他们需要不断地寻找肥沃的草场，所以绝不会在某处久留。

语言学方面的研究并没能帮助人们弄清斯基泰人的起源。许多权威人士认为他们有蒙古血统，另一些人认为他们是伊朗人，或者说其中大多数是印欧人。米勒教授1887年在莫斯科宣称斯基泰人的语言和伊朗语类似，但乌拉尔—阿尔泰语系也给它造成了强烈的影响。将希罗多德作品翻译为俄语的米申科教授支持与之类似的理论，英国学者埃利斯·米恩斯在1913年撰写了一部有关斯基泰人和希腊人的著作，这本著作十分实用，他也认为斯基泰人身上有伊朗血统，蒙古人也对这一民族有所影响。

历史记录、语言学分析乃至人种学特征都没法帮助我们分清斯基泰人和其他南俄罗斯的古代民族，所以说我们只能将希望寄托在人类学身上了，实际上，人们在南俄罗斯、东欧和西西伯利亚的坟墩中发现的人类遗骸肯定是斯基泰人的。如果说他们的头骨都是宽的或者窄的，那人类学家就能确定他们的种族身份，但很可惜的是我们又遇到了一个谜团。举个例子吧，人们在第聂伯谷地里著名的切尔托米尔克坟墓那找到了五块公元前4世纪的人类头骨，虽然发现了这些头骨，但冯巴尔表示其中两块头骨是宽的，两块是窄的，还有一块不宽也不窄。纵观人类历史的各个阶段，我们会发现其中总有那么一些国家的统治阶级属于某个种族，但较低级的阶层却又属于另一个种族，这是众所周知的现象了。但在研究这五块头骨时，考古学家却不知道谁是主人，谁又是仆人。俄罗斯专家鲍勃林斯科伊王子是一位学术权威，他进行了多年的研究后写道，斯基泰坟墓里发现的一些遗骨显示出了蒙古人的特征，剩下的那些完全是欧洲人的骨骼。现在研究者一般认为斯基泰人拥有伊朗血统，属于印欧人种。他们也都说同一种语言，可能是伊朗语的一种方言。

虽然在测定斯基泰人所属的种族时我们再没办法拿出更科学的手段，但我们还剩下最后一招：分析他们的文化。梅尔古诺夫军在1763年于南俄罗斯首次打开了一座斯基泰坟墓，接下来包括克拉克、帕拉斯、蒙特佩雷乌斯、苏马洛科夫在内的一批人也都接踵而至，不断地打开各个拥有2500多年历史、神秘莫测的坟墩，就这样，斯基泰文化的身影又逐渐在俄罗斯南部宽阔的大草原上再度出现了。

1865年时，威廉·拉德洛夫在阿尔泰南部的卡坦达获得了一项极度幸运的发现，他找到了一个巨大的公墓，里面是历来规模最大的斯基泰墓地。拉德洛夫在1837年生于柏林，学习的是突厥学，作为鞑靼学校的学监，在1858年起一直游历于俄罗斯各处。他的这一发现让人们确定南阿尔泰也有斯基泰人的坟墓，这里离第聂伯河、顿河和库班的那些遗址足有2600多公里远。拉德洛夫偶然间找到了一些特殊的坟墓，它们上面结了一层厚厚的冰，将里面的死者和他们的衣物完美地保存了2000多年。拉德洛夫惊奇地凝视着各种陪葬品，精美的铜器，身着奇装异服的遗体，还有死者那五彩缤纷的斯基泰式生活方式——这些东西原本已告湮灭，但现在又重见天日了。但可惜的是，坟墓上的冰块融化了，失去了大自然最强力的这种保存手段之后，坟墓里的一部分考古发现就此腐朽分解，人们没能把它们抢救回来。

最后，俄罗斯考古学家卢登科在阿尔泰山的帕齐里克山谷里找到了四十座坟墓，它们的上面也结了一层厚厚的冰，覆盖着西伯利亚的土壤，这一发现让人们对斯基泰人的艺术、生活和历史有了全新的认识。

通过研究斯基泰人的坟堆，人们成功地让这个民族重见天日，那些坟堆当中还有许多是暴露在外的。就让我们再看一眼他们的骑射手，参见他们的君王和部落酋长，窥一眼他们合葬了马匹和随从的坟墓，观察他们的金匠那华丽的作品，了解他们的神灵、野兽和祭祀仪式，聆听他们的占卜者在许久以前所预言的危险生活。

欧亚之交

陪伴国王的人

他们（斯基泰人）洗完头之后，会按下面的法子洗身体。他们将三根柱子立在一起，用毛毡把柱子覆盖起来，然后把烧红的石块放到由毛毡和柱子形成的桶中。斯基泰人所生活的地方长有大麻，他们会把大麻的种子撒到桶中的石块上，这样就能产生烟雾，比任何希腊蒸汽浴设施都好，斯基泰人在这种蒸汽室中欢叫，以此代替洗澡实现了洁净——因为斯基泰人从来不用水清洗身体。

——希罗多德，《历史》

公元前1200年左右，神秘的辛梅里安人入侵了俄罗斯，最早期的希腊作家说他们“居住在极西端那黑暗和迷雾所笼罩的沿海地区”。荷马则有云：“阳光永远不会照耀俄刻阿洛斯的邻居，这些邻居离地府的入口不远。”但我们并不知道这些邻居的真实身份。不管怎么说，他们肯定不是斯基泰人，和德国的辛布里人也不是一回事。大约公元前1000年期间，辛梅里安人居住于刻赤海峡，当时的人们将这里叫作辛梅里安海峡。因为西方历史学家一直将欧洲和亚洲看作两个截然不同的大洲，所以我们不会去分析某些漫长但连贯的系列事件，这些事件覆盖范围很广，从太平洋一直延伸到了欧洲。当某一事件发生后，它一定会引发下一个事件，这种相互关联的现象并不局限于巴尔干半岛和中欧地区，同时也出现于中国、中亚、俄罗斯、希腊和罗马等相隔甚远的各块地区。这些年来，人们在第聂伯河、乌拉尔河、叶尼塞河以及鄂尔多斯沙漠挖掘出了许多遗物，足够我们勾勒出亚欧大陆历史的大概轮廓了。历史需要人们一次又一次地重写，因为当下的情况能充分地解释过去，揭露其中的秘密。有些时候，当数百年过去之后，人们才会发现某项历史事件的真正意义以及它带来的影响。

亚洲各民族之间有许多互动，有一些民族相互争斗，导致一部分人迁徙到了欧洲，这些事情都让我们有了一种对历史的新看法。实际上，中国所发生的事情对中欧也有着巨大的影响。这种类型的交互行为也注定要对欧洲史的未来产生深远影响。

罗马帝国土崩瓦解，日耳曼部落涌入西欧，斯拉夫部落来到了中欧和南欧，文艺复兴运动兴起，西欧对古典时代又一次产生了兴趣，最后，探索者们进行的一次次航海也让人们发现了新世纪。美国汉学家蒙哥马利·麦高文在1939年正确地指出，这些大事件都和中亚各部落有着联系。

有学者考证周宣王在公元前827—781年间统治着中国，如果按上面这种说法来看的话，他可以说是欧洲史的“缔造者”了。在他统治期间，过着半游牧生活方式的匈奴正在侵扰华北和西北地区。这位皇帝率兵迎击，在现在的山西省和陕西省北部战胜了他们，然后将这些危险的死敌赶入了山中，这里正是匈奴人入侵中国肥沃平原时的根据地。

接下来，匈奴人占据了更西边的肥沃草场，这就使得其他游牧民族受到了压力，于是诱发了一场场大迁徙，让这些民族横跨中亚，直到侵入了马萨格泰人的领地为止，这个民族居住在里海和咸海之间。这些展开大迁徙的游牧民族十分强大，他们之所以要迁徙，是为了给自己的马匹找到肥沃的草场，而按照斯特拉博所言，为了保证高超的机动力，他们会杀掉族中的老者。这些游牧民对斯基泰人发动了攻击。斯基泰人一开始可能在中亚东部漫游，但遭遇攻击后，就逃到了辛梅里安人的东部领地上。根据艾思沃斯·亨廷顿和塔玛拉·塔尔伯特·莱斯的看法，中亚大草原上的各部族之所以会展

马的头部装饰

开移动，可能和公元前800年左右的一场大旱有关。当斯基泰人来到了辛梅里安人的领地上之后，两群人展开了一场战争，最后获胜的是斯基泰人。

斯基泰人成功的秘密就在于他们与众不同的军马，他们的骑手能狠狠地冲撞敌军，然后迅速撤离。斯基泰人又进一步朝西方进发，移入了俄罗斯南部，在前722—705年期间居留与此，过着半游牧半定居的生活。

斯基泰人真正意义上的历史在此时正式开始。他们在战争中肯定是令人生畏的对手，因为在公元前512年时，他们成功地击退了波斯国王大流士所发动的一次攻击，公元前325年时消灭了索皮里昂所率领的一整支远征队，这位索皮里昂是亚历山大手下的一位将军。直到公元前300年之后，雄心勃勃的凯尔特人才将他们赶出了巴尔干地区和中欧东部，萨尔马提亚人最终在南俄罗斯将他们彻底消灭了。斯基泰人曾经过着艰苦的生活，经历了无数战斗磨炼，但他们或许抢来了太多奴隶、战利品和财富，让他们染上了骄奢淫逸的坏习惯。

斯基泰人的衰亡或许也和他们中的女性成员有关。斯基泰女性完全从属于自己的丈夫。在斯基泰部落展开长途跋涉时，声势浩大的队伍里也会有成千上万的女奴，旅途期间，斯基泰男性肯定会用同样的态度对待自己的妻子和小妾。于是她们都会一直坐在马车里面，长此以往，她们的健康也出现了恶化，产生了希波克拉底所观察到的各种病痛。

彻底击败斯基泰人的是萨尔马提亚人，他们中的女性成员和斯基泰女性的地位完全不同。萨尔马提亚的女性会参与到战争中，会自由驰骋四方，强壮而独立的她们让众人交口称赞，成了“亚马孙女战士”这个古代故事的来源。根据传说所言，亚马孙战士是一群好战的女性，而“亚马孙”这个词来自于希腊语里的“无胸”，按照希波克拉底的说法，她们会将自己的右半边乳房切下来以方便张弓射箭。不过这种说法应属谬误，“亚马孙”更可能来源于“maza”一词，这在切尔卡瑟方言里代表“月亮”，象征一种对月亮的崇拜。斯基泰人将萨尔马提亚的亚马孙人叫“奥尔帕塔”（Oiorpata），来自于“oior”（人）和“pata”（杀戮）。据说亚马孙人生活在黑海东岸和南岸，还有高加索地区，尤其是特拉比松地区（现在的特拉布宗港，位于安纳托利亚东北部）。

希腊人在说到“斯基泰”一词时指的都是游牧民族。希罗多德说乌克兰同样有“斯基泰种地者”“斯基泰帝王”和“斯基泰犁地者”，但这些人可能只是抢掠了先前住在这片黑土上的居民，把他们剩下的粮食卖到希腊或者黑海沿岸，换来希腊的器皿和金属罢了。希罗多德说斯基泰人向来都是游牧民族，住在帐篷里面，采取骑射手段，靠养牛而非农业来养活自己，并不会建设城市以及要塞，而是会让马拉着住房到处走。斯基泰人的故乡地处大平原，那里水草丰美，有无数河流穿行期间，提供了充足的灌溉水源。斯基泰人的牛群有吃不完的牧草，不过博学多才的希罗多德在此处“阴险”地补充了一句：草会让牲畜产生大量胆汁。

我们知道了斯基泰人信奉的那些名字奇奇怪怪的神灵，其中有主神帕帕乌斯和他的妻子阿皮亚，他们的儿子厄托塞鲁斯，斯基泰版本的阿芙洛狄忒（提姆帕萨），还有斯基泰版本的耐普图隆（萨米亚萨达斯）。斯基泰人没有制造任何偶像，也不会建造祭坛和神庙，希罗多德说斯基泰人所拥有的唯一一批祭坛和圣像是专门献给某个神灵的，这个神灵和希腊的阿瑞斯相对应。

不过斯基泰人的确会祭祀他们的神灵。负责祭祀的人会把动物的前脚绑到一块，然后把绳子一扯，放倒这些动物。接下来他会呼唤神灵的名号，用绳围住动物的脖子，往绞索里插根棍子，将绞索缠起来，形成一个止血带型的结构，用它绞死动物。人们会当场烹饪动物的肉。斯基泰人所居住的平原“极度缺乏木材”，所以古人传说他们拥有一种很有意思的权宜之计。他们把献祭用的野兽剥了皮，去了骨，如果他们有锅的话，就会把肉放到里面，拿骨头来当燃料。如果没有锅的话，他们就会把肉放到动物的胃里，往里面加水，最后在下面放上骨头，把骨头点燃。希罗多德写道：“骨头很适于燃烧，动物的胃里也能放下足够多的肉，这样说来，被宰的牛等于是把自己给煮了，其他献祭用的动物也是一样。”斯基泰人特别喜欢把马拿去献祭给神明，他们会把动物身上切下来的第一块肉和内脏扔到一边，用它们来进行特殊的仪式。

斯基泰人祭拜各个神明的仪式都一样，只有祭拜阿瑞斯的时候有所不同。斯基泰人扎下营后总会垒起一堆木柴，将它们建成高塔，这就是给阿瑞斯准备的神龛。神龛顶部有一张阿瑞斯的圣像，斯基泰人会在它的前面放上一把铁剑，为这把铁剑献上马匹和其他食草动物。但他们不仅会献祭动物。斯基泰人经年累月都在作战，抓获了许多俘虏，他们会从每一百位俘虏中选出一个来，将这个人献祭给神灵。斯基泰人会往这批祭品头上泼酒，在他们身下放一个容器，杀死他们之后将流入容器里的血洒到剑上。接下来，他们会把这些祭品的右臂切下来，扔到空中，落地后弃之不顾。猪不是斯基泰人献祭的动物，他们也不会豢养或者食用它们，希罗多德强调了这点。

斯基泰人好战的风俗常显得十分血腥。当斯基泰人杀了人之后，他会喝下死者的血，将这个敌人的脑袋交给自己的国王，只有这样他才能分到战利品。胜利者会把对手的头皮挂在军马的缰绳上，按希罗多德所说，斯基泰人会拿它当“毛巾”使，还会拿这玩意儿“四处招摇”。拥有最多头皮的人声望也最高。斯基泰人杀了人之后，还会拿死者的皮肤做披肩，或者把死者的皮囊填满，挂在马背上到处

斯基泰金杯

闲逛。这些野蛮的部落成员还有些更让人反感的风俗，在此暂且略过，不过还有一点，那就是当他们杀死最可怕的敌人之后，会用皮革覆盖他的头骨，把他的头骨当杯子使，假如钱够的话，他们会拿金箔替换皮革。

斯基泰人解决家庭纠纷的方式也一样令人毛骨悚然。当国王判定了某桩家庭纷争的结果后，获胜者就要“依照传统风俗”处理亲戚的头骨。接下来，他会邀请宾客前来，在客人面前放上“酒器”，说他的亲戚曾经侮辱过他，这样一来两个人就算扯平了。希罗多德补充说：“这就是他们眼里的英雄气概”。

每一年，每位斯基泰酋长都会往一个大碗里装满美酒。杀死过敌人的斯基泰人都有权饮用碗里的酒，但那些“耻辱者”甚至连看都不能看这个大碗一眼。在斯基泰人看来，没有敌人头皮的家伙是可耻的，而拥有许多头皮的人则总是能给自己倒两大杯酒。

斯基泰人肯定有巫医，但他们的巫师除了占卜未来以外，还有没有其他的职责呢？这一问题仍有待解答。这些巫师会收集许多捆柳枝，把它们放在地上，搅和到一起。然后从中捡起一支，解读其中的含义，再把这支柳条放回去，就这样循环进行。希罗多德还提到了斯基泰的“预言者”或“enares”，后面这个词来自于希腊语，和某个斯基泰语的词汇相对，指的是某个男子气概不足的男人。这些阴柔的人靠观察欧椴树的树皮预测未来。

智者或巫师在斯基泰社会中占有很重要的地位，当国王抱恙的时候更是如此，因为那会儿国王会招来其中的佼佼者，让他们给自己提建议。他们会说某个斯基泰人在国王的火炉前许下了虚假的承诺，然后把此人的名字报出来。斯基泰人总是会在国王的火炉前许下重要的诺言。即使斯基泰人是游牧民族，但他们端坐在皇位上的国王前面仍有座圆形火炉，这让人们想到了迈锡尼文化和皮洛斯宫殿里的聂斯托尔。

人们会抓住那个被指控发伪誓的人，把他带到众人面前。占卜者们会解释自己看到了什么标志，这些标志又是怎么让他们确信这个人在国王的火炉前做了伪誓的。当被控者否认这一指控并且激烈地抗议的话，那国王会再把三位巫师叫进来，话又说回来了，被控者肯定会激烈地抗议。如果这三位巫师也认为此人有罪的话，那这个倒霉蛋的人头就会立刻落地，最开始那三位占卜师会瓜分此人的财产。

但斯基泰的智者们在这一过程中也承担着风险。如果第二批占卜师三人小组宣称被控者无罪的话，那国王又会叫进来三位占卜者。和现代法庭不同的是，斯基泰人不会靠一或两位专家来断案。如果大多数人觉得被控者无罪的话，那第一批占卜者也会遭到处决，而且处决方式很不雅观。行刑者会绑住他们的手脚，把嘴堵上，把他们放到装满柴火的牛车上，将柴堆引燃。受惊的牛会跑掉，牛车则像巨大的火把一样在平原上诡异地奔逃。希罗多德愉快地写道："有许多牛和占卜者一起被烧死了，但其他很多牛在柴堆熊熊燃烧时逃了出来，不过它们（这里的"它们"当然指的是牛）身上的几片毛倒是被烧掉了。"当国王给某人判了死刑时，他那规模庞大的家族里所有的男性成员也将面临类似的下场，能幸免于难的只有女性成员。

希罗多德曾经亲自造访过玻里斯提尼斯，穿行过斯基泰人曾经居住过的第聂伯河郊野，所以说他笔下斯基泰国王的葬礼应该比较可信。在下葬时，人们会挖出一个巨大的长方形坑，还会把国王遗体的内脏拿走，往里面塞上香料碎、乳香、芹菜和小茴香，这是对遗体进行的防腐处理。

为了对故去的国王表忠心，斯基泰人会切下自己耳朵上的一块肉，剃光头发，刺伤胳膊，划伤眉毛与鼻子，然后往左手插入一支箭头。做完这些事情之后，他们会把国王的遗体放到一辆小车上，运到旁边的部落那里去，让他们进行同样的表忠心仪式。当他们照做之后，这条令人望而生畏的长队会前去下一个部落，一直到国王所统治的所有部落都做完了这套简单却真诚的仪式为止。当遗体到达下葬处后，送葬者们会把遗体放在一块垫子上，往两边的地面各插入数根长矛，在长矛顶上架起棍子，用柳条覆盖住它们。人们至少会掐死国王的一位妻子，让她陪葬，同样要陪葬的还有他的斟酒人、厨子、马厩主管、贴身仆人和传令官。国王的坟墓旁边还会埋葬许多的马。这些陪葬品都会"埋在坟墓剩下的、空间充足的位子里"，两旁还埋着其他陪葬品和黄金碗。当坟墓要被填埋之时，所有人都会帮着在坟墓上方建起一座土墩，尽可能把它修的最大最高，以此来和其他坟墩一较高下。

除了这些，斯基泰人还会以其他方式对先王致敬。当先王死去一年之后，他最宠爱的那些家臣将有幸被人掐死，成为前主人的陪葬品。这些幸运儿不会超过50个。此外，人们会杀死50匹最健壮的马，将它们的内脏去掉，清洗它们，将它们的身体里塞满谷壳，然后再把它们缝起来。接下来，人们会立起形状古怪的灵柩台，将马的尸体挂在杆子上，死马身上配有马笼头、缰绳和嚼子。那50位遭扼死的年轻人的尸体各自“骑”在一匹马身上，这条可怕的送葬大队就排列在坟墓周围。在做完这套仪式之后，斯基泰人才会让自己的国王彻底安息，并且安慰自己说这一切都是为了排解国王的孤独而做的。

如果有人觉得希腊历史学家笔下这段300多年的历史纯属捏造，或者严重夸大的话，那考古学证据都能够反驳他们的这种想法。俄罗斯的斯基泰坟墓，以及人们在那些神奇的坟墓里所找到的发现，都证明希罗多德对他们的大部分描述是准确的。

欧亚之交

国王、姬妾和马匹

希罗多德笔下的斯基泰葬礼十分符合考古学资料，这些资料也就是人们对南俄罗斯的主要斯基泰墓地所做的调查，这两个消息源或许能互相补足。

——埃利斯·H.米恩斯，《斯基泰人和希腊人》，

第87页，剑桥，1913年

马可·波罗在1300年时对突厥—鞑靼部落酋长的葬礼做了一番描述，说人们会把酋长的遗体带到山上，在那儿下葬。这位威尼斯探险家写道："听听这个奇怪的故事吧：当他们将统治者的尸体带到埋葬处的时候，他们会杀死所有沿路碰上送葬大队的人，大喊'在来世侍奉你的主人吧！'，马儿也逃不过一死，因为当部落的统治者死后，部落成员就会杀掉最好的军马，供酋长在死后的世界中差遣。我在这给你们讲个真实的故事：蒙哥大汗在二十多年前死了，那个时候有两万多人恰好碰上了为他送葬的长队，这些人全都给杀了。"当成吉思汗死时，有四十位漂亮的女子成为陪葬者。1260年时，威廉·德·吕斯布鲁克探访完了哈拉和林的蒙古皇宫，做了这么一番描述："他们会在死者的坟墓上方建起一座巨大的坟丘，往上面放座死者的雕像，

雕像手里拿着个杯子，面朝东方。我见到过人们给一位国王新挖的坟，人们往旁边的脚手架上挂了十六张马皮，东南西北四个方向各挂四块。他们还在这位国王的坟墓里放上了酒肉，但他们还说这位国王已经接受了洗礼，成了基督教徒。”

14世纪中旬的阿拉伯作家伊本·拔图塔广泛游历了中亚、印度、中国、苏门答腊、北非和东非等地，他写到了一位战死沙场的可汗的葬礼。死者躺在一张气派的床上，这张床位于一块大的坟墓里。与死者一道长眠地下的还有他所有的武器以及他所有的金制和银质家用器皿。此外，他最宠爱的四位女奴和六位男奴也要随他一起下葬，这些奴隶手里拿着一些酒器。埋好这一切后，人们会往坟墓上头垒起一座高高的土丘。接下来，送葬者会杀死四匹马，把它们挂在土丘上，悬挂方式和希罗多德1800年前所描述的别无二致。他们还会以相同的方式杀死可汗的亲戚，将他们和他们的金银器皿埋在一块。人们会选出其中十位亲戚的坟，往每个坟墓的门口挂三张马皮，剩下的坟墓门口各挂一张。这是拔图塔在中国陕西省所观察到的。

研究者在蒙古鄂尔浑找到了一份刻于公元732年8月1日，信息量十分之大的铭文。它是最早出现的书面突厥语，是乔里提斤所写，为的是纪念突厥可汗必勒格。铭文内容如下：

> 我的可汗父亲死于狗年第十个月的第三十六天。我在猪年第五个月的第三十七天正式主持他的葬礼。有五百人出席葬礼，其中最早来到的是李森·泰·桑根。这些人带来了许多香料和金银，还拿来了为葬礼所准备的麝香及檀香木。这些送行者都剃光了头发，割了耳朵。他们献上了无数良马、黑貂和蓝松鼠。

当阿提拉死的时候，匈奴人也进行了自残，中亚的突厥部落保留了这项传统，直到19世纪才放弃。阿瓦尔人、马扎尔人、古保加利亚人和库曼人都会为死者献上马匹，库曼人是一支灭绝了的突厥民族，在18世纪被马扎尔人完全同化了。亚库特人、沃古尔人（现多称为“曼西人”）、奥斯加克人和楚瓦什人也会为死者献上填满内容物的马儿。吉尔吉斯人会在葬礼上为死者献上一匹马，但直到死者去世一周年时才会将其献祭。中国人会把木头、纸板或者纸张做成马的形状，送葬大队会拿着这些假马，在葬礼时将它们烧掉。

考古学方面的发现也证明希罗多德对斯基泰人的描写是真实的。在过去七十多年间，俄罗斯考古学家对“kurgan”（坟墩）的挖掘工作走在了前列，这个俄语词源于鞑靼语，指的是坟墓上的土丘。斯基泰的坟墩面积很大，最偏远的那些位于黑海沿岸、库班地区、伏尔加河下游、乌拉尔河、顿河、第聂伯河、布格河、罗马尼亚、匈牙利、保加利亚、勃兰登堡的维特斯费德、阿尔泰山脉和西西伯利亚叶尼塞河上的米奴辛斯克。这些斯基泰坟墓都是公元前6—3世纪的。

1912—1913年间，俄罗斯考古学家维斯洛夫斯基发表了一些研究成果，说明了坟墓内埋藏的东西是什么，他挖掘了第聂伯河谷地内的索罗查坟墩。他在此处的一个僻静的侧室里找到了斯基泰国王的遗体，国王的头朝向东边，旁边放着一整套属于他的武器和华服。他的脚边放着一把带有骨质把手的铁匕首，另外还有三百多片形状不一的金箔，上面有人们钻出来的装饰。坟里还有一条金颈带，五条金手镯，一把45厘米长的铁剑，这把剑的剑鞘和把手都镀了层金。死者右手边是件铁甲，他所佩戴的头盔在这么多年过后已经掉了下来，同样掉下来的还有一把金梳子，上面刻着战斗中的斯基泰人。这把梳子在南俄罗斯古代金匠的作品中可谓佼佼者。坟墓里还藏有另一把剑，六个刻有斯基泰人日常生活情景的银质器皿，一个镀了金的木质器皿，一个金碗，碗里放了一个箭袋，里面装着180支箭。这种箭袋里能放弓也能放箭，由斯基泰人、萨卡人和波斯人所使用。人们在墓室北边的墙壁附近发现了某人躺在地上的遗骨，他是位陪葬者，是给那位国王当仆人的。为了帮他应对死后的世界，人们也在他旁边放了把短剑、一件铁甲、三条长矛和一些箭头。人们只找到了铁质的矛尖和铜制的箭头，剩下的木杆已经彻底分解了。墓穴附近还有另一个墓室，里面埋着五匹马。

已故的耶鲁大学教授罗斯托夫采夫在1931年将研究者在俄罗斯、匈牙利、罗马尼亚和保加利亚的坟墩中所获得的发现做了极好的总结，埃利斯·米恩斯在1913年也出版了类似作品。

俄罗斯考古学家将他们发现的坟墩分成了下面数类：库班坟墩、塔曼坟墩（得名于塔曼半岛）、克里米亚坟墩、第聂伯草原坟墩、基辅地区坟墩、波尔塔瓦坟墩、顿河坟墩、伏尔加河坟墩以及乌拉尔坟墩。还有成百上千个这类坟墩尚未得到挖掘。

斯基泰人的金梳子

这些坟墓里埋藏的可能是斯基泰人，此外，这些坟墓所代表的文化也有许多斯基泰元素，虽说受到了波斯、希腊、美索不达米亚和其他文化的影响，但其中的斯基泰元素特别明显。研究者们发现这个伟大的文化覆盖了一大片地区，最远可达中国边境，另外，这种文化也接受了欧亚大陆文化中多种多样，与众不同的动物画像。

这些斯基泰文化的遗址所体现的艺术形式用到了无数的黄金，在全世界都找不出第二种用量和它同样多的艺术，荷马笔下“黄金无数”的迈锡尼都比不过斯基泰。只有对矿藏进行有规律，有组织的勘探和发掘，人们才能找到这么多的黄金。事实上，这些贵金属的主要产地正是乌拉尔山山脉和阿尔泰山脉。

西伯利亚的大草原和乌克兰的黑土下还埋藏着无数财宝，具体数量将永远是个谜。18世纪的俄罗斯人盗了无数的墓，但即便如此，圣彼得堡的艾尔米塔什博物馆里藏有的宝藏也足够让人感到震撼了。

当斯基泰人消亡时，将马用作陪葬品，将君王的战马放在木制或石制帐篷形坟墓四周，做拱卫状的风俗也就差不多消失了，就算有类似的风俗，排场也没这么大，这些风俗正是斯基泰人首创。

在很长一段时间内，人们都没法理解斯基泰艺术。它包罗万象，充满个性，充满“现代感”，富含“印象派风格”，根本没法对它分类。它的主题几乎都和生命有关，包括了完整的动物，单独出现的躯干，动物的头部，脚部，非写实且稍有修改的动物像，大张的下颚，下跪的牡鹿、马匹，神秘的野兽，打斗中的动物——这些都是斯基泰艺术各种装饰图案里的常客。这种艺术的表现性非常强，但其中又总是有种稚拙的元素。不管我们审视其中的哪种内容，我们总会看到装饰纹路上的各种形变，还有蜷曲在一块，由黄金、白银、青铜、铁、木头乃至石头所刻的动物形象。

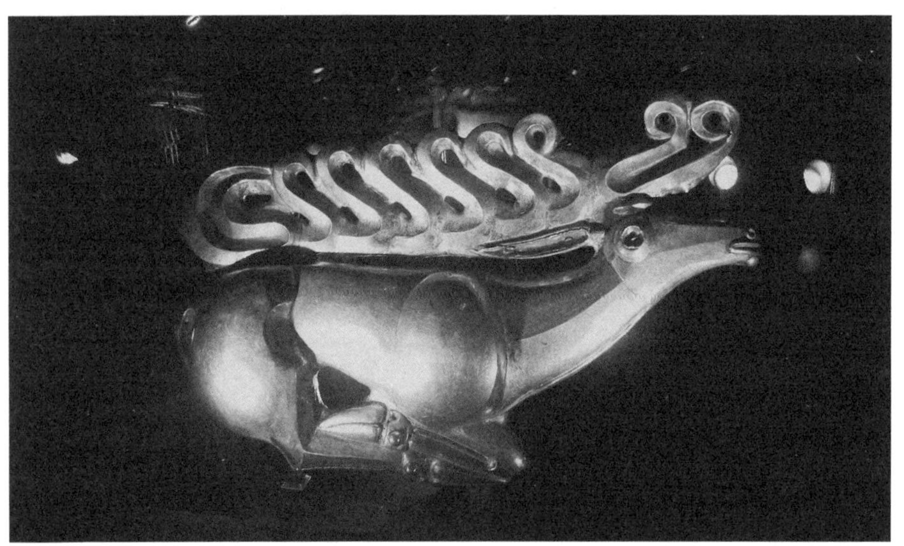

斯基泰人的黄金牡鹿

1903年时，舒尔茨在库班地区的克莱尔梅河附近挖掘了一个坟墩，盗墓贼拿走了里面的一些东西，但国王的遗体没有受到损伤，他戴着一个饰有金头带的青铜头盔，还有一个饰有玫瑰形饰物、花朵和老鹰的王冠。坟墓里还有其他许多有价值的发现。

1904年时，舒尔茨又打开了另一个坟墩，里面合葬了一男一女，两人周围都有一大批金银宝藏、王冠、镜子和其他艺术品。

俄罗斯考古学家维斯洛夫斯基在另外两个坟墩里找到了人骨和马骨，在其中一座的西墙里又发现了十匹马的骨骼。此外，他还在同一处坟墓的另一个地方挖出了12批马的骸骨，这些马都配有马具，有一份马具上装点着纯金，包括面甲、贴腮、镀金的肚带和一条马鞭，马鞭上包裹着一层带状黄金。1898年时，人们挖开了乌尔斯基奥尔附近的一些库班坟墩。其中一座有15米高。我们尚不清楚古人是否将马活埋了，但研究者在这座坟墩的顶上找到了一个平台，上面有至少五十只动物的遗骸。这座木质坟墩的结构很复杂，证明当时的人们肯定也会执行同样复杂的祭祀仪式，研究者在这个坟墩里找到了360多匹马的骸骨。

库班坟墩里出土了各种各样的马具，多样性让人赞叹。其中包括了刻有大鸟头和狮身鹰首兽图案的铁制马饰，除开这些，上面还刻有狮子、盘羊、牡鹿、野兔、一只山羚羊和一只母驼鹿，它们都起到了装饰的作用。马具中还包括饰有动物生动图案的青铜马笼头，饰有公牛头的颈圈，还有外层装饰极为精美的面甲。考古学家们甚至还找到了灵车上的数个铃铛和铁制结构的碎片。在叶丽萨维托夫斯卡娅和马林斯卡娅斯坦齐娅坟墩群之中，有个坟墓里藏有一条走道，走道顶上曾经铺着一层木头，它的里面藏着两辆需要六匹马才能拉动的灵车，其中一辆基本完好无损。灵车木质主体的前方装饰有骨头做成的手柄，四个轮子的外部是铁，轮轴是木头，拉灵车的马配备了全套马具，包括铁制笼头和青铜马饰。

其中一座围墙长达15米的坟墩容纳了五位佩戴手环、戒指和耳环的女性。这些女性面朝东边，但有两人朝向西边。虽说斯基泰葬礼上献祭的人没有乌尔葬礼上献祭的多，但几乎所有斯基泰酋长的妻子、女奴或者姬妾在酋长死后都要去陪葬。

这些坟墩里宝藏最多的可能是位于第聂伯地区切尔托米尔克的坟墩，那里埋藏着一个神奇的故事。盗墓贼们在一个巨大而复杂的坟墩上挖出了一条竖井，将赃物放在一间墓室的角落里，准备把它们运走，但这时房顶塌了，竖井和墓室合为一体，活埋了其中的一个盗墓贼。这个盗墓贼的尸体旁边环绕着无数财宝，他就这么一直躺在坟墓里，直到考古学家最终找到他为止。

值得庆幸的是这座坟墓没被彻底偷光，因为里面藏有最为精美的斯基泰艺术作品，其中包括矛头、铁制刀具、地毯的残片、金箔和用于装饰衣服的金带。这些衣服曾经挂在坟墓顶部和墙壁的挂钩上，方便人们在死后世界中穿衣打扮。虽说衣服都已分解，但装饰物还留着。

这座坟墓里埋葬的人们佩戴了无数金银饰物，包括装饰精美的小饰板、戒指、耳环、手镯和螺旋式金项链。有位女性的头骨两侧摆放着许多耳环，头上有29张花形，20张玫瑰形和7张花蕾形金箔，她的头部和身体上半部分覆盖着一层紫纱，这层纱上饰有57片正方形金箔，组成了一位女士的坐像，女士手中拿着个镜子，前面站着一位斯基泰男性。克里米亚和库班河口南部的卡拉戈迪纳斯科坟墓里也埋着数位女王，她们的陪葬物极尽奢华。切尔托米尔克埋葬的一位女士旁边有张铜镜，手柄是象牙做的，上面还有某种紫色材料的痕迹。她旁边躺着一位男性，这位男性身边有些铁制和青铜制的镯子，还有把象牙柄的刀子，不远处摆放了些矛尖（刀都放在左手处）。这位葬在女王旁边的武士可能要在死后的世界里保卫她。

这种含银的金花瓶高14厘米，现存于彼得格勒的艾尔米塔什博物馆。人们是在库尔奥巴发现它的。上面的带状装饰描绘了对腿部骨折的男性进行的治疗手段。可以注意到，斯基泰人在样貌和服饰方面都跟早期的俄罗斯人相似。

这个墓室里还藏有著名的切尔托米尔克花瓶，这是一等一的杰作，哪怕和其他文明最精美的花瓶比也不落下风。阿道夫·富特文格勒是来自德国弗赖堡的考古学家，他认为这个花瓶来自公元5世纪末，不过也可能比这更晚出现。花瓶高5厘米，颈部下方刻有一段浮雕，描述了一些接受训练的小母马。缰绳和骑手的套索是用银线制成的，一开始突出在外，但数百年过后脱落了下来，只有人物手中的那截还处于原位。上面的马匹共有两种，工匠把斯基泰骑手雕刻地十分细致，以至于人们可以清楚地看到这些骑手衣服的每个细节。

人们在刻赤以西6公里的库尔奥巴找到了另一个由金银合金所制成的花瓶。它上面也刻有一条宽阔的浮雕，描述了很多内容，其中包括一个工作中的斯基泰牙医，还有一个移去绷带的人，绷带缠着的明显是一条受伤了的腿。这一浮雕上斯基泰的服饰细节同样一清二楚。

这只青铜雄鹿是米奴辛斯克坟墩艺术品的一个典型例子，它位于叶尼塞河上游的森林–草原地区。这只野兽站在一个钟形的响环上，人们可以往它的手上挂根绳子。

最新的一项发现来自于阿尔泰山脉，在乌拉甘谷地中的帕齐里克坟墩之中，这里是鄂毕河的源头，海拔差不多有1585米。1927—1949年间，人们在这挖开了很多坟堆，最大的周长差不多有60米，是由石头筑起的，其中有些大石头足足有2到3吨重。弗朗茨·汉卡尔研究过这儿的俄罗斯考古发现，他表示其中有巨大的竖井，埋着一些马匹，有一个5米长，1米高的大落叶松木棺材，里面的遗体保存状况也很好，皮肤基本没遭到破坏，胳膊、双腿、背部和胸部都有明显的文身，这些文身都有一定的艺术性。坟墓上方的冻土层帮助保护了木头、皮革、毛毡、毛皮、丝绸甚至是人体，不过帕齐里克这些领主到底是不是斯基泰人呢？或者说，他们是否属于一个和斯基泰人有关系的部落呢？我们还不太清楚这些问题的答案。

1959年时，扎马托林尝试测定帕齐里克坟墩所属的年代，他所采取的方式是对比一些木片的年轮，这些木片来自于各个墓室，但他最后没有获得明确的结果。另一方面，人们在部分帕齐里克坟墩里所找到的东西让研究者确定，希罗多德所撰写的某些文章确凿无疑，之前曾有人质疑过它们的真实性，因为当时还没有考古学证据支持它们。希罗多德的记述距今已有2400多年，考古学确实很少有机会如此详细地证明这么老的资料有多可靠，多真实。

坟墩揭露了斯基泰人五彩缤纷、充满危险、野性四溢但又极具艺术性的生活，就和希罗多德所描述的一样。这一文明在地下沉睡了1700多年，现如今重见天日，或许能帮我们追溯斯拉夫民族最早的根源。

阿拉伯

所罗门王的熔炉

我们发现了重要的一点：《列王纪上》的第9节说所罗门在巴勒斯坦各地大兴土木，其中详细叙述了为他在以旬迦别所建的一支舰队的故事：这支舰队由腓尼基水手驾驶，前往俄斐寻找金子。由于某种原因，这段记录的作者没有提到一点：所罗门将铜、铁锭以及成品运上了这些船，出口到俄斐，换来黄金和其他产品，里面也没有提及在船舶建造之前，之后不久，或者在船舶建造期间，所罗门修建了以旬迦别这座港口和工业城市。

——尼尔森·格鲁克，《美国东方研究学院学报》，
1939年第75号，第16和17页

和我们相比的话，一二百年后的历史学家将更好地理解所有历史事件相互间存在的神秘关系，因为各种研究一直在不断地揭示永无止境的事件链中新的联系，它们不仅将各国和各大洲联系在了一起，而且似乎还环绕了整个地球。

以色列最伟大的国王是大卫，他大约在公元前1000—公元前960年统治以色列。同时他还是一位歌唱家、诗人和音乐家，并且还抽出了时间，推翻了

非利士人的霸权地位，在耶路撒冷设置了“约柜”。在他统治期间，犹太历史也迎来了一个黄金时代。他是一位有天赋的政治家和统治者，在设计国内组织架构时很可能是以埃及为模版的。大卫获得了一场场胜利，最终成为耶路撒冷之王、以色列和犹大土地之王、亚扪王、亚兰（大马士革）和以东省的统治者以及摩押王国的国王，摩押王国是一个附庸国。但能把这套错综复杂的政治体系联系在一起的，只有大卫自己那强大的人格。寻找一位值得继承皇位的天才总是很麻烦的，在这方面讲，大卫失败了，他和日后的奥古斯都所做的差不多，后者将罗马帝国传给了提比略，提比略对这个帝国可没那么关照。

大卫的长子亚扪被亚伯索隆谋杀，后者甚至在他父亲还活着的时候就试图强行篡夺王位。年迈的国王被迫在儿子的军队面前退却，并撤退到了约旦东部的马哈尼姆。“在以法莲的森林”里的某个地方发生了决定性的战斗，亚伯索隆逃跑时被击败，死于非命。阿多尼亚现在成了大卫的长子，但一群敌对的朝臣从中作梗，成功地让大卫的新继承人疏远了老国王。大卫一生中遇到的女性里最重要的是著名的拔示巴，她的美貌迷住了他，让他命令手下杀害了她的丈夫，赫梯人乌利亚。拔示巴是所罗门的母亲，她开始在宫廷阴谋中扮演重要角色。她和先知拿单一起合作，设法说服了大卫，让她的儿子所罗门继承了王位。所罗门实际上是在耶路撒冷公开称自己为王的。

与大卫一样，所罗门是世界历史上十分有趣的一位人物，不过相比政治领域而言，他在智力和创意方面的才干可能更为突出。他成功地保持住了属国们的忠诚，但没有强化这种忠心，也许是因为他不喜欢战争。没有人能够超越大卫，所罗门的统治预示着他父亲所建立的帝国的最终垮台。尽管如此，拔示巴和一系列宫廷阴谋确实给人类送来了这位智慧之王、箴言之王和《所罗门之歌》的作者。传统的东方思想认为所罗门是一个聪明而强大的统治者的理想化身，所罗门本身的名字叫“Shelemoh”，在希伯来语里的意思是“和平的人”。

所罗门扩张了边境防御，维持着范围广阔的外交关系，试图通过精明的婚姻来保证他的帝国延续下去，并鼓励皇室保持浮华和辉煌。他的后宫包括许多外国女性，其中有一位埃及公主，她可能是第二十一王朝一位法老的女儿。所有这些都需要花费巨额资金，所罗门自己的领土上缺少自然资源，单靠自己的话，是无法积攒下足够金钱的。所以说，对人性拥有不可思议的判断力、对人类的弱点看得一清二楚、对智慧展开了伟大追求的所罗门，在寻求财富时也应该展开过巨大的努力。事实上，他进行了一系列大胆而有利可图的商业活动，这些活动确实使他获得了无法估量的财富。

他那奢华至极、令人惊叹的生活方式在《列王纪上》的第10节中有所涉及，这一节讲述了示巴女王的耶路撒冷之行，她听说了所罗门的智慧，以及他那神话般的财富，所以才带着大批随从前来此处。她自己带来了装满大量黄金、宝石和香料的骆驼商队。为了弄清所罗门到底是不是世间众人嘴里的智者，她预先想好了许多谜语，向他提问。具体记载很明确："所罗门王将她所问的都答上了，没有一句不明白、不能答的。"女王被所罗门的霸气、风采和智慧迷倒了。宫殿、餐具、廷臣和仆人的住所、他们的礼仪和服装、壮丽的燔祭——所有这些都让她惊讶不已。她说："我先不信那些话，及至我来亲眼见了才知道人所告诉我的还不到一半。你的智慧和你的福分越过我所听见的风声……"于是她将"一百二十他连得金子和宝石，与极多的香料，送给所罗门王。她送给王的香料，以后奉来的不再有这样多。"

然而，示巴女王并不是第一个将黄金带入耶路撒冷的人，因为《圣经》指出，这座城市一直是个藏有无数财富的宝库。所罗门王是从哪里获得无数宝藏和黄金的呢?

《旧约》中的两段经文为我们提供了线索。《列王纪上》的9—10节和《历代记》的8—9节都说，所罗门会让腓尼基的水手或船只穿过红海，到达俄斐，并带回大量的黄金。往返一趟显然需要三年时间。所罗门的这些冒险得到了提尔的腓尼基国王希兰支持，所罗门和他保持着友好关系，在他之前，大卫王也和希兰维持着良好关系。这两节《圣经》之中唯一的区别在于，《列王纪上》里的希兰只为所罗门提供了水手，而在《历代记》中，他把整支舰队派到了俄斐。

《圣经》明确提到了远征的出发点。这次航行开始于"在以东地红海

边，靠近以禄的以旬迦别”，以旬迦别地区当时是亚喀巴湾北端的一个海港，现在离海洋有45.06公里远

这些是传说还是现实？几年前，我们得到了这个问题的答案。

1938年3月至5月间，位于耶路撒冷的美国东方研究学院开始挖掘泰尔赫莱菲。一行人的领导者是尼尔森·格鲁克，他不久之后就会发表研究成果，其中的内容超出了所有人最夸张的想象。美国人毫无疑问地证明他们发现了《圣经》里的以旬迦别。考古者挖开了大漠群沙，在下方发现了整座城镇的废墟。所罗门王的海港重见天日。

这里的海岸一直是平坦而多沙的，但3000年前的小帆船需要的正是这种海岸线，因为人们要把它们拖到海滩上。美国人又有了进一步的发现：一整套熔炉系统。这套系统位于该城最重要的一个角落，建造工艺十分娴熟，显示出所罗门手下的建筑师和技术人员达到了极高的水准。建筑师们利用到了从海湾方向不断吹来的强风，在这竖起了炉子，让空气穿过通风口，助长火焰，从而产生大量热量。

随着时间推移，人们也修改了熔炉的结构。他们封上了通风口，在通风口处安装了手动风箱。铜烟和高热使得炉墙变成了绿色，组成墙壁的石头变得非常坚硬，以至于在3000年之后展开的挖掘工作都没有破坏大多数的炉墙。这些炉子所用的木炭来自附近的棕榈林。

在进行为期三年的挖掘工作时，美国人越来越清楚地意识到，只有奴隶才能在这个火热的地狱里工作。这里潜伏着烟雾和危险的蒸汽，而且当地的气候又十分恶劣，所以任何人都不会自愿在火炉旁边待上很长一段时间。这里的奴隶们肯定会像苍蝇一样死去。尼尔森·格鲁克的报告说明了当地的情况有多恶劣，他表示，到第三年结束时，他们一行人在身体的耐受力方面已经达到了极限。他们有一回在泰尔赫莱菲遇到了一场严重的沙尘暴，十天之内，能见度从未超过三十米。他们在遗址北边的房间里花了三年进行清理，但在沙尘暴走后，沙子又把这儿给堵塞了。

管理警卫和商人的官员所住之处大概和火炉和冶炼厂间有一段距离，而不得不干脏活累活的奴隶们住在厚达1到1.2米的数道坚固砖墙内，有警卫和

士兵轮班看管。由于人们担心这个“地狱中心”存在发生暴动的风险，同时也有遭受外部袭击的可能性，所以人们便将以旬迦别改造成了一个坚固的堡垒，控制住了阿拉伯、西奈和大巴勒斯坦之间的陆路和海路交叉口。时至今日，承担这一任务的变成了约旦的亚喀巴要塞，亚喀巴的战略地位要比它差远了。

挖掘结果显示，人们会把矿石运送到以旬迦别来进行冶炼和加工，这里还是一个繁荣的金属制品中心。人们也会在以旬迦别建造船只，将它们派往已知世界的所有地方。西奈半岛、埃及、犹大和阿拉伯的商队来到了这座城市。这里在公元前十世纪期间最为活跃，包括了所罗门统治时期（公元前965年—前926年）。

格鲁克在这个引人入胜的圣经遗址之中和一群杰出的伙伴共事多年，他谨慎地下判断称，据他所知，只有一个人有足够的能力、财富和远见来规划并建设像以旬迦别这样的工业中心，它的第一个阶段也是它最伟大的阶段，在此期间，它是一座非常复杂且专业的城市。这个人是所罗门王。在同时代的人里，拥有充足的能力、远见和动力，能运用它们建造这样一个远离耶路撒冷的工业和海港重镇的也只有所罗门了。所罗门能在以旬迦别冶炼、提纯并处理来自亚拉巴谷的大型铜矿和铁矿中的矿石。他通过海陆运输方式来出口制成品，并用它们换来阿拉伯和非洲的香料、象牙、贵重木材和黄金。正如格鲁克所指出的那样，所罗门这位以色列的英明统治者是一位铜男爵、一位航运巨头、一位富商大贾和一位伟大的建筑师。他曾是这个国家的福气，但转瞬之间就成了祸患，因为随着所罗门的财富不断增长，他产生了一种专横的态度，无情地践踏他的子民们所养成的民主传统。所罗门麾下的商业网络从西班牙的腓尼基港口延伸到了阿拉伯、叙利亚和非洲东海岸，但在他所有的成就之中，以旬迦别是最伟大的。

我们知道了寻求黄金的所罗门舰队是在哪儿起航的，但他们的目的地是什么?

俄斐的地理位置刺激着许多代人的想象力，针对这一问题，人们也已经撰写了许多篇文献。人们提出了各种假设，认为这个传奇般的地区或城市就处于五大洲上的某处，还有些人说他们找到了俄斐的位置，他们的说法不一，同样覆盖了五大洲。

奥古斯都·基恩1901年在伦敦出版了一本书，名为《俄斐的黄金》，他在书中宣称俄斐位于多法尔的阿拉伯区。R.F.伯顿认为俄斐和亚喀巴湾的米甸地区是一回事，但如果它离所罗门这么近的话，为什么需要派去一支舰队呢？人们自然而然会想到这一点。1844年，克里斯蒂安·拉森在德国写道，人们应该能在印度河地区找到俄斐，因为有个名叫阿比拉的部落居住在那里。也有人觉得俄斐在非洲（Africa），但“Africa”这个名字是日后的罗马人发明的，来自一个叫作“Afri”的北非部落，所以说这肯定是谬论。R.梅维斯觉得人们可以在秘鲁（Peru）找到俄斐，因为《历代记》第三节里提到了“巴瓦音的金子”。犹太历史学家弗拉维乌斯·约瑟夫斯在公元一世纪猜想俄斐位于印度的某个地方，而亚历山大·冯·洪堡则认为俄斐是一个普通的地理名词，而不是一个特定的地方或地区。解密巴比伦楔形文字的先锋朱尔斯·奥普尔特提出了类似的理论。

《旧约》告诉我们，从俄斐回来的船上装满了黄金、白银、象牙、猿猴和孔雀，人们试图靠这些生物和非生物商品来确定其位置。理查德·赫尼格指出，希伯来语中的类人猿（kophim）一词来自于梵语的“kapi”，而孔雀也只可能来自印度。另一方面，希伯来语里的“thukkiyim”在法国学者卡特勒梅尔眼里代表鹦鹉或者珍珠鸡，卡尔·毛克则认为它代表鸵鸟。“印度”在科普特语里是“Sophir”，这又是一个词源学的线索，指向了俄斐印度说。

自远古时期以来，印度与非洲东海岸之间就有着商业活动，所以说，古印度人的名字有时会在印度洋的另一边重新出现，这不足为奇。比如说，西马拉巴尔地区有条索法拉海岸，莫桑比克地区也有个索法拉海岸。有趣的一点是，哥伦布也全心全意地投入到了对俄斐的探索之中，并且希望在向西方航行时到达那里。“俄斐的金子拥有无法估量的荣光和力量。无论谁拥有这些黄金，他都能在人世间取得一切想要取得的东西。”这位热那亚探险家说道。

在思考这个问题时，我们应该想到一个事实：印度洋西半部只有两个地区生产黄金；印度和莫桑比克背后的国家，也就是南罗得西亚。

印度的迈索尔、马德拉斯和海德拉巴拥有金矿，但所罗门如果来到了印度的话，想要获取黄金，就得进行战争，因为当地的王公们绝不会直接投降而不做抵抗。此外，理查德·赫尼格正确地指出，印度从古至今的黄金消费量一直比产量高很多，因此得到了一个传统绰号，那就是“黄金的坟墓”。

我们剩下的选项就是非洲东南部索法拉海岸的腹地了。这里位于莫桑比克西边的南罗得西亚，距离大海有九百多公里，是非洲南半部储量最大的金矿区。首先提出人们该在南非寻找俄斐的是卡尔·毛克和卡尔·彼得斯。我们没必要假定以色列人会在离家十万八千里的地方运作属于自己的金矿，或者假定腓尼基人曾经占据了黄金储量最大的地区。毫无疑问，如果给当地人提供足够回报的话，那他们将会从内陆向海岸运送足够的黄金。

但这并不能解释所罗门是怎样获得黄金的。赫尼格教授认为，以色列人从非洲东南部地区获得黄金的方式并不是贸易或殖民，靠的是进行战争以及组织海盗抢掠，这在黄金的历史上可谓常见手段。他补充说，科尔特斯手下的西班牙人攻入了墨西哥，皮萨罗手下的西班牙人占领了秘鲁，想想这两个例子，人们就明白了。这就能解释腓尼基人为什么会自愿在他们的探险队里带上属于异族的以色列人了。赫尼格断言，腓尼基人一直都不擅长作战，独自战斗的话也不太可能获胜。因此，他们预计自己需要展开一番袭击，所以便寻求以色列这种经验丰富，能征善战的民族帮助。

这个理论似乎略显武断。首先，我们不能假定所罗门王只对俄斐进行过一次黄金探险。《圣经》的语句暗示着他们展开了数次航行，每次航行都持续了三年。一场突袭要进行三年？历史上几乎没有一群任何地处遥远的人们遭到过一场为时这么久的袭击，人们假定以色列人与腓尼基人合作展开了突袭，这些突袭也不可能是每次都百分百按照计划进行的。赫尼格断言腓尼基人是低效率的士兵，没办法满足政治目的，这与布匿战争的历史事实、汉尼拔英雄般的壮举和迦太基的顽强防御完全相悖。闪族的迦太基人调集起了古往今来前所未有的勇气，起身保卫属于自己的大都会。我们知道腓尼基人不仅是一流的海员，杰出的外交官和精明的商人，还是优秀的战士。

不，提尔的希兰和所罗门之间的合作应该不是靠战争和海盗活动完成的。腓尼基人是经验丰富的导航员，他们拥有同时代最好的船只，他们总知道那些鲜为人知的水域的最佳路线，他们对航海秘密守口如瓶，生怕消息走漏。他们对这一伟大事业的贡献是海洋、船舶和船员的经验。所罗门王提供了一样完全不同的东西：用于贸易的货物。美国人展开的发掘向我们表明，以旬迦别可能拥有古代世界之中最大的冶炼工程，自从所罗门王在那里建立了一套繁荣的金属制品工业体系之后，也就有了可以出口的东西。从以旬迦别出发的船上装载着铁和铜矿，到达俄斐之后，人们会将这些非常珍贵的商品换成黄金、奴隶、猿猴、象牙、孔雀和其他稀有商品。

尼尔森·格鲁克在发掘泰尔赫莱菲期间想到了这个答案，我们应该感谢他。

南罗得西亚

寻找俄斐

大津巴布韦遗址非常壮观，为了将它和其他遗迹区别开来，人们有时就会用“大津巴布韦”来称呼它们。它们并不像伊尼扬加以北的遗迹那样分布广泛，也不像因西扎地区那么美丽，但不可否认的是，它们自身也极度华美。总共有三套相互连接的不同建筑群，也就是“椭圆寺”“谷地遗址”和“卫城”。

——大卫·兰道尔—麦西瓦尔，《中世纪的罗得西亚》，第61页，伦敦，1906年

我们现在所讲的这一章是撒哈拉以南非洲历史上极度神秘的一部分。卡特勒梅尔，A.H.海伦和德国地质学家卡尔·毛克都认为俄斐的金矿来自这个地区，并且假设所罗门的黄金来自于南罗得西亚的马绍纳兰。

“俄斐位于南罗得西亚”的假设尚未得到证实，但值得注意的是，1304年出生在丹吉尔的阿拉伯旅行家伊本·拔图塔在提到索法拉海岸后方的国家时，将它称为Yoûfi。一生致力于地理学和自然科学研究的德国人理查德·赫尼格教授指出，Yoûfi听起来非常像俄斐（Ophir）。伊本·拔图塔写道：“他们从Yoûfi那将金粉运往索法拉。”

大津巴布韦遗址在1868年由亚当·兰德斯发现。猎人兰德斯并不重视他的这一发现，它很快就遭到了遗忘。1871年9月5日，德国地质学家卡尔·毛克更彻底地检查了这些废墟，很快意识到南罗得西亚南部这些奇怪的石头建筑不单纯是历史相对较短的非洲村庄遗址。他的发现与俄斐有关，世纪之交时出现了一种观点，那就是说津巴布韦是所罗门王矿场的原址，马绍纳兰和马塔贝莱兰成为淘金热之地。人们开始在古人开采黄金的地方进行开采，这些地方仍然存在着冶炼设备的遗迹。人们认为曾有人在大津巴布韦遗址中发现了一座“腓尼基人为开采黄金所建的城市”，渴望黄金的冒险家们掠夺并摧毁了其中许多珍贵的古老废墟和采矿设施。

“津巴布韦”（Zimbabwe）这个词来自班图语，可能是“Zimba”（“房屋”）和“mabgi”（“石头”）结合而成的。在20世纪初，英国旅行家和考古学家本特的一番努力让津巴布韦广为人知，但有种理论认为它的遗迹是个古代的腓尼基殖民地，如果人们要再次采取考古学手段，试图确定它

大津巴布韦遗址

们的真实起源和确切日期的话，那这种理论并不一定能起到帮助。英国考古学家霍尔用缜密而详细的科学论证捍卫了“腓尼基说”。他亲自在津巴布韦和南罗得西亚其他几个被毁坏的遗址进行了挖掘，取得了良好的效果。他在1902年和1907年发表的作品十分中肯，巨细靡遗，至今仍然极具说服力，但是当埃及学家大卫·兰德尔—麦克维尔对南罗得西亚的遗址进行进一步勘察时，他得出了与之前所有的观点和“证据”完全不同的新结论。

在麦克伊维尔看来，津巴布韦纯粹是非洲人的手笔，而且建造时间比目前任何人所猜想的都要晚很多。它出现于中世纪末期，直到十五世纪才结束了兴盛阶段。麦克伊维尔在检查了其中的七个地点后发现，这里没有任何早于十四世纪或十五世纪的遗物。他同样无法在津巴布韦建筑群中找到任何不属于非洲的特征，也无法找到一丁点儿欧洲或东方的风格。著名的“椭圆建筑物”“卫城”“谷地遗址”、防御工事、宗教场所和生活区具有彻头彻尾的非洲风格，实际上整个城市都是如此。不幸的是，津巴布韦没有任何类型的铭文，他们的主要建造者显然不熟悉文字。但除了非洲制品外，麦克伊维尔还发现了从印度和远东进口而来的艺术品和器皿。事实上，麦克伊维尔之所以能确定这整个城市的建筑诞生于中世纪。就是因为这些物品被埋在瓦砾层中，他通过其他消息源得知了它们的制造日期，

如果麦克伊维尔没能成功解决掉津巴布韦的谜团，且巨细无遗的话，那他至少会写下这样的假设：这里属于前基督教时期的地中海文化。

在1929年，英国考古学家汤普森博士在津巴布韦和其他遗址展开了进一步的发掘。她证实了麦克伊维尔的发现，并进一步确定了南罗得西亚这些神奇建筑物诞生的大致时间范围。

在赞比西河和林波波河之间散落着不下五百处遗址。既耐人寻味、又十分重要的一点在于，这些建筑物一般不位于金矿附近。卡顿·汤普森从这点入手，判断它们和采矿无关。她认为这些巨大的废墟不是矿业城镇，而是中非先进的班图部落所修建的城市项目遗迹。但津巴布韦本身仍很可能是个重要的黄金运输中心，要不然的话，这个南罗得西亚大都市又能怎么积累起强大的力量和财富呢?

通往“卫城”的台阶十分陡峭且狭窄，位于高耸的悬崖之间。这座堡垒身份未知的设计师们在岩石之间建起了它。

阿拉伯作家马苏迪在916或917年造访了非洲。他宣称津巴布韦是阿比西尼亚的一个民族建立的，这里已经存在了几代人之久，在他那个时代已经成了一个强大的王国。我在此引述他的原话：“这是一块盛产黄金和其他奇迹的土地。”因此，我们似乎可以将现在的巴罗斯维和巴文达部落视作津巴布韦建造者的直接后裔。人们在那发现了印度和马来亚制造的众多项链，所以能更精确地推断出这种神奇建筑物的建造时期。卡顿·汤普森认为，津巴布韦和其他一些城镇在公元8世纪到10世纪之间处于繁荣状态，甚至可能从中世纪开始就已经这样了。

该地区花岗岩极其丰富，这种材料就位于许多建筑工地旁边。人们可以将这种天然花岗岩切成石板带走，并且基本不需要打磨。

从数量上看，麦克伊维尔和汤普森进行的挖掘工作

1903年7月27日，R.N.霍尔在津巴布韦的废墟之间发现了著名的滑石鸟。它自此成为了南罗得西亚的国徽。这是津巴布韦艺术最精美的代表，现藏于南罗得西亚的布拉瓦约博物馆。

斩获的成果并不算多，但其中包括了铁箭头和矛尖、斧头、大量的青铜丝，这些青铜丝主要以踝环的形式出现、金丝、皂石碗、戒指、项链滑石和用于旋转机械装置的陶制飞轮、战斧、铁剑、骨制的管子，还有盛放水或啤酒的罐子。研究者发现了一些著名的柱子，柱顶有一只皂石制成的鸟，这些柱子特别引人注意，而自此以后，与之类似的鸟儿也成为南罗得西亚国徽的一部分。

这个地方仍然神秘莫测。我们连古人建造大型“椭圆建筑”的目的也都不清楚，不过有许多学者认为它是一座寺庙。这座所谓的“津巴布韦神庙”里有一块大约4米高的巨石，大致是锥形的，可能和当地目前仍然存在的生殖崇拜有关。

津巴布韦的神秘文化并非只有一个源头，它很可能是多种力量共同作用的结果。怀恩怀特认为是一个来自南阿比西尼亚的民族立起了属于津巴布韦文明的巨石，可能是加拉人，他们早在公元900年就迁徙到了南罗得西亚。加拉贵族的种族身份可能被邻近的班图人给淹没了。由于生殖崇拜在南阿比西尼亚有着重要地位，而人们又常在南罗得西亚发现阴茎的模型，所以这表明生殖崇拜在津巴布韦文化中同样重要，我们不能忽视这一明显的联系。

450年前，当第一批欧洲人来到非洲南半边时，他们发现自己来到了一个活生生的博物馆里，里面展出着许多个不同的文化时期。正如我们所知，后石器时代的文化分为青铜器时代和铁器时代。布须曼人仍然生活在石器时代。霍屯督人已经在使用青铜和铜器了，但他们不熟悉铁。另一方面，东海岸的班图人会用铁制造工具，并已进入铁器时代。事实上，在津巴布韦文化的建筑诞生之前，南罗得西亚就已经知道了铁器的存在。所以说，我们面临着一场从石头到铁的独特文化转型。公元前四千、三千、两千年期间，撒哈拉以南的非洲和古代世界隔了开来。只有这样才能解释为什么非洲南部的许多部落从未经历过青铜器时代。在罗得西亚，石器时代一经结束，铁器时代就来了，这和北非和古代世界的其他地方不一样，那些地方的石器时代结束后，人们迎来了青铜和铜器时代这两个中间阶段。

早在10世纪，铁就可能从地中海国家出发，最终抵达撒哈拉以南的非洲地区了，但运输路线是什么呢？就发掘物而言，津巴布韦文化属于铁器时代，但其中也有青铜器。为什么人们没有发现任何比这更老的遗物呢？为什么没有所罗门所运送矿石的痕迹呢？这些问题还没有得到解答。

不过自1906年以来，学界一直存在着强调南罗得西亚遗址纯非洲特征的倾向，当时人们刚提出了“神秘的腓尼基殖民者”一说，这个疯狂的猜想引发了学界的这一反应，而现在，地中海世界和南非之间文化交流的痕迹已经大白于天下了。例如，马修引用了考古证据，表明阿拉伯南部与南非东海岸之间拥有非常古老的联系，要早于伊斯兰教出现之前。示巴人是有可能在那登陆，并进驻南罗得西亚的，这样一来，在泰尔赫莱菲（之前是以旬迦别）和索法拉海岸之间就可能有条通路，这条道路穿过红海，从示巴之地出发，来自传说之地，通往现实之中。南非考古学和文化领域的杰出学者罗杰·萨默斯说，在这个方面看，人们在各处发现了许多细小的证据，将非洲和古代世界的边缘地区联系了起来。

对津巴布韦文化的研究尚未明确解答俄斐之谜，但一切都表明，由腓尼基的船员驾驶，属于所罗门王的船只探索的确实是非洲东南部的海岸。我们现在知道，当所罗门的舰队从俄斐归来的时候，船上都满载着黄金。我们也通过美国对泰尔赫莱菲的以旬迦别展开的挖掘工作了解到，这里出土的熔炉是所罗门王用于精炼铁和铜的，这些贸易商品在当时的整个世界都拥有巨大的价值，在南部非洲尤其如此。

尽管如此，我们依然没能解开俄斐的秘密，这也许是因为船只没有留下任何可察觉的痕迹。

尼日利亚

贝宁的青铜器

在撒哈拉以南非洲的艺术领域之中，贝宁的象牙雕塑可谓卓越，而该地的青铜艺术更是无可匹敌。尽管约鲁巴和贝宁文化方面的权威们进行了辛勤的工作，展开了详尽的挖掘，解决了有关这些奇异文明的许多秘密，但其中许多物件的制造目的仍然是一个谜。贝宁最优秀的艺术作品现存于柏林民族学博物馆、大英博物馆和拉各斯。

在非洲西海岸，几内亚湾收窄的地方，就是尼日利亚，这里融合了许多非洲部落和种族，是个拥有大约四千万居民的国家。该国包括伊博、豪萨、富尔伯和约鲁巴等民族，每个约有四百万人。

尼日利亚并非因政治历史或经济资源而闻名世界，但相比其他一些更重要的国家来说，它的文化对现代世界而言要有趣许多。自1897年以来，贝宁的城市和文化就在历史上占据了一个突出的位置，在那一年中，英国人以武力打开了尼日尔三角洲沼泽地中的同名王国的大门，民族学家和探险家利奥·弗洛贝纽斯在1911年更是彻底改变了我们对黑人文明的认识。贝宁不仅是一个城市，而且还是片包括尼日尔三角洲以西和贝宁河周边地区的土地，这是一个居住着苏丹血统黑人的国家，他们建立了大贝宁国。这曾经是个令人十分敬畏的王国，它的文化在西非也数一数二。利奥·弗洛贝纽斯甚至认为他在贝宁找到了失落的亚特兰蒂斯大陆的继承人和后裔。

1472年时，葡萄牙人率先探索了贝宁海岸，这里在18和19世纪初期成了奴隶贸易的一个主要中心。在葡萄牙人发现这里之后，一直到1897年英国远征之前，欧洲几乎失去了这个黑人王国的所有音讯，在这四个世纪期间，人们没有了解到任何有关其古代文明的精确细节。但在1897年时，一场事件摧毁了贝宁国的自治权。当时尼日尔海岸保护国的英国代理总领事菲利普斯派了一支考察队前往贝宁，并且进入了首都，但选择的时机很不明智，因为时任国王正在进行一项纪念活动，夹杂着为祖先进行的献祭仪式，目的是纪念国王已故的父亲。当地人在菲利普斯进入城市之前，就已经于树林之中取走了他的性命。

英国立即向此地派兵以示惩戒，当地已岌岌可危的君主制度也遭到了彻底摧毁。这件事让欧洲首次瞥见了贝宁这个神秘王国的文化历史，还有它那嗜血的宗教习俗，但这种宗教绝不原始。英国人从那带回了一些具有极高艺术价值的青铜器，引起了轩然大波，专家们绞尽脑汁，想弄清楚它们可能受到过哪些欧洲、埃及或伊斯兰艺术家的影响。

贝宁艺术的一个特别精美的例子，这件青铜作品描绘了一个骑在马背上的土著——也许是国王。

贝宁的青铜器之所以能引起他们的注意，是因为它们在非洲黑人的雕塑艺术中独树一帜。对那些拥有西方艺术形式感的人来说，这些艺术品看起来比黑暗大陆其他地区的黑人艺术更好理解，也不那么让人感到陌生。

我们现在知道，在第一批欧洲殖民者到来之前，居住在贝宁西北部，拥有苏丹血统的约鲁巴各部落已经拥有了人口超过10万的城市，他们擅长于耕耘土地，饲养小型牲畜，但也同样擅长进行大规模贸易。他们掌握了一系列高度发达的手工技巧，棉花织造、染色、制陶、铸造青铜及黄铜制品的技术遍布领土各处。

古代约鲁巴族群仍存在于达荷美和多哥，丰人（the Fon）是达荷美的统治阶级，他们拥有高超的艺术天赋，这种天赋的源头尚属未知。约鲁巴实际上是贝宁王国的母国，贝宁的诞生有赖于约鲁巴殖民者，此外，前者还全盘继承了后者的杰出艺术。

非洲在过去几千年来一直是奴隶贸易的主要中心，约鲁巴殖民地的建立目的就是为了提供装载奴隶的场所，贝宁就是其中一个这样的殖民地。据记载，1486年至1641年间，仅安哥拉一地就出口了138.9万名奴隶。从1580年至1680年间，巴西每年平均会收到1万名由船运来的奴隶。1783年到1793年间，从利物浦出发的船只中至少有900班运载着奴隶，他们的总价值为1500万英镑，有30万人奴隶。

非洲习惯了奴隶制理念，对它来说，这只不过是事情自然发展的产物，因为正如巴希尔·戴维森最近强调的那样，拥有奴隶和出口奴隶之间只差一小步。

约鲁巴艺术的主要中心是伊费伊费，这里是宗教之都和文化中心，也是所有约鲁巴精神领袖的所在地。伊费伊费离尼日利亚的伊巴丹约有80公里，意思是“起源之地”，目前人口为5万。“伊费时期”幸存至今的唯一一批的艺术作品是由石头、石英、花岗岩、青铜或烤粘土制成的，这是因为在过去无数个世纪之后，木雕已经被自然彻底侵蚀了。在过去二十年间发现的约鲁巴雕塑在整个非洲艺术中占有独特的地位。1938年和1939年期间，伊费奥尼的宫殿区附近出土了一些精美的艺术品，大多数是铜制的雕塑。黄铜的颜色从红色到浅金色不等，具体取决于铜的比例。这里的黄铜艺术品含有20%的锌。来自尼日尔塔达的一尊男性青铜像在每个细节上都非常逼真，伊费艺术品所刻画的黑人面庞极度微妙而富有表现力，促使专家们不断寻找外来影响的痕迹。

外国艺术家可能会在贝宁国王的宫廷铸造厂中担任教师，而拥有401位

贝宁著名的饰板之一。尼日利亚居民早忘记了它们一开始的意义是什么，更不用说它们到底描绘了什么物品或者哪个人了。它们有可能被用于宗教仪式。

贝宁人在追踪猎物时穿戴狩猎面具。这种木质和皮革面具来自尼日利亚的洛克。

神祗的约鲁巴神殿更是让人联想到了早期基督教的天使群体，但这种艺术的背后到底是晚期古典时代的希腊基督教艺术，还是中世纪的艺术呢？我们不得而知。埃卡特·冯·西多夫是一位杰出的原始艺术学者，在非洲雕塑领域尤其优秀，他认为贝宁的艺术作品在中世纪受到了某种程度的外来影响，这种影响来自于从北到南、从东到西穿过苏丹、漫长无边的商队路线。从纯粹的技术层面来看，贝宁的古代铜器可以媲美欧洲最好的铜器，因为这些出自贝宁本土艺术家之手的青铜器和铜器艺术作品绝对配得上杰作二字。但它们相互之间的关系仍然云山雾罩，令人费解。欧洲艺术家没有创造出任何幸存至今的青铜小饰板或其他青铜作品。即使这类艺术品远胜于其他非洲造型艺术，但它们在风格和构图上都拥有彻头彻尾的非洲风。德国的杰出民族学家菲利克斯·冯·罗森和柏林的约瑟夫·马夸尔教授都认同这一观点，前者于1913年在莱登出版了一部综合性著作，介绍了贝宁的各种艺术品。从整体上看，这种艺术的特点是拥有不寻常的雕像比例，腿很短，外貌十分简洁，忽视了手脚的部分结构，对珠宝、服饰和武器的细节十分重视，另外还偏爱刻画人物的正面。

我们很难把贝宁的艺术分成几个时期，这是因为它的居民没有发展出文字，会用雕塑来表达他们所有的重要冲动，所有的意欲，以及所有的宗教理念。不过海德堡的斯特鲁克还是在贝宁的文化历史中划分了五个时期。它们的创作时间从1140年一直延续到了1887年，覆盖了16和17世纪，这两个世纪是贝宁艺术的黄金时代。一些奇怪的青铜小饰板给我们提供了某些线索，其中的一部分描绘了欧洲人的服装、帽子和武器，它们时兴于1530年至1585年之间。除开这方面之外，人们完全无法解读贝宁的青铜小饰板。它们的长度在30到50厘米之间。所刻画的人物最明显，最脆弱的部分也没有包含任何信息。当地人没能回忆起一开始创造它们的目的，但人们曾一度将这些东西贴在支撑王宫屋顶的柱子上，小饰板上面的钉孔显示出了这点。尽管这并不能解释贝宁人为什么要费尽千辛万苦打造这些艺术品，但它们却以极度宏伟的方式保存了贝宁人民丰富多彩的生活，在一定程度上弥补了书面记录的缺乏。

有位荷兰人对贝宁进行过一番描述，这位荷兰人生动地描绘了17世纪辉煌的贝宁皇宫。他报告说，这个城市面积巨大，街道宽阔，房屋整洁，奴隶将阳台清扫得干干净净。王宫内有矩形庭院，周围环绕着游廊。国王把马匹放在设备齐全的马厩里，勇士和贵族们对国王忠贞不贰。

国王养了很多男女奴隶。人们经常在路上看到携带水、山药、棕榈油的奴隶妇女。这些东西据说是为国王的妻子准备的。国王有许多妻子，他每年会举行两次游行，每次都会炫耀自己的权力、财富和华服，并由他的所有妻子陪同，总共超过六百人。贵族也有许多妻子，其中一些有八十个，另外一些有九十多个。哪怕最穷的达官贵人们都至少有10—12位妻子。因此，我在这里遇见的女性要比男性多。

按照土著传统，1897年被英国人废黜的奥维拉米·埃杜博阿国王在继承序列上排第22位。第十代国王名叫埃斯格·奥萨维，为自己出生时是一

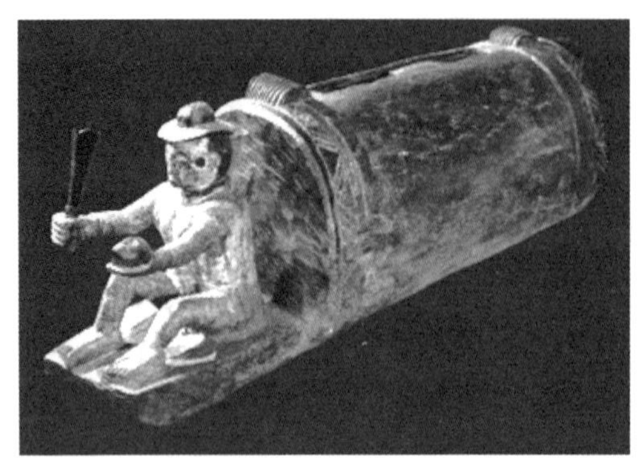
这支木鼓来自尼日利亚南部克罗斯河河口的省城卡拉巴尔，是贝宁木雕艺术一个特别精美的例子。

位“白人”而感到自豪。在他去世之前，他派遣使者穿过“宽广的水域”，带着礼物前往白人的土地，邀请白人来非洲访问他，但徒劳无功。他们在格瓦托定居了下来，并在那里进行贸易。显然，有一位叫作阿哈马尼格瓦或穆罕默尼格瓦的人陪同他们。这位穆斯林是一位黄铜铸造师，也许是豪萨族的一员。他来到了贝宁，他那些欧洲人肖像和新的装饰风格为当地艺术家带来了许多新灵感。他在国王身边待得很久，有“许多妻子，但没有孩子”。国王给他分配了许多年轻学徒。贝宁人后来说：“我们仍然可以生产金属制品，但是我们无法像他那样生产，因为他和他的所有学生都死了。”柏林的约瑟夫·马夸尔教授试图解决贝宁艺术起源的谜团，他认为阿哈马尼格瓦的故事可能是当地人对首批葡萄牙传教士的模糊回忆，而“许多妻子”可能是阿哈马尼格瓦所率领的传教团的修女。塞拉利昂的象牙雕刻师制作了一个特别精美的象牙杯子，它或许能证明早在这个时候，西非就有了一支天主教传教团。目前，这个杯子和带有精巧浮雕的象牙正一道存放于荷兰国家民族博物馆内，

我们不知道那些饰板和它们上面的象征性浮雕是否来自于欧洲的黄铜铸造技术，但我们知道穆罕默尼格瓦在埃斯格·奥萨维奥巴（oba）（国王）统治期间还活着；那个时候，葡萄牙航海家若昂·阿方索·德·阿维罗刚刚发现了贝宁。

很难确定约鲁巴人是否代表贝宁的文化祖先伊费，后者是贝宁文化的起源，比贝宁本身的艺术要古老得多。在12至14世纪期间，伊费的雕塑和铸造技术可能达到了顶峰。在贝宁最后一位自治统治者奥维拉米奥巴统治期间，贝宁禁止了对黄铜的铸造，原因不明，而正因如此，英国人才会惊讶地看到这些如此华美的青铜器被钉在木屋里。贝宁在1897年被英国征服后，国王遭

废除，贝宁城付之一炬，在这之后，才华横溢的本土艺术家们又再次捡起了他们的手艺。尽管他们的艺术在工业化的影响下走向了衰落，但他们的艺术冲动和能力一直延续到了今天。

英国学者伯纳德·法格已经证明了古代的诺克文化和尼日利亚部落日后诞生的艺术之间存在着一种有趣的关系，诺克文化产出了石制和铁制工具。法格于1954年在扎利亚省南部（尼日利亚北部）挖掘出了一尊与实物大小一致的俑，在1956年发表的文献中描述了它的头部细节。这一发现的重要性在于它可以追溯到前基督教时代，它的头发十分细致，眼睛的模型十分完美，还有张生动且富有表现力的嘴巴，让人想起了伊费和贝宁最精美的艺术作品。人们还没有确定诺克文化所属的年代，但它可能在公元前一世纪左右获得了蓬勃发展。法格指出，这些雕塑的头发和现在的卡奇奇里和努马拉部落的发型类似，这些部族距离诺克大约有48公里，所以说，贝宁的起源可能要比我们之前所猜想的都要久远。

来自安哥拉科克韦的木质人像，展示了非洲艺术家修改四肢比例，将重点放在武器和头饰上的手法。在创造这一作品时，艺术家显然希望强调其造物的正面。

女王、人物、头部和无数其他物体富于表现力的半身像背后是什么？贝宁艺术的主要推动力和来源是对祖先的崇拜。这是贝宁青铜艺术蓬勃发展的基础，也是皇室建立宗教信仰的基础。为先父和先祖建起的祭坛，先王和他们的随从，由母后统治的团体，铜制头像，公鸡，刻有纹路的象牙——所有这些都属于祖先崇拜。

尽管如此，这里的祖先崇拜

和远东的许多文明不一样，不像它们那样具有强烈的灵魂色彩。生者和死者之间的关系以带来实际的好处为目的。一家之长手摇响环，敲击地板，摇动铃铛，大声呼唤祖先的灵魂，它进入了祭坛的中前端，听取了家人的祈祷。在祈祷期间，众人会把可乐果碾碎。祭司会把这些碎片放在嘴里，咀嚼它们，把它们吐在摇铃上，这是发起祭祀的信号。主要用于祭祀的动物是豹，这是给贝宁国王生前的灵魂进献的。各位酋长会在祭祀之前用剑进行一场仪式。当人们宰杀了一只公鸡、一头山羊和一头牛之后，就会把食物摆放在摇铃和祭坛前，全家人会共同享用一顿盛宴，结束整套仪式。

随着西方文明的进军，黑人艺术古老的精神逐渐衰微，部落与祖先的联系也随之消失，古老的部落传统逐渐淡化，本土艺术家也开始为外国收藏家制造古董。法格对这些新工艺品中缺失的元素进行了巧妙的定义，他说，对传统的部落艺术与为游客制作的艺术之间比较一番的话，就能揭示出一些比单纯的形态变化更重要的东西。对他而言，缺失的元素是生命力，这种生命力曾经为部落提供了存在的基础，还有哲学式的无数理念。

这种生机勃勃的力量层一度存在着，它让冷冰冰的青铜拥有了生命，并孕育了拥有独特的美感以及令人震撼的自然主义的雕塑，这依赖的完全是贝宁人民的精神和信仰。

新几内亚

千眼之河

塞皮克地区文明的光辉主要来自于它们的宗教和艺术。这一文明正濒临灭绝，实在令人遗憾。在一个表面上似乎完全与世隔绝的国家之中，土著人民古老的传统生活方式已基本消失或迅速瓦解……所有这些都归因于和现代文明的接触。面对现代文明表现出的优越性，土著们失去了内在的稳定，这种稳定往往也是他们的外在稳定性。这就是他们的文化处于垂死状态的原因。

—阿尔弗雷德·布勒，《赛皮克》，第23页，

斯图加特—伯尔尼—维也纳，1958年

太平洋的面积比五大洲加起来还大，有一连串活火山和死火山环绕着它。它是这个世界上的大洲和大洋里最晚形成的，它的降生给大地带来了剧痛，造就了新地形，消灭了旧地形，岛屿和海岸也在前进和后退，这些事情至今仍未停止。在夏威夷、新西兰、新几内亚和复活节岛之间闪闪发光的南太平洋水域里，有三万多座小岛露出了水面。

南太平洋目前的居民在亘古以前就从亚洲诸国和诸岛出发，迁移到了他们现居的海洋世界。一波又一波的移民们横渡大海，或是葬身于碧蓝的太平

洋深处，或者在宜居的海岸上登陆，并在那里建起了他们的家园。

广阔的太平洋包含了三个世界：波利尼西亚人、密克罗尼西亚人和美拉尼西亚人的世界。每个民族的性格都非常不同。它们的共同特征是没有文字，缺乏金属和其他原材料。另外，自从欧洲人出现以来，这三个地区的当地居民——新西兰的毛利人和其他几个部族除外——都在缓缓地遭到死亡侵蚀。

波利尼西亚是一个来自希腊语的词汇，意思是“有许多岛屿的地方”。以夏威夷、新西兰和复活节岛为边界的这块巨型三角洲是澳大利亚大陆的四倍，美国和加拿大的三倍，但其中的数千个岛屿上仅有110万人居住，其中只有10万人是真正的波利尼西亚人。

波利尼西亚人还记得他们的祖先是从哈瓦基出发，向东迁徙到这里的，哈瓦基是传说中的先祖生活之地。萨摩亚和汤加是他们的第一批主要定居点，他们在公元前八世纪踏上了社会群岛。他们以波利尼西亚的政治和宗教中心赖阿特阿岛为基地，从那里出发，又来到了东太平洋，最远定居到了复活节岛上。波利尼西亚人大约在基督诞生时，或基督诞生三四百年前首次驾船驶入了太平洋。根据最新的放射性碳测试来看，波利尼西亚人在公元之初的数个世纪内就定居到了夏威夷，也许是在公元100—200年期间定居的。

波利尼西亚人来自哪里?

我们不完全知道答案，但我们必须假定他们来自印度尼西亚。虽然波利尼西亚语和马来语之间的关系更近，但它也体现出了受到印度尼西亚语言影响的证据。由于来自印度的梵文在公元350年左右到达了印度尼西亚。而波利尼西亚语又不包含梵文，所以波利尼西亚人肯定是在公元350年前的某个时间离开他们的印度尼西亚家园的。然而，他们的主要迁徙发生在11、12和13世纪，到了1350年时，新西兰基本都是来自社会群岛和库克群岛的移民了。尽管关于这些航行唯一一批记录只保存在了岛民的传统、神话故事和歌曲中，但在世界上最宽广的水域中驾驶着脆弱的舷外支架艇和双体船，船上还只支着破旧的三角编织帆，这实在是历史上最大胆的壮举。

在分析这些移民的现代后裔时，研究者提出了许多大胆的假设和激进的理论，人们在过去几十年来一直宣称波利尼西亚人来自南美洲。但这种戏言并未得到大多数科学家的认可，因为古代传统、民族学事实和人类学特征都倾向于证明波利尼西亚移民来自西方。“这片岛屿世界的居民从西方来，来自亚洲，这是民族学研究十分有根据的一项发现。东部起源说，也就是美洲大陆起源说是完全不可能的。”这是赫伯特·蒂斯纳的观点，他是研究南太平洋部落的权威，现代科学界也普遍赞同他的观点。

密克罗尼西亚是“小岛之地”，由1458个岛屿组成，其中的大部分都很小，总人口为17万。这些岛屿主要由钙质珊瑚组成，绝大多数是环礁。只有9.7万名密克罗尼西亚人还居住在马里亚纳群岛、帕劳群岛、加罗林群岛、马绍尔群岛、瑙鲁和吉尔伯特群岛。与许多原始民族一样，这些密克罗尼西亚人，还有他们混合了旧蒙古人种特征的外貌在得到充分的研究之前，就注定要彻底消失了。我们只需要记住塔斯马尼亚人、火地岛印第安人和其他人。

美拉尼西亚（Melanesia）这个名字是由希腊语的“melas”（“黑色”）和“nesos”（“岛”）所组成的。从地质结构上来说，该地区属于澳大利亚，在远古时代曾经是澳大利亚的外围部分，当时它和澳大利亚之间的大陆还没沉到海里去。美拉尼西亚位于西南太平洋，包括世界第二大岛新几内亚岛、俾斯麦群岛、所罗门群岛、圣克鲁斯群岛、新赫布里底群岛和新喀里多尼亚群岛。

任何熟悉太平洋岛屿及其居民的人都知道，波利尼西亚人身材高大壮实、肤色浅棕、头发长而光滑，与他们的日本亲戚和中国人一样，都长着黑头发。波利尼西亚人的头发不是自然卷曲的，这能让人们立刻将他们和头发卷曲的美拉尼西亚人区分开。密克罗尼西亚人既包括皮肤颜色很淡的人，也包括黑皮肤的人，但他们并不像许多美拉尼西亚人那么黑，有些美拉尼西亚人是纯黑的。所罗门群岛的岛民属于后一种美拉尼西亚人。

美拉尼西亚群岛是第一批有人居住的群岛，所以说，一些最原始的文化的遗址就位于它们这里。比如说，新几内亚岛的部分地区就是世界上最后一批伟大的露天文化和民族博物馆。新几内亚是一个迷人的地方，塞皮克河周围的地区制作的艺术品可能是整个太平洋地区最精美的。

澳大利亚人类学家欧内斯特·钦纳利和中塞皮克当地土著居民。

新几内亚的谜团从其居民开始。这里有高大且头部狭长的人，身材矮小的类俾格米人，一些与澳大利亚和塔斯马尼亚原住民有关的其他人群，还有些或是与美拉尼西亚人近似，或者就是美拉尼西亚人的原住民。几乎所有的新几内亚沿海部落都属于美拉尼西亚人，和内陆说巴布亚语的部落截然相反。这里的人们主要属于黑色人种，拥有黑皮肤和卷发，但也有一些新几内亚部落似乎与蒙古人种有关。在语言上讲，这里最古老的部落属于巴布亚语族。

这些部落皮肤是黑的，但却是异质部落，所用的语言非常多样。构成岛屿骨干的中部山脉长约201公里，包括高达4876米的山峰，其中一些山峰尽管靠近赤道，但顶部仍有冰川。整个岛屿被迷宫般的山脉和孤立的山地所分割，所以说，它的居民之间被巨大的森林、河流和悬崖隔开了，在语言上依然是一片混乱。他们的文化也处于这种状况之中。当白人首次登陆新几内亚时，当地人还没有获得任何金属。时至今日，这种情况仍然存在于岛上的许多地方，所以新几内亚的一些居民实际上仍处于石器时代。

另一方面，从文化角度而言，他们的先进程度令人赞叹，只要我们能够成功摆脱欧洲和西方世界看待文明的标准，那我们就能立刻意识到这点。这当然是非常困难的。我们的基督教道德观念深深地植根于心中，举例而言，我们把食人看作最为野蛮的行为。然而在新几内亚和其他美拉尼西亚群岛，它却是各种神奇仪式的焦点，拥有最崇高的精神意义，从美拉尼西亚世界的角度来看，这是先进文化的一个特征。

该岛的主要河流是赛皮克河，发源于中央山脉。它与莱茵河一样长，但由于热带暴雨倾盆而下的缘故，它的流量要比莱茵河多无数倍。它是通往岛屿内陆的门户，穿过北部平原，注入大海，其间有如蛇一般蜿蜒前行，创造出了一系列宽广的弯道和复杂的回旋。当德国天文学家卡尔·施拉德在1886年和1887年溯游而上时，当地人以巨大的敌意迎接了他，以至于他不得不在到达河流的最高通航点前终止探险。在他之后，民族学家波赫、多塞和弗雷德里希也来到了这里，最后，在1908年时，汉堡南海探险队造访了此地，收集并带回了一批非常有价值的民族学数据。

即使在那个时候，西方世界也对赛皮克河的“野人”艺术感到非常惊讶。他们精美的粘土器皿、美丽的雕刻和宏伟的居住建筑都得到了巨大的好评。但新几内亚过去是探险家的噩梦，现在也是。这是该国的特殊国情所导致的，该国沼泽和热带雨林密布，气候炎热潮湿，内陆难以获得粮食供应，当地人决心要保卫自己的生活方式，而非效仿西方（这种抵抗消退的速度很

当地一种仪式鼓

慢）以及千百种其他障碍，这些障碍几十年来一直破坏着无数科学家及其同伴的士气、耐力和身体。

当人们在博物馆中看到了赛皮克河文化的精美器具和宗教物品之后，就会认识到孕育它们的精神动力有多强大。

这种精神力量来源于这一观念：超自然世界，灵魂世界要更为重要，相比俗世而言，它们会对人类世界施加一种更具决定性的影响力。和几乎所有的原始民族一样，新几内亚的部落无法从科学角度解释诸如自然灾害、疾病、死亡或歉收等事件。相反，他们会通过超自然的方式来寻找这些事件的原因，从而保证自己拥有一套干预自然的手段，赶走各种灾厄，甚至可能对它们设置一套屏障。对于新几内亚人来说，自然中的一切都是有生命力的。所有的事物自诞生起就都拥有灵魂或者生命力。这种对万物有灵（animism）的信念（这个词来自于“anima”，是拉丁语里的“灵魂”）意味着动物、人类、植物和无生命的物体都得到了必须接触和利用的力量，人们决不能冒犯或激怒这种力量。这是一种根深蒂固的宗教信仰，因为它感受到了所有自然现象中的神圣、超凡和超感元素。

生命力和灵魂在人类中最为强大。当一个人死亡时，这种神奇的力量只会变得更加强烈，所以这里的人们不仅会敬畏死者，而且会给他们献上贡品，这些贡品是爱和尊重的象征。

因此，巴布亚人的世界里充满了祖先的灵魂——包括实物——因为人们的一切造物，乃至人本身的存在，都有赖于他的祖先。日常用品、各种物品、风俗和宗教都来自于我们的祖先，每件事物和每样作品都继承了创造者的灵魂。比如说，如果一个人对他的祖先不友善，那他们可以确保这个人永不受到后代的祝福。

为了获得死者的青睐，生者必须为死者的灵魂提供一个居所。当然，死者灵魂的最佳居所是他自己的头。由于头骨具有魔力，是人体最不易腐坏的部分，所以当某人离世一段时间后，人们就会把他的尸体挖掘出来，把头骨清理干净，用黏土制成模型，重现原来的特征。

在整个南太平洋地区，没有任何一个地方能像赛皮克河谷地一样，将这件事情做得美轮美奂，充满艺术性。匠人巧妙地将黏土贴合在头骨上，眼窝中镶嵌着贝壳，头顶贴着人的头发。还有一件事：死者生前最重要的事件是他参加的那些宗教仪式以及他所进行的战斗，所以说模型脸部涂抹的色彩会与那些场合完全相同。做完这些之后，人们就给死者造出了一个灵魂的居所。

祖先的头骨被安在精心雕刻，装饰精美的板子上，放置在大型的“灵魂家园”中，部落成员会在那聚会，为他们的祖先举行纪念仪式。先人的头骨如果消失了的话，那人们就会设计出容纳他们灵魂的木制人像，将人像摆到头骨原来所在的地方。

当地人觉得人头中栖息着一种精神力量，这种信念导致了食人和猎头现象的发生，因为这意味着如果生命力真居住在头骨里的话，那人们就能从家人之外的人身上取得这种力量。他们需要的无非是一颗人头。因此，新几内亚人袭击了邻近的各个部落及其村庄，在太平洋地区，除了美拉尼西亚以外，任何地方都没有这种习俗。

假如某人获得了一颗男性的脑袋的话，那也要弄清他的名字才行，姓名包含着一种内在的力量，所以人们必须知道受害者的名字。如果谁以这种方式得到了一个名字的话，就可以给孩子取这个名，将其原主人积极的精神力量赋予他。所以说，当猎头者要杀死某人之前，通常就会试图欺骗受害者，让他说出自己的名字。

在对印度群岛和新几内亚进行漫长的考察时，保罗·威尔兹收集了一些非常有趣的资料，下面是一段他与某位猎头人的对话，是逐字逐句记录下来的。

“在半夜，我们包围了前一天侦察过的定居点，趁居民沉睡之际发起了进攻。其中有五人落入到了我们的手中。我杀了这个人，”那个男人一边说一边炫耀着一根手臂骨，上边还残存着些肉。“他的名字是拉维。他还是个年轻人。当我问他姓甚名谁时，我的兄弟莫奈紧紧抓着他。他尝试着像被刺穿一样高声尖叫，但这没给他带来任何好处。我用竹刀砍掉了他的头。这个人像这样伸出了舌头，”讲述者扮了一个可怕的鬼脸，然后匆忙跑进了他的小屋里。过了一会儿之后，他出来了，并将刚涂上色的战利品放到了我的脚边，这颗人头还附着长长的辫子。猎头者说："如果你的孩子没有名字的话，只要你给我送两根斧头、十把刀和十包烟草，那你就能为你的孩子买来这个名字了。把他的名字记下来吧！"他对我尖啸道："拉维！拉维！这就是那个男人的名字。"

美拉尼西亚人将每个人所固有的力量形容为法力。科德灵顿是第一个在所罗门群岛居民中发现这个名词的，但它是个通行于太平洋地区的概念，认为某些行为可以调用动物、人类和物质对象固有的魔力。一个人越重要，他所拥有的生命力或法力就越强。在美拉尼西亚地区的许多部落看来，吃人肉是获得法力的一种手段。和普通人相比，酋长的肉体拥有更强的精神力量，因此在数百年以来，当地人都一直特别喜欢捕杀位高权重者。

食人行为完全不是文化底谷，在文明的原始阶段，人们甚至都极难找到它的踪影。相反，这种行为在波利尼西亚是最强盛、最普遍的，而这里的海洋文化达到了特别高的标准。波利尼西亚与美拉尼西亚的食人行为都会一并针对男性和女性，而前者的食用对象可能包括某位男性所属的部族和家庭成员。酋长是第一个分到人肉的，有时候也是唯一一个。人们偶尔会在吃掉囚犯之前将其催肥。

酋长患病，为灵魂家园献祭，一艘新船下水，一场战争结束，一位新酋长上台——这些事情中的任何一件都可能会让人们举办一场人肉盛宴。蒂斯纳说，斐济群岛的老维提岛民被誉为南太平洋最坚定的食人族。虽然他们的一些酋长憎恶这种做法，但许多著名的酋长还是在生前吃了不少受害者。例如，英雄拉·安雷安德雷据说吞食了九百位男人，而维提甚至还为食人发明出了特殊的叉子和盘子。

柏林大学前地理学教授，首批探索赛皮克河地区的沃尔特·贝尔曼强调，任何对当地人生活方式的评估都应该以他们的世界观为基础，而不能基于我们自己的世界观。他指出，人们在新几内亚很难找到肉类，除了猪和狗以外就没有其他大型哺乳动物了。他说："因此我们可以想象某人在战斗中杀死了一个对手，而在岛民眼中，这个对手和动物没什么区别。从这个角度看，吃掉自己的敌人似乎很自然，因为人类不是素食主义者，而且需要吃肉。当谈到食人行为时，人们需要考虑的就是这点——当然，我们不应该纵容这种行为。”贝尔曼的理论认为新几内亚缺少肉类，所以才让人们杀害了他人，但这并不符合一般的观点。从各方面来看，食人主义的动机似乎都是宗教性的，和人的肉食性本能无关，我们可以从新几内亚的一场盛宴中推断出这一点，即使当地人屠杀了四五百头猪，还是存在人吃人的现象。

因此，我们在新几内亚内陆发现了一种与世隔绝的文化，其特征是拥有猎头和食人行为，拥有南太平洋最美丽的面具，拥有丰富多彩，结构精美的饰物，还拥有冠绝太平洋的雕刻和画作。鳄鱼的灵魂、尖头面具、独木舟的艏饰像、令人印象深刻的灵魂居所或坦巴兰——所有这些都具有灵性，确实也具有一种宗教意义。

岛上的艺术——特别是赛皮克人的艺术——总是强调眼睛，无论是头骨画作上的双眼，还是面具白色或黑色背景中凝视外界的双眼，或者从盾牌后向外窥视的双眼，或是从山墙或房屋外下看的双眼，又或者是独木舟最前端的双眼，都符合这种情况。如果要填满某块表面的话，那艺术家们几乎总会选择眼睛图案。如果一双眼睛不足以达到目的，那他们就会画上另外一双眼睛。这些眼睛让旁观者留下了深刻印象，原因之一是所有的曲线和装饰都有助于勾勒并凸显它们。即使灵魂居所那高高的山墙也都变换成了一张脸。礼堂之中生活着坦巴兰或灵魂。它的目光透过棕榈叶屋顶架着的横梁往下窥视，保护着部落，并抵御了邪恶力量的影响。

塞皮克人彩绘面具

中国古代商朝人的饕餮纹与新几内亚的眼睛纹路之间也许有联系，这种联系的可能性甚至还不小。带有饕餮纹的青铜器皿被用在了祖先崇拜仪式上。中国的饕餮或许源于古代的某种头骨崇拜（比较一下人们在北京附近的周口店发现的头骨），就像新几内亚的眼睛纹路一样，它们或许也和祖先头骨上的绘画有关。

西方的抽象艺术家在色彩感方面都无法与赛皮克河文化的人民相竞争。塞皮克中部的当地人在他们的面具、彩绘灵魂居所、宗教人像和雕刻中运用了非常美丽的色彩，这给西方抽象艺术家提供了巨大且无穷无尽的灵感。塞皮克人民在他们奇迹般的艺术世界中使用了令人吃惊的鲜艳色彩，并且有着一种几乎让人心烦意乱的可爱感。

正如研究新几内亚的权威人士阿尔弗雷德·布勒所宣称的那样，赛皮克河地区以及瓦什库克和马普里克的高地是真正意义上的先进艺术中心。尽管新几内亚的居民比其他原始民族更坚定地反对欧洲殖民，西方的文化渗透却让他们的宗教中心土崩瓦解，并迫使他们已经成为现实的法力在西方技术这个无情的“神灵”面前让路。

所有的艺术都源自宗教。在新几内亚，艺术绝不仅仅是灵魂思想的女仆，同时也是精神力量的提供者。相比其他古代文明，我们可以在这看到真正的艺术是如何来自超现实主义的，以及现代文明是如何推翻心灵的崇高领地、灵魂和精神能量的。另外，我们还会意识到，它的建造者们注定要灭绝。

危地马拉

玛雅人之谜

正如劳伦斯·豪斯曼所说，在任何一个领域之中进行的研究都会以驱赶黑暗的边界为目的。即使在人类学之中，黑暗的边界也到处都是，那为什么选择玛雅文明呢？我觉得答案一定在于玛雅文明不仅孕育了天才，而且是在一种我们眼中不可思议的气氛中孕育的。在研究玛雅人时，人们决不能想当然，玛雅人在不切实际的事情上十分卓越，但在实践方面却很失败。

——J.E.S.汤普森，《玛雅文明的兴衰》，第13页，诺曼，1954年

波利尼西亚人肯定是世界上数一数二的航海民族，只有腓尼基人才能在古代世界与之媲美。印度洋—太平洋水域岛屿云集，刺激着那些热爱冒险的灵魂，相比大西洋而言，这里的人们很早之前就展开了远航。美拉尼西亚人也展开了一些值得注意的海上旅程。举例来说，我们知道赤道南部马诺卡里的土著会从新几内亚西部出发，驶往804公里以外摩鹿加群岛的特尔纳特。新几内亚的居民曾在当地最长的赛皮克河里乘坐27多米长的独木舟，但他们也在沿海地区展开了大量的航行。波利尼西亚人驾驶着木筏，探索着太平洋之中的小岛，单程航行最长可达五个月，驾着小船穿越大洋。在这段时间内，

他们依靠着食用少量的鱼，饮用雨水而幸存下来。如果一艘船遭遇到了太强的风暴，那么人们就会故意把它淹到水里，以缓解绳索受到的压力，船员必须在愤怒的大海中生存。

波利尼西亚人会花费几个星期，向着大海深处航行，在那里，举目四望也看不到一片陆地。事实证明，他们常进行长达5000海里的航程——这大致是大溪地和夏威夷之间的距离，他们对珊瑚礁、浅滩、海流、潮汐和风力有着广泛的了解，天文学知识也非常发达，他们可以计算出洋流让他们离预计航道偏离了多远。马绍尔群岛的岛民可能是第一批设计出包含精确导航指令的海图的人。他们的小艇做工精湛，速度极快，操作性极好，以至于蒂斯纳在将它们和欧洲探险者的船只相比时，宣称后者“笨拙、缓慢且尴尬”。

查塔姆群岛孤处南太平洋之中，岛上的居民可能是通过木筏到达新西兰的。应该指出的是，这些莫里奥里人的木筏只是一些由几捆新西兰亚麻捆起来的盒状木质结构罢了。虽然新西兰距查塔姆群岛只有402公里，但用这种脆弱的造物航行这么一段距离，也实在是一项相当大的成就。另一方面，波利尼西亚人的双体船或双独木舟往往长达27至36米，可载两三百人。美拉尼西亚人和密克罗尼西亚人在麦哲伦、德雷克和库克船长到来之前很久，就也已经在建造这种大型远洋船只了。这些岛民所做的海上迁徙几乎都是朝东边前行的。美洲的部落从来没有迁徙到太平洋。南美洲的部落当然拥有包括帆和中插板的木筏，但这些船是专门用于沿海航行的。洪堡在厄瓜多尔海岸看到过这种类型的船只。它们是由巴尔沙木制成的木筏，巴尔沙木是世界上最轻的木头，上面还配有原始的帆和竹屋。

沙米索曾经是普鲁士女王的一位男仆，后来成了作家和科学家，他是第一个推论称密克罗尼西亚人和波利尼西亚人的语言与马来语有关的人。沙米索于1815年至1818年期间乘坐俄罗斯的双桅横帆船“留里格”号环游世界，并对马来亚和南太平洋的语言进行了专门研究，仅在菲律宾一地就辨识出了二十二种语法体系。研究者最近在玻利维亚的喀喀湖南部的蒂亚瓦纳科雕塑和复活节岛上的石像之间做了一番比较，这种比较并不能经得起严肃的科学检查。这两个地方都有巨石，石头颇为类似，但也就是这样了。复活节岛的波利尼西亚方言起源于马来亚群岛，而非美洲。复活节岛的一位岛民可以很好地与来自新西兰的毛利人或来自芒阿雷瓦岛的波利尼西亚人进行沟通，但美洲印第安人的语言和文化却完全与他无关。汉斯·普利施克于1957年写道："我们只可能在东南亚找到波利尼西亚文化的起源，而不是在美洲大陆。"

有丰富的证据支持这种东迁理论。在千百万年前，有无数部落取道白令海峡，从东北亚迁徙到了美国。但这些最早的居民并不属于蒙古人种，而是欧洲—高加索人。大约在冰川时代结束时，拉哥亚圣塔人种也开始了迁徙，丹麦考古学家隆德是第一个辨识出该人种的学者。蒙古移民直到很晚才开始迁徙，或许不早于公元前2000年。即便如此，蒙古人部落也不一定全部取道西伯利亚，即使在那个时候，他们或许也能够穿越太平洋。许多北美和南美的印第安部落带有蒙古血统的痕迹，这些蒙古后来者要为此负责，但这并不意味着我们可以把印第安人归到蒙古人种之类，因为他们身上的欧洲—高加索元素更强大，历史要悠久很多。美国的早期居民在数千年来一直保留着纯正的旧世界血统，而他们身上的蒙古血脉只能追溯到四千年前。亚洲部落的移民始于史前史期间，并一直持续着。随着研究不断深入，人类首次抵达美国的日期也逐渐提前，以至于我们现在大致能假定人类在十万年前就应该踏上了美国的土地。

某些证据表明中国和中美洲在公元前2000年—公元1000年左右有所联系，但这种观点有争议，没有得到人们的广泛接受。公元前2000年左右商代铜器的某些符号也让人联想到了前哥伦布时代的中美洲宗教符号。带有彩绘的秘鲁陶器和服装设计也有与中国类似的地方。维也纳学者格尔德恩多年来一直试图弄清中国与前基督教时代中美洲之间的关系，并引述了阶梯金字塔和阳伞作为等级的标志。然而，当西班牙人抵达美洲时，居民对车轮、犁、任何形式的车辆、陶轮、玻璃、弦乐器、小麦、大麦和米都一无所知。如果人们设想的这种晚期影响确实存在的话，那它很难解释这类重要的文化资产为什么在此毫无踪影。

在西班牙人抵达之前，当地除了秘鲁的骆驼之外就没有任何驮兽，除了

玛雅城市奇琴伊萨建立于公元六世纪。人们在这可以看到一座阶梯金字塔，顶部是巨大的寺庙。

狗之外就没有任何家养动物了。有种理论认为美洲之所以没有犁、车轮和小车，是因为它的居民没有役畜，这种观点站不住脚。学者迪瑟尔霍夫提出了较为合理的一种反驳：人类推车时消耗的能量要少于背负重物时所消耗的能量。另一方面，迪瑟尔霍夫的确提到，墨西哥尤卡坦的一块浮雕和印度南部阿马拉瓦蒂的一块浮雕类似，它们之间在图示方面的相似之处令人惊叹。亚洲和美洲的古代文明处于太平洋两岸，它们的宗教理念有许多共有的特征，这几乎不可能是偶然的。

玛雅版的“亚当”是“由玉米制成”的，他们认为玉米是众神的礼物，并以宗教般的敬畏之情看待它。我们不确定玉米和南瓜是起源于秘鲁的高地，还是起源于玛雅人的家乡，不过它们出现在中美洲的时间要比出现在秘鲁的时间早800年，但玉米、豆类和南瓜在中美洲是主要的营养来源，并由文化先进的人民在当地种植。麦克内什曾率队前往塔毛里帕斯，他在当地的拉佩拉洞穴发现了4500年前的墨西哥玉米。卡耐基基金会的摩尔利表示，与现代玛雅人多年的亲密接触使他相信，即使在今天，他们仍有75%的想法是围绕着“玉米”这个主题展开的。

英文的“南瓜”一词是“squash”，这个词来自印度。中美洲的先进文明也会种植棉花。美国有五十种龙舌兰，大部分墨西哥饮料都是用这种植物中制成的，度数很高的龙舌兰酒就是其一，它是在南瓜里发酵而成的。玛雅人广泛使用了龙舌兰，他们是第一批用它制造剑麻的人。玛雅人或许也是可可的发现者。可可和巧克力确实来自于阿兹台克，不过可可（cocoa）这个词却起源于玛雅语里的“chacauhaa”一词。

可可豆在整个中美洲都被用作货币，汤普森则提出了一个有趣的概念：玛雅人习惯使用大量豆类作为交易媒介，这让他们习惯于思考巨大的数字。

在世界上所有的民族中，玛雅人的文明或许是最令人赞叹的，其中的许多内容似乎令人费解、矛盾重重且莫名其妙，在人们看来，其中几乎所有的内容都是陌生的。我们永远不会知道那些创造了天才想法的玛雅人姓甚名谁，但他们那敏锐的大脑运用到了智力、精力和体力，为各种非凡的项目尽了力。但他们对那些显而易见的重要事物，世界上其他地区的人民早已发现的事物仍一无所知。他们像动物一样拖拽并运送重物，因为他们就从没想到过“轮子”这个概念。他们建造了中美洲最壮丽的建筑物，也就是为祭司和神灵所修的建筑物，创造这些建筑物需要花费巨大的力量，但却与日常生活毫无联系。他们可以用百万级的数字计算，但却没法给几公斤水果称重。

玛雅地区分为三个区域。北部地区包括尤卡坦半岛、坎佩切的主要部分和金塔纳罗奥地区。中部的核心是危地马拉的佩滕地区，还有邻近的墨西哥和英属洪都拉斯地区。南部地区包括危地马拉高地和萨尔瓦多的山脉。

玛雅人消失的生活方式中的一切似乎都很奇怪，而进化出最先进文化的玛雅地区是中部，这也是很奇怪的。低地遍布广阔的热带森林，树木高达45米，拥有高耸的桃花心木、西班牙雪松、木棉树（或“神树”）（曾经是玛雅人眼中的神圣树木）、无数种棕榈树和人心果。在雨季期间，人心果会分泌制作口香糖所需的乳白色浓稠树脂。数百名采胶工会在热带树林中漫游，收集树脂，他们常将考古学家引向各种遗迹。今天，该地区几乎无人居住，佩滕省的首府弗洛雷斯是个只有4000居民的小镇，几乎消失在了周围广阔的森林之中。

最古老、最重要的玛雅城市包括蒂卡尔、瓦夏克通、科潘、帕伦克和彼德拉斯内格拉斯，它们都位于中部。我们其实还能列出其他许多旧城镇，甚至还能从无边的森林中找出更多的一些来。森林环绕着它们的宫殿、金字塔和露台，在开阔地上疯长，腐蚀城市所留下的石料，永远掩盖它们的踪迹。

玛雅文明和玛雅人的生活方式主要依靠农业。当他们需要土地时，就会烧毁一片森林，收获两到三种农作物，并在土地肥力消耗殆尽时立即放弃他们的田地，让田地上重新长起森林来。玛雅文化在一个明显缺乏自然资源、可耕土壤又很浅的地区达到了顶峰，这简直让人难以理解。玛雅人所能使用的唯一一批工具是由木头和石头制成的，火是他们唯一的援军。他们年复一年地与吞噬一切的森林展开艰辛的战斗，但他们也是在这里建起他们的城市，发展复杂的宗教体系，并从贫瘠的土地上拿走食物的。阿诺德·汤因比在他的《历史研究》一书中声称，最先进的文化拥有不好也不坏的发展条件，他宣称这能用于解释玛雅人的行为。这种解释并没有向我们说明什么，因为最先进的文化通常来自肥沃的河谷中，也就是来自于极其有利的条件。但哪怕文化发展的先决条件就是环境苛刻的话，汤普森仍觉得低地丛林中的生活条件极度艰难，玛雅文明在其中根本不可能产生进化，故而对这种观点提出了驳斥。

危地马拉高原地处玛雅中部的南方地带，气候更加温和，从不会出现极端的高温或低温。现如今，当地的小麦、甘蔗和豆类种植十分发达，玛雅时期这里的主要农作物是玉米、甜瓜、红薯和可可，种植情况就和今天一样好。该地区还出产用于石刀和矛尖的黑曜石，在玛雅时代末期，河水也将黄金冲刷了下来。最重要的是，危地马拉的西北高地组成了巨大的狩猎场，玛雅人会在那捕获绿咬鹃，这种咬鹃的长尾羽和红或黄色的腹部羽毛成为他们著名的饰物。绿咬鹃成为危地马拉的国徽。

尽管玛雅南部地区拥有巨大的财富，但高地从来没有像中部低地那样孕育如此辉煌的文化成就。相反，物质上最富裕的地区在雕塑和建筑方面要落后许多。为什么会这样呢？当地频繁发生的地震又是否产生了一种负面影响呢？我们不知道。但我们了解一个明显事实：迄今为止，在南部的高地地区，人们还没有发现一条刻有象形文字的柱子。

柱子或石碑在玛雅文化中扮演着非常重要的角色。人们会用它们来定义日历的各个部分，因此我们可以将这些刻了过多铭文的巨石视为对时间顺序的记录。此外，这些石碑上还刻画着一排排神圣的符号以及描绘祭司王子、囚犯以及奴隶（尤其是在蒂卡尔）的浮雕，后来还出现了一组组的人物。玛雅人试图通过上色来增强浮雕的效果，所以说这些石碑肯定曾带有颜色。人物通常只包括侧脸，柱子的高度在1.8到3.6米之间变化。

基里瓜的一块石碑，建于公元731年，高度超过10米。根据统计，卡拉克穆尔一共有一百零三块石碑。蒂卡尔拥有86块石碑，其中65块上没有象形文字，不过也存在热带雨水冲走它们的可能。公元790年时，玛雅文化正处于顶峰，人们在玛雅疆界的各处总共立起了19座这样的石碑。它们的修建日期可能有着固定的时间间隔，而对石碑的崇拜必定在这个将天文学与宗教结合起来的文化中具有非常重要的意义。

玛雅城市曾是宗教仪式的中心，但它们也是行政和商业中心。但我们对那些曾栖居于此的市民和农民的日常生活并没什么了解。

在玛雅城市之中，金字塔的顶部是墙壁非常厚的庙宇。不可能有人住在这些石头建筑物中。这些建筑没有门、没有窗户、没有排烟口、十分潮湿、

人们在尤卡坦州的乌斯马尔发现了这座寺庙的废墟，这张图是站在金字塔上拍摄的。

光线也不好。唯一的光线来自狭窄的门道，所以祭司必须在半昏暗或完全黑暗的环境中进行宗教仪式。

与埃及不同的是，玛雅金字塔不是埋葬死者的地方，而是进行宗教仪式的建筑。人们在许多玛雅金字塔地板下发现的埋葬痕迹可能是人类祭品或酋长家属的遗体所留下的。

玛雅金字塔不是坟墓这个事实让1952年的发现更加耸人听闻。1950年，人们在墨西哥恰帕斯州帕伦克市的铭文神庙内发现了一座坟墓。寺庙的地板上藏有一段通往下方的隐蔽楼梯，它位于金字塔的上部平台上，连通了下层建筑的中心。考古学家先清理出了四十六级台阶，然后清出了露天的两个水平通风井，最后又清理好了共有13级台阶的第二段阶梯。接下来，前方出现了一条隧道，当时的建筑者用粘土和石头封住了它。考古学家阿尔贝托·鲁兹是墨西哥国家人类学和历史研究所雇用的一名考古学家，他在1952年的挖掘季节中又发现了八级阶梯，并且找出了一条新的通道，这条通道的中间部分被一层厚厚的墙壁堵上了。在房间的尽头，鲁兹发现了一具石柜，里面盛放着陶器、贝壳和玉珠等祭品。在金字塔地基的中间还有另一具石柜，里面有五位年轻男人和一位女人的遗骨。这六个人可能是一位王公的随从，人们之所以要杀了他们，是为了让他们在死后世界中给主人服务。在移走了另一块石板之后，鲁兹发现自己位于金字塔顶部的寺庙地板下方22米处，在一个地下室内。墙上有九份灰泥制成的神灵浮雕，可能代表死后世界的九位神灵。地下室里有一口巨大的石棺，上面有一个重达五吨，装饰极度精美的盖子。石棺上的象形文字显示死者埋葬于公元700年左右，里面躺着一位玛雅王子的骨架，旁边铺张地装饰着玉器和其他珠宝。其中一颗梨形珍珠几乎有四分之一厘米长!

1953年时，金字塔的秘密尚未水落石出。诺格拉教授写道："浮雕所覆盖的石板下或许有个巨大的石柜，里面埋藏着一位高阶级人士。"这位墨西哥学者是对的。考古学家首次发现了一座充当皇室坟墓的中美洲金字塔。

但墓室肯定比金字塔更早建好，可能在王子生前就修好了，所以这个重大发现也没有丝毫改变玛雅金字塔是寺庙而不是坟墓的理论。

危地马拉

丛林中的城市

玛雅人的纪念碑是美洲版的狮身人面像。当我在科潘的时候，这些伟大的雕塑每天都在吸引着我，几乎起着一种催眠般的作用，让我无法抗拒。当人们深思这些雕塑的时候，整个人会沉浸其中，却不知道缘由，也没法离答案更近一步。

——E.P.迪塞尔多夫，《玛雅人民的艺术与宗教》，

卷二，第一页，柏林，1931年

玛雅人，尤其是尤卡坦的玛雅人，通过故意扭曲头骨的形状来让头部更尖，特奥蒂瓦坎的古代居民也认为这是一种增强身体美感的方法，会在小孩头上安装一个木质框架，从而达到这一效果。尤卡坦和危地马拉的玛雅后裔和古玛雅人长得很像，通过观察他们，我们可以对他们祖先的外貌有很好的了解。他们通常比欧洲人矮一些，肩膀和胸部更宽。他们手臂更长，手和脚更小。他们的牙齿一定很好，但是他们会把上尖牙削尖。现代的玛雅人牙齿也很好。摩尔利说，他们中有50%的人在二十岁前仍完全没有蛀牙，而美国的儿童中有90%在十四岁以前需要接受牙科治疗。

此外，玛雅人保留了所谓的“蒙古斑”，所有蒙古人种的骶骨区域在

十岁之前都拥有这么一块斑点。这与日本人很相似。在一岁的日本儿童中，99%的人在骶骨上有明显的蓝色斑块，到十岁时会完全消失。平均而言，玛雅女性会在十六岁结婚，男性在二十一岁时结婚。迭戈·德·兰达（1524—1579）是一位著名的教士，他于1560年发表了《尤卡坦的历史》一书，它是古代玛雅风俗名副其实的宝库，其中提到女性过去会在20岁左右结婚，但现在（他那个时候）结婚的年龄差不多在十二和十四岁之间。在西班牙征服当地数年后，方济各会修士兰达抵达了尤卡坦。后来，他由于在新大陆越权行事而在西班牙受到了审判，并且在狱中写了封抗辩文，我们关于玛雅人的大部分信息都来自这篇文章。

人类是复杂的生物。即使对他们进行最简短的描述，其中也必须包含一长串物品。玛雅人特别顾家。他们很平和，创造力不是特别高，“死亡”这个概念也没打扰到他们；他们拥有敏锐的观察力和记忆力，这使得人们可以将他们描述为聪明的人，一点也不过分。有几个学界权威认为玛雅人是迷信的，他们的后代也是这样，不过那些将大部分思绪和行动投入到一位或多位神灵身上的人也一样可以被称为教徒。玛雅人当然是信教的，但他们的性格有显著的宿命论色彩，可能是从远古时代继承而来的，在那个时候，为了给众神献上祭品，男女老少一道将自己的心脏撕了个粉碎，或者淹死在了神圣的池塘里，接下来则钉死在了十字架上。

这尊神灵雕塑是人们在科潘的一座金字塔后面发现的

玛雅人是一群节俭且极度诚实的人。他们那里没有盗贼，人们也不知道门窗是什么东西。令人遗憾的是，和所有美洲印第安部落一样，他们有一种令人遗憾的嗜酒倾向，但女性成员会保持房屋的整洁。他们十分慷慨且好客，他们中也不存在凶手和乞丐。他们有个特别显著的特点，那就是极度爱干净。像日本人一样，他们每天晚上和早上都会洗澡。

兰达有时被描绘成圣人，有时又被描绘成印第安人的无情迫害者，他宣称尤卡坦的女性一般比西班牙的女性更好看。她们的肤色并不白，但是由于暴露在阳光下，并且常常在露天沐浴，她们获得了褐里带黄的肤色。她们的胸部裸露在外，腰部以上有文身，这些文身比男性成员的要更精致，更优雅。她们给自己抹上了红色树脂，用以增添身上的香气；留起长头发，或者将它修成精致的发型。母亲们会费尽心思，保证女儿们会精心照顾自己的头发。小女孩梳着像小角一样的三条或四条尖辫，这是兰达觉得非常迷人的一种风格。女性通常穿着方披巾，这是种麻袋式的衣服，每侧都有个开口。兰达表示他们是善良且自豪的人，而且本应如此，他在写下这些话的时候还带着一种遗憾的语气，具体是这样的："因为在他们与我们熟识之前，他们还非常贞洁，而其中的老者们对这种情况痛心疾首。"他写道，阿隆索·洛佩斯·德·阿维拉上尉曾经俘虏了一位非常美丽、魅力十足的玛雅女孩，但他的甜言蜜语毫无作用。这位年轻女子发誓要忠实于她的丈夫，宁死不屈，所以西班牙人让狗把她撕成了碎片。

玛雅女孩极端遵守贞洁。她们总是要背对男人，哪怕给他们倒饮料的时候也是这样。当她们在路上遇到一个男人时，她们会走到一边，让他通过。她们的抱负是生许多孩子，为此她们会热烈地向诸神祈祷，并向他们献祭。兰达说这些女性理智、彬彬有礼，对那些了解她们的人非常友好、并且非常慷慨。她们也十分虔诚，会向诸神进献布料、食物和饮料，以表达她们对神灵的忠诚。

玛雅人相信灵魂是不朽的。兰达说，实际上"他们比许多其他种族更坚定地相信这一概念。"他们也知道，灵魂一旦离开身体，就注定会获得另一段更美好的生活。

玛雅人的祖先在公元前2000年至公元前1000年之间到达了他们的新家。汤普森认为他们夺取了该地区原住民的霸权，因此成为占优势的种族。大约五百年后，新的部落又来到了这里，他们的人数要比当时现有的居民更多。

他们可能来自亚洲，带来了陶器，纺纱和织布方面的知识，也可能将某些农业方面的模糊知识带了过来，不过他们没有从旧大陆引进任何种子。大约在基督诞生之时，最后一批移民来到了这里，他们可能从亚洲的老家那带来了某些宗教观点，比如神龙和世界四角理念。但这些都只是假设，因为玛雅人的实际起源地仍然笼罩在一层神秘的面纱后面。

玛雅历史分为三个时期：形成时期（大约从公元前500年—公元325年），在公元625年—800年之间达到顶峰的古典时期（公元325年—800年），以及衰退时期（800年—925年）。之后是975年—1200年的墨西哥征服时期，最后，他们迎来了一段玛雅文化短暂复兴的时期。

有许多重要的发明归功于中美洲的人民。虽然我们不一定知道哪个美洲部落第一个运用了这个或那个想法，但许多发明无疑源于玛雅人，例如橡胶的制造、橡胶球、凉鞋的橡胶鞋底、浸渍过的雨披、“玛雅蓝“（从被称为贝得石的矿物粘土中提取出来）、靛蓝、从贝类身上提取出的紫色、一种机械火炮弹射器和”活蜂窝“，这是对敌人发射的弹药。玛雅人还种植了大量的野生植物，他们也都是优秀的自然学家。虽然印加人在道路建设方面超过了他们，但他们也很擅长这个领域。比如说，他们的一条公路从金塔纳罗奥的科巴镇一直延伸到了距离奇琴伊萨几公里的雅苏娜，总长超过96公里。道路大约10米宽，两侧都被原始的石墙围起来，并且有一块铺设完好的砂浆路基。在沼泽地区，它的下方是一块凸起的堤岸，在科巴外边不远处的地方，它则是由一个平台支撑着的。科巴—雅苏娜公路上一个非常有趣的发现是石灰石滚筒，它的宽度约为4.5米，重量为5吨。滚筒破裂成了两部分，必须要一个由十五个人组成的团队才能推动它。我们甚至知道这条公路的方向是从东到西，从科巴到雅苏娜。玛雅的道路主要是用来举办游行所用的，对于这个没有车辆或驮兽的民族来说，修建它们一定费了不少力气。它们也需要相当的工程技能。玛雅工程师在密集的雨林中开辟出了一条道路，能够直接到达预定的目的地，他们具体选择的方式仍是一个未解之谜。

在建筑方面，玛雅人在所有其他古老的美洲文明中或许独占鳌头，这些文明包括阿兹台克和印加。洪都拉斯的科潘是玛雅人的主要科学中心。这是他们最优秀的天文学家工作的地方，并且可能是他们首度推出一年共200天的日历的地方。这里也是一座专用于祭拜金星的寺庙，人们在那里计算了日蚀的日期，研究者还在寺庙26的台阶上发现了现存的玛雅碑文中最长的一份，它是一系列象形文字，总共差不多有1000个。我们在前文把科潘称为“新世界的雅典”，它拥有一座所谓的卫城、众多的金字塔、露台、寺庙、祭坛和石碑、一个大型露天广场和一个球场，玛雅人把球类活动看成一种宗教仪式。科潘的球场包括雉鸡、石鹦鹉和太阳鸟等装饰，是整个玛雅地区特别漂亮的一座球场。

奇琴伊察算是一座圣城，它在11、12和13世纪的墨西哥统治者管理期间首次达到了巅峰。金字塔的寺庙里充满了柱子，上面描绘了中美洲著名的羽毛蛇。人们在这发现了一套精美的蒸汽浴系统，就和彼德拉斯内格拉斯的一样。奇琴伊萨有七个球场。天然橡胶球必须穿过设置在球场墙壁上的石环，主要困难在于除了肘部、手腕或臀部之外，人们不能用其他部位碰球完成致命一击。很少有人能做出这种技巧，以至于当有人成功了的时候，所有的观众都必须把他们的衣服和珠宝交给赢家。为了规避这一责任，见证成功射球的人们会匆忙逃离现场，接着跑掉的通常是赢家的朋友，赢家会追在他们身后，要求他们交出钱财。

科潘被誉为“新世界的雅典”，是玛雅天文学的中心。

人们在奇琴伊萨的大柱廊里发现了王座。这些柱廊围起了所谓的“千柱庭院”，这是一座巨大的开放式广场，可能是古城的市场。有座大型的圆形建筑被称为天文台，由于它的形状类似蜗牛，所以也得名“蜗牛”，它的高度超过15米，塔楼位于两个巨大的长方形露台之上。人们在奇琴伊萨的神泉中发现了众多祭品，其中包括珠宝、玉器、熏香以及大约五十名溺死者的遗体，其中八名是女性。

帕伦克、雅西奇兰和彼德拉斯内格拉斯等城市同样代表了古代美洲其他地方难以匹敌的建筑高峰。正如莫利所说的，帕伦克的灰泥艺术品在玛雅地区无人可比。那里的石灰石浮雕极度精细，结构完美，以至于它们可以与古埃及最好的浮雕相媲美。帕伦克拥有辉煌的露台和金字塔、寺庙、楼梯、走

危地马拉蒂卡尔的“大美洲豹神庙”是美国宾夕法尼亚大学的美国远征队在丛林中发现的。这座寺庙是玛雅建筑极度精美的一个例子一；它的内部结构得到了很好的恢复。

廊、地下画廊和祭坛、卓越的艺术水平、财富以及力量，它不仅使第一次瞥见古代玛雅帝国风采的西班牙人不知所措，同时也让1533年后造访的每个游客如痴如醉。丹麦考古学家富朗斯·布罗姆在1923年写道：“当某人初见帕伦克时，会留下深刻的印象，当人们在那里待了一段时间之后，城市的废墟就会让他们感到痴迷。”

雅西奇兰四座装饰精美的庙宇以它们的十二条雕刻门楣而闻名，其中两条雕刻着美轮美奂的浮雕。彼德拉斯内格拉斯的墙雕创作于公元761年，是在石灰石上凿刻出来的，是美洲在前哥伦布时期的顶尖艺术作品。

玛雅人会在彼德拉斯内格拉斯带着敬畏之感观察并庆祝他们的“霍图恩”终结，这是一个共计1800天的时间周期。在公元608—810年期间共有22个霍图恩，每个都得到了玛雅人庄重的纪念，他们的纪念方式是立起纪念碑，上面有以浮雕为形式铭刻的图画，这22座纪念碑全部幸存至今。

玛雅天文学不仅是一门科学，也是影响未来的一种手段。虽说听起来令人难以置信，但玛雅神父们确是光靠肉眼就成功地确定了金星的轨道周期。科潘的天文学家试图将365天的日历年与365.24天的真实热带年进行协调，并且早在公元700年就确定了一个太阳年的长度。玛雅人发明并使用这套数字的时间比欧洲任何一个国家都早两百年。他们在写数字时不会将最小的那个排在最右边，而是将它们垂直刻下。他们计算出自己的历法体系的神秘起点是公元前3113年，但他们直到公元前四世纪或三世纪才开始使用自己的时间系统。

追寻摩尔利所阐述的思想很有意思，摩尔利是一位致力于研究玛雅人生活的学者。摩尔利认为，在漫长的史前史和历史之中，人类已经克服了五个障碍：他先是掌握了火，然后发现了农业，接下来驯化了野生动物，接着又设计了金属工具，最后发现了轮子的原理。

玛雅人掌握了生火的技术，学会了如何在不利于农业的地区播种和收获。他们确实驯化了野生火鸡，并且知道如何养蜂，但除了狗以外，他们没有任何种类的家用、农业或役用动物。他们没有金属工具，并且不知道车轮的原理。因此他们在五大障碍中只克服了两个障碍，而埃及人、迦勒底人、巴比伦人、亚述人、波斯人、中国人、腓尼基人、伊特鲁里亚人、希腊人和罗马人则获得了文明的五个先决条件。

为了正确评估玛雅文化的地位并得出适当的结论，我们必须回溯人类的历史，回到新石器时代，使用石制工具的玛雅人其实就生活在这个时代。当我们将玛雅人的成就与古代世界的史前文明相比时，我们可以毫不犹豫地说，没有一个石器时代的民族达到过古中美洲玛雅人的文化高度。

危地马拉

蒂卡尔谜团

我们日复一日地在露天的寺庙和古迹中工作，穿过地板和楼梯，挖掘壕沟、隧道和坑洞，在笔记本和胶片上记录下建筑的样貌以及破坏和重建的复杂细节。每个季节从这回收的陶器和其他物品数以万计，它们成为实验室用品，需要得到编目和研究。我们带着一种期盼继续进行这些工作，期望弄清相关建筑、文物、雕塑和铭文的时间顺序，也希望对遗迹的绘图和对环境的重要研究能够获得集体成果。

——威廉·R.科伊，《蒂卡尔1959，远征1959》，第一卷，第4号，第7页

英国学者汤普森估计，在公元800年左右时，玛雅地区的总人口为800至300万。与许多已灭绝或正在慢慢消亡的原始种族形成对比的是，玛雅人的后代数目仍然很多，并且没有灭亡的危险。五十年前，卡尔·萨普尔表示约有一百五十万人在讲玛雅语。

总共有十五种玛雅语言和方言仍在使用，另外两种语言和方言在不久之前才成为死语言。这些语言被分为高地和低地两组，剩下的被划到一组或另一组方言之中去了。奇怪的是，玛雅语和墨西哥或中美洲的其他语言无关。

在所有美洲民族中，只有玛雅人设计了出了一种文字，并使用到了它们。他们的象形文字在石碑、祭坛、球场的墙、台阶、墙面上、木头和石头柱以及门框上都有踪影。他们被刻在灰泥和翡翠首饰上，画在容器上，也被刻在书中。总共有两种文字，一种是头形，另一种是符号形。人们在玛雅地区没有发现“罗塞塔石碑”，所以大部分玛雅文字仍然没有得到解密，很明显，所有的玛雅文本都没有与之相同的其他语言版本存在。但我们知道玛雅人会使用象形文字来记录时间的流逝，列举统治万物的神灵的名字和属性，并会用它们记录牧师——天文学家的发现和观察结果。

玛雅人留下了完整的书籍，其中的“纸张”来自于一种野生无花果，玛雅人会把它的纤维浸在橡胶中，并涂上一层白垩。玛雅人的书卷是折叠式的，和中国早期的书本不同。但由于西班牙人的宗教狂热作祟，世上只存留下了三份玛雅文本：最古老、最有价值的德累斯顿手抄本；主要用于天文记录的马德里手抄本；还有巴黎手抄本，上面列举了各种仪式以及与之对应的日期。这些书包含诸神和神话事件的彩色图片，一系列数字和象形文字，它们的质量都很高。

研究者现在可以阅读大约三分之一的象形文字。到目前为止，破译的一切都与历法、指南针的方位基点、天文事件、神灵和宗教仪式有关。幸运的是，人们已经破解了所有的数字。但对玛雅字形的研究远不简单，因为同一个字形通常具有多种含义。从0到19的玛雅数字全都是头部的侧视图，每个都有张不同的面孔。这套奇怪的算术系统独一无二，但代表十九个玛雅月份的象形文字也一样与众不同。表示一具尸体的象形文字是某人的侧视图，他的膝盖是提起来的。表达“神的名义形态”的符号通常是人的头像。其他象形文字采用了手、蜗牛、鸟头、蜥蜴和许多种祭品作为形状。破译这些神秘的符号是一项非常重要的任务，而完成它的人应该得到最高的赞誉。他们包括德国人保罗·谢尔哈斯，恩斯特·福斯特曼，爱德华·塞勒和最近的托马斯·巴塞尔以及冈特·齐默尔曼，美国的古德曼，鲍迪奇和赛勒斯·托马斯，以及最近几年出现的摩尔利与英国学者斯宾登和汤普森。他们总共成功破译了三分之一的象形文字，至少理解了这些文字的大意。摩尔利出版了一部关于佩滕铭文的五卷著作，它是这方面的顶尖科学成果。

象征二十个日子的玛雅象形文字。

蒂卡尔是所有玛雅城市中最大也最有趣的城市，目前正由宾夕法尼亚大学的考古学家发掘。研究者现在普遍认为蒂卡尔创始于玛雅文明的早期阶段。

作为一个宗教中心，蒂卡尔不仅是最大的玛雅城市。它还拥有最高的金字塔，这些迷人的建筑物高度超过38米，最高的有70米。它们的规模十分巨大，细长的线条和陡峭的斜面都凸显了这一点。在长方形的仪式庭院两侧，矗立着两座这种类型的大型阶梯金字塔，它们有着无数的露台，顶部是墙壁极厚的寺庙。这些圣地包括了一些特别阴森，用于宗教仪式的房间，这种房价在整个玛雅地区都很常见。此外，这里还有些墙壁环绕的平台，可能是供玛雅祭司使用的。

祭司们在进行任务期间装扮得非常华丽。他们身着翡翠珠宝，头饰上带有绿咬鹃羽毛，来来去去，穿过没有设立大门的入口，入口上方镶嵌着拥有精美雕刻的木制门楣，熏香的烟雾飘散，周围充满了一股激烈的宗教热情——所有这些肯定给聚集在一起的人们留下了深刻的印象，他们或是聚在金字塔下面的院子里，或是聚集在金字塔的露台上。应该记住的是，玛雅人在欢度各大节日之前会进行长期的斋戒。祭司和新手们也会聚集在昏暗的石室里，进行斋戒，为节日作准备，官员们或许也会这么做。仆人会把水带到他们这，他们的妻子和母亲或许也会承担这一责任，她们都不会得到进入圣殿的许可。他们只会把祭司稀少的口粮放下来，然后离开此地，留下一群凝视着他们的身影，孤单地等待节日的“囚犯”。

玛雅人的宗教生活由无数个小时的禁食、神圣之火、从舌头和耳朵中抽取的血液以及祭品和珂巴脂熏香混合而成。他们在寻找上帝，而人类在整个文明历史之中所做的也正是这件事。所有的物质考虑都要服从于他们对精神世界的追逐，服从于他们的建筑、他们的苦难、他们的禁食、他们对圣洁的渴望和追求。凡是在这些辉煌的建筑废墟中站立过的人，都会感到它们的神性和对神灵的亲近。

蒂卡尔主广场的南侧是一些多层建筑，它们的修建目的经常引起人们的争论，且尚未得到确认。它们是宫殿吗？是修道院吗？或者说只是会议室吗？蒂卡尔仍然是一本有许多未切页的书。

代表月份的玛雅象形文字。玛雅人将一年分为十九个月。

城中有水库、铺有路面的街道、有平台或无平台的金字塔、北部卫城有16座寺庙还有无数的石碑。埃德温在瓦夏克通、卡米纳祖约和玛雅潘都展开过成功的挖掘活动，在他的领导下，宾夕法尼亚大学和危地马拉政府联合发起的发掘活动更详细地揭露了这座最重要的玛雅城市。1959年，研究玛雅领域的权威人士科伊宣称蒂卡尔是玛雅文化的一种独特表现，它的成就在整个新世界都无人可比。炎热而潮湿的热带雨林在许多地方截断了蒂卡尔，这座城市成为人类发展史的宝库。科伊写道，有些人可能渴望到达火星，弄清地球外进化出了什么东西，但他和他的同事们宁愿留在蒂卡尔，弄清楚美洲印第安人是怎样遇到，又为什么会遭遇到周边环境挑战的，弄清他们如何建造高大的寺庙，弄清他们如何思考清楚五百万个玛雅年，如何在大约两千多年间里生活于此，然后彻底沉默，留下了雕塑、象形文字、陶器和建筑层之类的有形遗产，现在这些遗产正给人们无尽的编纂和测量任务提供材料。

在1958年的挖掘工作中，人们发现了一座寺庙。其中包括三个房间，每个房间都有一个中央门。当美国考古学家命令人们清除掉了最内部那座房间厚1.8米的瓦砾后，工人们就发现了编号为26的石碑。由于石碑上仍留有红油漆的痕迹，所以人们将整座建筑称作红色石碑神殿，它是早期古典玛雅建筑的典范，在某些不确定的时间点上，它遭到某些人的故意摧毁，损坏程度很严重。祭司们在这之后肯定尝试过用祭祀来安抚众神，因为他们的宗教仪式大火熏黑了祭坛的石膏。我们不知道这座寺庙又存活了多久，但它最终又遭受到了一次新破坏。有人砸碎了一部分的祭坛，摧毁了上面雕刻的海洋动物祭品，它们是精雕细刻的产物，涂有红油漆。与之一道被摧毁的还有一些珊瑚和石头。在房间的地板上，美国人发现了多个圆洞，里面填满了许多海绵、珊瑚、海藻、鱼骨和其他一些来自海洋的奇怪物品，还有一些精雕细琢的黑曜石。我们很难解释清楚这些特殊的祭品。其中的许多发现来自遥远的太平洋海岸，而其他发现来自大西洋。人们在玛雅的其他地区都没有发现这类海产品，所以说当时的人们为什么要将它们献祭掉呢？我们仍然无法理解这一点。

1959年，宾夕法尼亚大学的考古学家有了新发现，这一发现可能是各种发现里最重要的。他们在距离蒂卡尔大广场仅182多米的地方发现了一块破碎的石碑，这是人们迄今为止在危地马拉低地丛林中发现的可测定年代的玛雅纪念碑里最早诞生的。林顿·萨尔特怀特、玛丽·里克特森和本尼迪克塔·莱文确定这块纪念碑造于292年6月6日，它的编号为29。虽然这是我们辨识出的玛雅文化最早日期，但玛雅文化肯定比这要更早出现，我们在黑暗中摸索着。

另一个未解之谜是玛雅文化终于何时，又为何终结。玛雅人的宗教场所显然驱使他们投入了大量的人力和物力资源，为什么他们会抛弃这些场所？他们的头上聚集起了何种风暴？

研究玛雅人的所有权威人士都试图弄清楚他们为什么在力量达到高峰时会突然消失，为什么所有的建筑、科学研究和宗教戒律都会戛然而止。人们过去一直认为玛雅人抛弃了中部城市，一部分人迁移到了北部的尤卡坦，还有一部分迁移到了南部的危地马拉高地，但这肯定是错的，因为这三个区域在古典时代都同时迎来了繁荣，而非一个接一个地繁荣发展。人们已经提出了许多理论来解释玛雅人遗弃城市的问题。也许是因为他们特殊的免耕农业最终导致人民消耗了过多的精力。他们的方法是烧掉一片片森林，在原址上耕种一年或两年，然后放弃那片土地，搬到邻近地区重新开始这个过程，从长远角度来看，这或许会费尽他们的气力，并且又过于浪费。

在人们看来，疟疾、黄热病和钩虫都是玛雅人抛弃城市的罪魁祸首，但沼泽热、丛林热以及一种由病毒引发的疾病似乎是西班牙人“遗赠”给新大陆的，在他们到达之前或许并不存在。钩虫病也是这样，据说它是许多埃及法老的死因。

如果玛雅人是一步步地放弃他们的圣地，而玛雅文化又是分阶段简单地退化掉的话，那一切都好解释许多。但我们知道的是，有许多玛雅城市在一夜之间被人们抛弃了。比如说瓦夏克通就遭到了人们的突然抛弃，留下了一堆未完成的建筑物。

科潘在800年左右停止树立带有象形文字的纪念碑。奎里瓜、彼德拉斯内格拉斯和埃兹纳的人迹在810年消失。830年时，蒂拉陷入了沉默，最后一段石碑于869年在蒂卡尔和塞巴尔竖立起来。瓦夏克通、苏尔顿、萨曼顿和奇琴伊萨继续繁荣发展，直到889年为止。人们在穆内卡附近的圣洛伦索找到过一块石碑，上面刻着一个日期，可能也是玛雅人记录下来的最后一个日子。它对应于我们的公元928年。

各个伟大的宗教中心都如同不断衰微的钟声一般，失去了生命的踪迹，变得沉默而冷清，但我们知道，它们中有很多在16世纪显示出了生机勃勃的迹象，科潘地区人口密集。在西班牙征服者到来期间，人们仍然居住在中部地区，不过比八百年前的人口要少很多。这个雨林文明的终结过于突然，连战争都不可能是它的罪魁祸首。另外，人们在各大城市间很少发现肆意破坏的痕迹，蒂卡尔是个例外。

汤普森认为玛雅并非亡于外来统治，而是亡于一样危险很多的东西，也就是外来理念。当时可能出现了广泛的暴动，农民起身反抗祭司阶级。玛雅人民的宗教信仰消失之后，如同任何丧失信仰的文化一样，他们的文化也注定要灭亡。没有信仰的话，农民就不愿意将自己的劳动成果贡献出来，当作祭品。埃及和文艺复兴都证明，人类最宏大、最崇高的作品并不出自强权压迫，而是来自于宗教信仰。人们可能在一座座城市屠杀或抓捕了担任统治阶级的祭司，让农民头领和萨满取代了他们。石碑和各项建筑物的建造处于停滞状态，热带森林侵入庭院，爬上台阶，穿过梯田，长到了屋顶。

当时的玛雅人突然放弃了一片长600公里、宽200公里的住宅区，里面还包含数十个庞大且蓬勃发展的宗教中心，我们似乎很难解释其中的原因，而且在那个时候，玛雅文化甚至没显示出任何衰弱的迹象。不过德裔美国人弗朗茨·特梅尔指出了一种可能性，它至少值得我们考虑一二。在宗教国家中，自发放弃家园的举动可能是在神的要求下做出的。从这个角度看，神灵下令凡人发起迁徙，祭司们进行监督，保证神灵的意志得到执行就似乎是可能的了。

9世纪的大迁徙可能是围绕这个神秘民族的众多谜团里最突出的。但无论我们探究这一雨林文明的哪个方面，我们都会遇到未解之谜。我们不知道隐藏在玛雅铭文背后的秘密；我们对玛雅人的政治制度一无所知；我们并不知道整片雨林地区到底是个统一国家，还是说包含许多城邦；尽管汤普森、摩尔利、舒克和其他许多人做了巨大的工作，但我们对玛雅人的日常生活还是了解甚少；我们无法探讨玛雅宗教的基本理念；我们几乎不知道玛雅人的起源或终结；我们也找不到与他们的语言相似的东西。

这些天赋异禀的人民修建了巨大的建筑物，它们无声无息地映入了旁观者的眼帘。蚕食一切的丛林吞噬着他们的圣地，使得这些地方无声无息地腐朽崩塌。